宁安市全貌

鹦哥岭新石器时代遗址

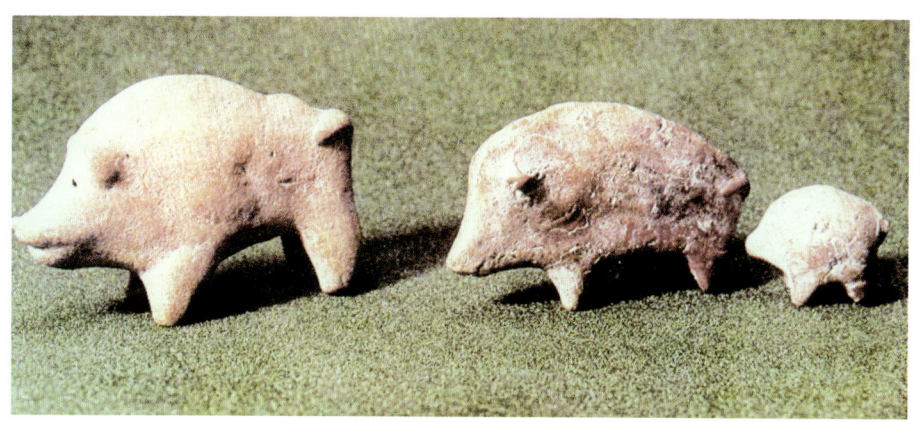

莺歌岭发现原始社会小陶猪

唐渤海国上京龙泉府遗址

唐渤海兴隆寺

清代大石桥

宁安望江楼

马骏纪念馆

抗联第五军密营

东北抗日联军骑兵

日军镜泊学园湖上训练

日军水运木材

宁安老县城

东北亚百公里高端食品农产品产业走廊

渤海镇响水米核心产区

宁安出口洋葱种植基地收获场景

江南乡寒地果园喜获丰收

渤海镇虹鳟鱼场

黑龙江省"北菜南销基地"小灯笼果走向大市场

国家现代农业产业园建设正酣

宁安中凌机械生产的玉米收割机

宁安生物质发电厂

新农韭菜专业合作社生产速冻韭菜

宁安源丰物流园区内陆口岸

电子商务产业园

城市建设

向阳运动休闲中心

城市新貌

晨练的市民打太极拳

宁安春晚现场

全国文明村小朱家村

海浪镇盘岭村

镜泊湖瀑布

火山口地下森林迎客椴

小北湖风景

钻心湖

宁安雪峰岭

桦树川水库

宁安市革命老区发展史

宁安市老区建设促进会 编

黑龙江教育出版社

图书在版编目（CIP）数据

宁安市革命老区发展史 / 宁安市老区建设促进会编. -- 哈尔滨：黑龙江教育出版社，2021.5
ISBN 978-7-5709-2285-7

Ⅰ. ①宁… Ⅱ. ①宁… Ⅲ. ①宁安—地方史 Ⅳ. ①K293.54

中国版本图书馆CIP数据核字(2021)第086983号

顾　　问　于万岭
丛书主编　杜吉明
副 主 编　白亚光　张利国　李树明　李　勃

宁安市革命老区发展史

Ning'anshi Geming Laoqu Fazhanshi

宁安市老区建设促进会 编

责任编辑	高　璐
封面设计	朱建明
责任校对	杨　彬
出版发行	黑龙江教育出版社
地　　址	哈尔滨市道里区群力第六大道1305号
印　　刷	哈尔滨博奇印刷有限公司
开　　本	787毫米×1092毫米　1/16
印　　张	21.25
字　　数	260千
版　　次	2021年5月第1版
印　　次	2021年5月第1次印刷
书　　号	ISBN 978-7-5709-2285-7　定　价　48.00元

黑龙江教育出版社网址：www.hljep.com.cn
如需订购图书，请与我社发行中心联系。联系电话：0451-82533097　82534665
如有印装质量问题，影响阅读，请与我公司联系调换。联系电话：0451-51789011
如发现盗版图书，请向我社举报。举报电话：0451-82533087

《宁安市革命老区发展史》编纂委员会

主　任　徐利刃　市委书记
副主任　李东军　市委副书记、市长
　　　　　张　超　市委常委、组织部部长
　　　　　赵占鹏　市政府副市长
　　　　　王宗有　市老区建设促进会会长
　　　　　关治平　市关工委主任
委　员　（按姓氏笔画为序）
　　　　　丁日昌　市交通局局长
　　　　　包淑华　市档案局局长
　　　　　孙兆侠　市文广旅局局长
　　　　　刘　野　市委宣传部副部长
　　　　　宋宏军　市农业农村局局长
　　　　　张德豪　市老区建设促进会副会长
　　　　　张佩臣　市党史研究室副主任
　　　　　辛蔚东　市发展改革局局长
　　　　　姜　义　市商务局局长
　　　　　郭宏志　市民政局局长
　　　　　黄哲胜　市工业信息科技局局长
　　　　　鲁万涛　市委组织部副部长
　　　　　曾令鑫　市财政局局长

《宁安市革命老区发展史》
编辑部

主　编　王宗有　关志平
编　辑　周文达　张佩臣　李庆华　刘传宝
摄　影　刘学军　王志军　石忠义　程延斌　张宁宁

总 序

在举国欢庆新中国成立70周年前夕，中国老区建设促进会王健会长请我为《全国革命老区县发展史》丛书作序，作为一名在老区战斗过并得到老区人民生死相助的老兵，回首往事，心潮澎湃，感慨万千，深感义不容辞，欣然应允。

中国革命老区，是以毛泽东为代表的中国共产党人在领导人民推翻帝国主义、封建主义和官僚资本主义三座大山，争取民族独立和人民解放伟大斗争中建立的革命根据地，在这片红色的土地上，诞生了无数可歌可泣的革命英雄儿女，为后人树起了一座不朽的丰碑。她是新中国的摇篮，是党和军队的根。

在艰苦卓绝的战争年代，老区人民把自己的命运与中华民族的命运紧紧地联系在一起，与中国共产党和人民军队的命运紧紧地联系在一起，他们生死相依，患难与共。我曾亲历过战争年代，并得到过老区红哥红嫂的救助，切身感受到发生在身边的一幕幕撼天动地的革命故事，在那极其艰难的条件下，老区人民倾其所有、破家支前，不怕艰难困苦，不怕流血牺牲。"最后一碗米送去做军粮，最后一尺布送去做军装，最后一件老棉袄盖在担架上，最后一个亲骨肉送去上战场"，这是当时伟大的老区人民为建立新中国做出巨大牺牲的真实写照，它将永远镌刻在中国共产党、中国人民解放军、中华人民共和国的历史丰碑上。他们的光辉业绩永载史册,他们的革命精神必将影响一代又一代的革命新人,造就一代又一代的民族脊梁。

在社会主义革命和建设时期,革命老区和老区人民响应党的号召,面对落后的面貌、脆弱的经济、恶劣的生态环境,他们本色不变,精神不丢,自力更生,艰苦奋斗,干一行爱一行。始终坚持"革命理想高于天",自觉做共产主义远大理想的坚定信仰者和忠实实践者,勇于向恶劣的自然环境和贫穷落后宣战,他们在各条战线上为国建功立业,用平凡的双手创造了一个又一个不平凡的奇迹,彰显了老区人的崇高精神和人格力量。

在改革开放的伟大进程中,老区人民解放思想,勇于创新,发奋图强,攻坚克难,老区的经济社会建设取得了辉煌成就。特别是在改变中国的面貌、中华民族的面貌、中国人民的面貌、中国共产党的面貌的伟大实践中发挥了至关重要的作用。老区人民既是改革开放的参与者,也是改革开放的推动者。

艰苦练意志,危难见精神。老区人民在近百年的革命战争、社会主义建设和改革开放的伟大实践中,孕育形成了伟大的老区精神:爱党信党、坚定不移的理想信念;舍生忘死、无私奉献的博大胸怀;不屈不挠、敢于胜利的英雄气概;自强不息、艰苦奋斗的顽强斗志;求真务实、开拓创新的科学态度;鱼水情深、生死相依的光荣传统。这是党和人民宝贵的精神财富、丰厚的政治资源,是凝心聚力、振奋民族精神的重要法宝,也是社会主义核心价值观的重要内容。

中国老区建设促进会怀着强烈的政治责任感和历史使命感,组织全国各地老促会人员克服困难,尽心竭力编纂《全国革命老区县发展史》丛书,记录老区的光辉历史和辉煌成就,传承红色基因,弘扬老区精神,是功在当代,利及千秋的一件大事。手捧这部丛书的部分书稿,读着书中的故事,倍感亲切,深感这部丛书具有资政、育人、存史的社会功能,有着重要的时代和历史价值。它是不忘初心、牢记使命的源头活水,是赞颂共产党、讴歌老区人民的一部精品力作,是弘扬老区精神、传承红色记忆的丰厚载体,是一项继承优秀传统文化、弘扬革命文化、发展社会主义先进文化,坚定"四个自信"的宏大文化工程。它必将成为一种文化品牌,为各界人士了解老区宣传老区支持老区提供一部有价值的研究史料。希望读者朋友们能从中了解并牢记这些为党和民族的利益不断奉献的老区人民,从中得到教益,汲取人生奋斗的精神动力。

新时代赋予新使命,新起点开启新征程。让我们更加紧密地团结在以习近平同志为核心的党中央周围,坚持以习近平新时代中国特色社会主义思想为指导,增强"四个意识",坚定"四个自信",做到"两个维护",弘扬老区精神,铭记苦难辉煌。为实现"两个一百年"奋斗目标,实现中华民族伟大复兴的中国梦做出新的更大的贡献!

2019年4月11日

编写说明

2017年6月，中国老区建设促进会组织全国各地老促会启动编纂《全国革命老区县发展史》丛书，按照"建立中国共产党、成立中华人民共和国、推进改革开放和中国特色社会主义事业"三大里程碑的历史脉络，系统书写革命老区百年历史，深入挖掘革命老区红色文化资源，这对于充实丰富中国革命史籍宝库、在新时代传承红色基因、弘扬革命精神、强固根本，对于激励人们在新的历史条件下夺取中国特色社会主义伟大胜利，实现中华民族伟大复兴的中国梦具有重要意义。

丛书编纂以习近平新时代中国特色社会主义思想为指导，以《中国共产党历史》《中国共产党的九十年》等重要文献为基本依据，以党的领导为核心，以老区人民为主体，以老区发展为主线，体现历史进程特征，突出时代发展特色，坚持辩证唯物主义和历史唯物主义相统一、历史真实性与内容可读性相统一的原则，书写革命老区从站起来、富起来到强起来的光辉革命史、不懈奋斗史、辉煌成就史，把老区人民的伟大贡献、伟大创造、伟大成就、伟大精神充分展示出来，形成一部具有厚重历史特征和鲜明时代特色的精品力作。这是一部培根铸魂、守正创新，既为历史立言，又为时代服务，字里行间流淌着红色血脉、催生着革命激情的传世之作。丛书的编纂出版将成为讴歌党讴歌人民讴歌时代、传播红色文化、为革命老区和老区人民树碑立传的重要载体。丛书按照编年体与纪事本末体相结合、以编年体为主的编写体例确定框架结构；运用时经事纬、点面结合的方式记述史实；坚持人事结合、以事带人的原则处理人与事的关系；采取夹叙夹议、叙论结合以叙为主的方法展开内容。做到史料与史论、历史与现实、政治与学术统一，文献性、学术性、知识性相兼容。

为编纂好《全国革命老区县发展史》丛书，打造红色文化品牌，中国老区建设促进会认真组织积极协调，提出政治立场鲜明、史料真实准确、思想论述深刻、历史维度厚重、时代特色突出、编写体例规范、篇目布局合理、审读把关严格、出版制作精良的编纂出版总要求，力求达到革命史籍精品的精神高度、思想深度、知识广度、语言力度，增强丛书的权威性和社会影响力。各省（区、市）、市（州、盟）、县（市、区、旗）老促会的同志，以强烈的使命感、责任感和紧迫感，勇于担当，积极作为，认真实施，组织由老促会成员、专家学者等参加的十余万人编纂队伍。编纂工作主体责任在县，省、市组织协调、有力指导、审读把关。各方面人员以高度负责的精神和科学严谨的态度，满腔热情地投入工作，为丛书编纂出版做出了重要贡献。丛书编纂工作还得到了党和国家有关部委、地方各级党委政府及有关部门的大力支持和积极参与，社会各界也给予了热情帮助。中共中央政治局原委员、中央军委原副主席、原国务委员兼国防部长迟浩田上将，对老区人民怀有深厚感情，对革命老区建设发展十分关注，欣然为《全国革命老区县发展史》丛书作总序。

| 编写说明 |

丛书由总册和1 599部分册（每个革命老区县编纂1部分册）组成，共1 600册。鉴于丛书所记述的史实内容多、时间跨度长和编纂时间紧，不妥之处，敬请批评指正。

中国老区建设促进会

目 录

前言 · 001
第一篇　区域概况 · 001
　第一章　宁安市概况 · 002
　　第一节　自然资源概况 · 002
　　第二节　经济社会概况 · 004
　　第三节　近年的主要荣誉 · 008
　第二章　宁安的历史沿革与行政区划的变迁 · · · · · · · · · · · · · · 009
　　第一节　宁安的历史沿革 · 009
　　第二节　行政区划的变迁 · 011

第二篇　宁安地方党组织的建立 · 021
　第三章　中共宁安地方党组织建立前的准备 · · · · · · · · · · · · · · 022
　　第一节　宁安人民的早期反帝爱国斗争与
　　　　　　宁安工人阶级的产生和发展 · 023
　　第二节　马克思主义在宁安的早期传播 · · · · · · · · · · · · · · · · · 025
　　第三节　宁安的早期革命活动 · 027
　第四章　中共宁安地方党组织的建立和初期反帝反封建斗争　031

第一节　中共宁安地方党组织的建立 …………………… 031
第二节　党组织建立初期宁安人民的反帝反封建斗争 …… 033

第三篇　宁安十四年的抗战斗争 …………………………………… 037

第五章　党领导宁安人民进行的抗日武装斗争 ………………… 038
第一节　日本军国主义的"大陆政策" …………………… 038
第二节　日本帝国主义入侵宁安犯下的罪行 ……………… 041
第三节　宁安自发抗日武装的兴起 ………………………… 047
第四节　中共宁安地方组织领导的抗日救亡运动 ………… 059
第五节　创建党领导的抗日武装，宁安抗日游击根据地的
　　　　开辟 ………………………………………………… 062

第六章　东北反日联合军第五军的建立和绥宁抗日游击
　　　　根据地的开辟 …………………………………………… 084
第一节　中共吉东特委的建立及在宁安的主要活动 ……… 084
第二节　东北反日联合军第五军的成立 …………………… 085
第三节　抗日游击战术原则的完善 ………………………… 086
第四节　反"讨伐"斗争 …………………………………… 087
第五节　分区作战与绥宁游击区的扩大 …………………… 088
第六节　东北反日联合军的整顿与巩固 …………………… 089

第七章　军队的群众工作与群众对反日联合军的支援 ………… 091

第八章　东北抗日联军第五军的组成和吉东地区抗日斗争的
　　　　蓬勃发展 ………………………………………………… 094
第一节　召开北、南湖头会议 ……………………………… 094
第二节　东北抗日联军第五军改编成立 …………………… 096
第三节　抗联五军主力转战中东铁路南北 ………………… 097
第四节　中共吉东省委的建立和吉东地区抗日斗争的
　　　　蓬勃发展 …………………………………………… 102

第九章　全国抗战爆发和抗联牵制日军入关 …………………… 104

第一节	全国抗战爆发，东北抗战环境险恶	104
第二节	第一、第二路军艰苦抗战	105
第十章	为夺取抗战最后胜利而斗争	108
第一节	抗联教导旅的建立和军事侦察	108
第二节	宁安解放	109

第四篇 剿匪、"土改"，建立宁安新政权 ... 111

第十一章	党领导宁安人民建立巩固的根据地的斗争	112
第一节	抗战胜利后宁安的形势和任务	112
第二节	中共宁安地方党组织的建立与发展	113
第三节	宁安县政权组织的建立与发展	116
第四节	建立人民军队，开展剿匪斗争	119
第五节	分配敌伪土地，进行土地改革	126
第六节	巩固根据地，支援全国解放战争	129

第五篇 建党、建政，宁安各项事业得到恢复与发展 ... 134

第十二章	建立党政机构，经济社会得到恢复与发展	135
第一节	党政机构的建设及其工作的开展	135
第二节	经济关系的理顺与生产的恢复	138
第三节	文化教育事业的普及和发展	140
第四节	群策群力支援抗美援朝	141

第十三章	宁安社会主义建设全面铺开	143
第一节	生产建设"大跃进"	143
第二节	成立人民公社	145
第三节	社会主义教育运动	145
第四节	发展文化教育	146
第五节	自然灾害严重	146
第六节	在十年"文化大革命"中的曲折发展	147

第六篇 坚持改革开放，宁安实现由站起来向富起来转变 ... 151

第十五章　各项事业步入加快发展阶段 ·············· 152
　　第一节　党的建设得到巩固和加强 ················ 152
　　第二节　农村经济快速发展 ···················· 154
　　第三节　工业实力明显增强 ···················· 157
　　第四节　城市建设步伐加快 ···················· 158
　　第五节　交通运输业得到长足发展 ················ 159
　　第六节　邮电业发展迅速 ····················· 160
　　第七节　商贸业日渐繁荣 ····················· 161
　　第八节　旅游业方兴未艾 ····················· 162
　　第九节　教育事业稳步推进 ···················· 163
　　第十节　文化事业日益繁荣 ···················· 164
　　第十一节　卫生事业快速发展 ··················· 166
　　第十二节　电力供应保障有力 ··················· 167
　　第十三节　老区建设卓有成效 ··················· 168

第七篇　进入新时代，宁安实现由富起来向强起来转变　172
　第十六章　开启宁安全面建成小康社会新征程 ·········· 173
　　第一节　经济实力显著提升 ···················· 173
　　第二节　城乡面貌日新月异 ···················· 179
　　第三节　民生建设扎实推进 ···················· 182
　　第四节　社会治理成效显著 ···················· 184
　　第五节　党的建设全面加强 ···················· 186
　第十七章　建设美好宁安 ······················ 190
　　第一节　城市定位 ························· 190
　　第二节　发展目标 ························· 192
　　第三节　重点任务 ························· 194

附录 ································· 205
　历史人物 ····························· 205

宁安市革命遗址、遗迹地目录 ·················· 269
后记 ··· 296
参考书目 ·· 298

前 言

翻开漫长的中国历史，不同的历史阶段往往给人以不同的历史感受。有许多让国人为之荣耀的盛世时期，也有由于诸多原因导致的衰败而令人为之屈辱的时期。阅读历史长书，总会给人带来无限遐想。

今天，我们编纂《宁安市革命老区发展史》，就是要穿越历史长河来回顾历史。中国革命老区，是中国近代以来伴随着中国共产党诞生、成长和壮大，全国各族人民在其领导下，排除千难万险，为解决内忧外患所建立起来的革命根据地。回顾历史、编纂革命老区史书，就是要人们永远铭记老区的光辉历史和优良传统，从红色记忆中汲取力量，推进老区精神的深入研究与宣传，为老区脱贫攻坚、全面建成小康社会提供强大的精神动力，营造良好的舆论氛围。

编者

第一篇 ★ 区域概况

第一章 宁安市概况

第一节 自然资源概况

地理区位 宁安市位于黑龙江省东南部的镜泊湖滨、牡丹江畔，以古老、秀丽、富饶闻名于省内外。地理坐标为东经128°7′54″—130°00′44″，北纬44°27′40″—48°31′24″，属温带大陆性季风气候，年平均气温4.5℃，最高气温36.5℃，最低气温—40.1℃，积温在2 600℃~2 700℃之间，无霜期130—135天，年降水量500~600毫米，素有塞北小江南之美誉。地貌呈"七山一水二分田"格局，属长白山熔岩高原于中山区张广才岭和老爷岭第二隆起带，区域地貌特征为低山丘陵区。宁安市现辖区面积7 200.54平方公里，东与穆棱市毗邻，西与海林市交界，南与吉林省汪清县、西南与吉林省敦化市接壤，北与牡丹江市相连。距哈尔滨市321公里，距牡丹江市23公里，地处绥芬河和珲春两个国家级开放口岸的中心地带，分别相距190公里、160公里。G11国道、鹤大公路、牡图铁路纵贯全境，距牡丹江民航机场19公里，是东北亚经济技术交流中商贾往来、物资集散和信息传递的重要区域。2017年全市总人口413 774人，满族、朝鲜族、回族、蒙古族等少数民族人口约占19%，其中满族和朝鲜族分别占总人口的8.8%和7.8%。

自然资源 宁安市自然资源十分丰富。全市自西向东相间形成了山地、丘陵漫岗、沿江平原三种地形。复杂的地貌，造成了各种资源储量丰富的优势。土地资源丰富，适合各业全面发展；山林资源富饶，为黑龙江省重要的木材资源基地；水能蕴藏量极为丰富，有优质天然矿泉水多处；矿产资源品种多，储有金、银、水晶、大理石、花岗岩、玄武岩、火山灰、陶土、石灰石等30多种；珍贵的野生动植物和山产品资源品种繁多；得天独厚的旅游资源堪称天下一绝。

水利资源 俯瞰宁安市，河道纵横，水网如织。境内有一江（牡丹江）、三湖（镜泊湖、小北湖、钻心湖），55条河流，总流长1 472公里，年总径流量18亿立方米。水能资源蕴藏量为43万千瓦时，有开发价值且尚待开发的水能资源为3.6万千瓦时。有大中小型水库13座。境内的泼雪泉、钻心湖等多处泉水均为天然优质矿泉水，并且水量可观，是一大宝贵资源。充足的水利资源，为宁安能源工业的发展提供了得天独厚的有利条件。

市内水电站星罗棋布。有镜泊湖、石头、桦树川等11处水电站，总装机容量为11.39万千瓦，年发电量48 000万千瓦时。境内的水能资源仅开发了40%。

土地资源 全市土地总面积为1 189万亩。耕地面积为266.44万亩，其中水田27万亩。境内土地肥沃，物理机械性能好，宜种植各类作物，农业综合开发有很大潜力。

林业资源 森林是宁安市境内的主要自然资源，有林地面积857.2万亩。分属宁安市地方林业局和森工系统的东京城林业局管辖。其中，属于宁安林业局所辖9个林场，地方林业用地面积13万公顷，活立木蓄积量1 145万立方米，森林覆盖率超过70%。境内树种多，既有冻土带的树种偃松、岳桦，也有亚热带的树种黄菠萝、水曲柳，还有大量的珍贵树种红松、云杉和冷杉，拥有国内最大的、被称为"绿色明珠"的红松母树林。宁安市森林资源富饶，林木综合利用和林副产品的精深加工领域投资收益前景远大。

野生资源 茂密的森林资源为野生动植物提供了天然繁衍生息的场所。据统计，境内野生动物有27种，被列为国家保护动物的有东北虎、梅花鹿、马鹿、紫貂等。野生禽类有300多种，占全国鸟类品种的三分之一，被列为国家保护的珍贵野禽有白鹤、鸳鸯、中华秋沙鸭、白腹海雕、虎头海雕等8种。野生经济植物品种多，中草药类有54科112种，主要品种有人参、党参、黄芪、桔梗、麦冬等，其中黄芪被中药界称为"塔芪"，素有"黄芪以北为上，北芪以塔芪为珍"之说，每年野生贮量逾千吨。境内野生山野菜有可供出口的薇菜、蕨菜、刺老芽、猴腿等；菌类有针松茸、榛蘑、元蘑、猴头、木耳等；野果有山里红、山葡萄、榛子、山梨等。山野菜品种多、产量大，年产量在1万吨以上，年加工量可达2 000吨，质量高、无污染，其深加工已成为国内外竞相投资的热点，是宁安的重点开发项目。

第二节　经济社会概况

各项指标 2017年，全市地区生产总值实现211.6亿元，全口径财政收入完成7.6亿元，公共预算收入完成5.7亿元，固定资产投资完成229.6亿元，招商引资到位资金完成139.5亿元；社会消费品零售总额实现66.3亿元，进出口贸易总额实现6 906万美元，旅游业总收入实现7.6亿元，城镇和农村常住居民人均可支配收入分别达到27 095元和17 628元。

工业经济 宁安市现有规模以上工业企业91户，初步形成绿色食药、农机食品装备、装配式建筑为龙头的支柱产业,拥有益昕钢铁、天马水泥、华翠木业、中凌机械、鑫鹏肉业、阿妈牧场、安暖建材、金达农化、源丰对俄果蔬国际物流园区等骨干企业。食药企业总数达到57个,果蔬加工能力由3.2万吨增至100万吨,粮食加工能力达到100万吨,"两头两尾"产业体系初步形成。装配式建筑产业、农机食品装备产业正在形成集聚。占地4.5平方公里的工业园区晋升为省级经济开发区,入区企业62个,年产值578 485万元,年税收2 933.35万元。在园区拉动下,产业项目短板正在补长,新开工、新竣工、新投产项目数量连续多年居牡丹江前列。经济综合实力连续五年保持全省县域经济综合排名十强。连续五年被评为中国最具投资潜力百强县市。宁安拥有毗邻绥芬河、东宁、珲春三大口岸优势,鑫森物流、源丰物流两大物流平台,能够带动人流、物流、资金流、信息流的集聚,并成为哈牡绥东产业带绿色食品生产基地和对俄贸易重要集散地。

现代农业 宁安是全省优质米、烤烟、蔬菜、商品粮、淡水鱼、果树和蚕业、蜂业基地县(市),对俄蔬菜出口重要基地之一。盛产响水大米、兰岗西瓜、富龙洋葱、宁古塔牌烤烟等名优特产品。以"两头两尾"为抓手,推进"百公里东北亚高端食品农产品产业走廊"建设,被确定为国家现代农业产业示范园。优化种植结构,蔬菜种植面积达到53.2万亩,占全省六分之一,棚室总量4.2万栋,寒地果面积达到10.5万亩,成为全省"北菜南销"基地县,树立了中国寒地果蔬基地、东北菜园子品牌。推进生态农业建设,实施水土保持、耕地培肥、中低产田改造、小流域治理等工程,"三减"总量4 000吨,同比下降6.3%。成立了宁安农产品品牌管理公司,注册了宁安原产、镜泊湖关东大厨房、唐·渤海贡三个区域品牌,初步形成地标品牌、企业品牌、区域公共品牌体系。国家地标产品达到6个、知名商标达到27个,创建全国绿色食品原料标准化生产基地4个、面积140万亩。新型农业经营主体进一步壮大，达到1 544家。与中果协、中石化易捷、粤港澳厨师联盟建立合作关系，开辟直营渠道；成立天猫"响水大米官方旗舰店"，开通阳光365、芝米网等注册在本地、纳税在本地、结算在本地的线上销售平台，开通城市菜园微商平台，2017年电商发展到900家，线上交易额增长18.1%，出口包裹量15.8万件，排名全省第三位，在大米网销售额2 572.3万元，列全省县域第六位、牡丹江县域第一位。建立宁安时空云平台，全市可追溯面积达到160万亩，新开发"宁字二维码"农产品可追溯体系；出资2 000万元建立"政银担"信贷风险分担机制，投入4 000万元资产设立脱贫贷款基金，初步建成农业标准化、质量、科技、金融等服务体系。2017年全市农村经济总收入实现105.8亿元，粮食总产20亿斤。宁安市响水稻作文化系统被评为中国重要农业文化遗产，先后获得"国家现代农业产业园""国家级种子生产基地""国家数字农业建设试点"。

历史文化　莺歌岭文化、渤海文化、流人文化、宁古塔文化及近代革命历史文化等，形成了宁安浓郁的民俗风情，积淀铸就了宁安得天独厚的文化底蕴，构成了宁安特有的地域文化品牌。著名的莺歌岭遗址，是文献中最早记录中国北方肃慎人繁衍生息所在地，出土的"陶猪"被定为国家一级文物。国家级重点文物保护单位——渤海国上京龙泉府遗址，是我国中世纪后保存最完整、遗迹最丰富的一处古都遗址。国宝一级文物——石灯幢，吸引了国内外难以数计的专家学者和游客。作为清代的著名流放地，至今这里还保存着由宁古塔通往吉林、盛京（沈阳）及中原的必经之路上的——大石桥，为清末督办边务的钦差大臣吴大澂而修建的望江楼，宁古塔城西的名胜"西阁"，远近闻名的北国第一名泉——泼雪泉，张缙彦等著名流人建立的"七子之会"，革命教育基地张闻天工作室，全国百个红色旅游经典景区之一的马骏纪念馆等丰富的历史遗存，见证了宁安灿烂的历史文化。

城乡建设 持续推进城乡发展攻坚战，城乡面貌发生显著变化。基本完成老城区市政道路和地下管网修建。强势推进"2+30"工程（开发向阳、城东两个新区，拓展城市空间；建设体育公园、烈士陵园、沿江公园等十大项目，提升城市功能与品位；建设小公园、小停车场、景观小品等十小项目，方便群众生活；建设瀑布朝鲜民俗小镇、东京城毕业季主题文创小镇等特色小镇）。围绕把历史文化符号植入城市建设，实施了既有建筑改造和"935"文化工程。不断强化城市管理，投资近千万元购置了大型清扫、清雪、消防设备，城市管理硬件水平跃居牡丹江市前列；实施了网格化城市管理机制，组建了公安执法分局，有效治理"十乱"行为；实施净化水厂升级改造和排水管道疏通工程；继续实施国道鹤大公路宁安镇过境段等4条改扩续建公路工程。美丽乡村建设高标准推进。完成67个村的环境综合整治，打造美丽乡村33个，示范村达到20个，东京城镇、盘岭村实施了农村垃圾分类和厕所革命试点，于家、小朱家等一批美丽乡村建设成为全省典型。生态环境不断改善，新建环境检测中心、大气监测站，空气质量达标天数增加了25天；植树造林、封山育林8.8万亩，小北湖自然保护区生态环境不断改善，白桦川成为省级湿地公园。

社会事业 宁安市共有公办各类学校56所。其中，示范高中1所，职业高中1所，完全中学1所；初中7所，九年一贯制学校8所；小学37所；幼教中心1所。有公共图书馆1个，设分馆2个，纪念馆1个，历史博物馆1个。广播电视覆盖率100%。有二级医院4个，社区医院2个，乡镇卫生院12个。城镇人均居住面积23平方米，农村人均居住面积27.7平方米。全市城镇职工基本养老保险参保人数24 644人，基本医疗保险参保人数36 479人，城乡居民基本医疗保险参保人数260 301人。教育、卫生、文广、体育、科技、计生、社区、双拥和信访等工作荣获多项国家和省级荣誉。

第三节　近年的主要荣誉

2014年以来先后荣获全国民族团结进步模范集体、粮食生产先进县（市）、现代农业示范区、全国休闲农业与乡村旅游示范县、全国绿色食品生产原料基地县（市）、农村一二三产融合试点县、全国农村创业创新典型县；"两基"工作先进地区、职成教育示范县、全国推进义务教育均衡发展工作先进地区；小城镇建设重点镇、少数民族特色村寨、全国社会主义新农村建设档案工作示范县、法治县创建活动先进单位等国家级荣誉20余项；渤海上京龙泉府遗址公园被评为省内唯一国家级考古遗址公园，并晋升为AAAA级旅游景区。荣获省级文明城、双拥城、生态市、卫生先进单位等省级荣誉69项；牡丹江市级荣誉48项。

第二章　宁安的历史沿革与行政区划的变迁

第一节　宁安的历史沿革

清代宁古塔副都统辖区图

早在三千多年前的商周时代，在宁安这块土地上就有满族的先民——肃慎活动于镜泊湖和牡丹江中上游流域。肃慎族在汉晋时期称挹娄，南北朝时期称勿吉，隋唐称靺鞨，辽金称女真。698年，靺鞨族首领大祚荣在奥娄河（今牡丹江上游）建立了震国，意为东方的国家。713年，大祚荣被唐朝册封为"左骁卫大将军""渤海郡王",并领忽汗洲都督。自此,靺鞨专号渤海。755年,渤海文王大钦茂迁都上京龙泉府(今宁安市渤海镇)。渤海国鼎盛时设5京、15府、62州、100多个县。疆域包括今中国东北地区东部、朝鲜半岛的东北部和俄罗斯的南滨海地区,"方五千里",被中原誉为"海东盛国"。后金时,属金源故地上京会宁府辖地。元代,宁安在"胡里改万户府"治下。明代,在忽儿海卫治下。清初,汗王努尔哈赤先后设牛录章京(管三百兵员)和昂帮章京,驻防镇守宁古塔。1662年升为镇守宁古塔等处将军,将军衙门设在旧街(今海林市旧街镇)。1666年,宁古塔将军衙门署地由海林旧街迁至宁安城,成为盛京以北重镇之一。1727年,宁古塔设泰宁县,隶属奉天府,后不久裁撤。1903年设绥芬厅,厅署设在三岔口(今东宁县的一个乡镇)。宁古塔辖区内共分宁古塔、三岔口两大行政区。宁古塔区下划9个甲(相当于今9个区)。1904年绥芬厅署由三岔口迁至宁安城内。1910年,改绥芬厅为宁安府,始有宁安之称。宁安府归吉林省管辖。1912年12月,吉林劝业道奉临时大总统训令将宁安府改称宁安知事。1913年4月,宁安知事改为宁安县公署,隶属东南路延吉道管辖。1929年宁安县公署改为宁安县政府。1932年,日本侵略军天野部队和上田支队分别先后侵入宁安城,将"民国"时期的县长赶下台,组成宁安县公署,由一名日本参事官指挥全县政务,隶属于滨江省(哈尔滨)管辖。1937年,成立牡丹江省,宁安县隶属牡丹江省管辖。1943年,牡丹江成立东满总省,宁安县隶属东满总省管辖。1945年5月,东满总省改为东满省,宁安县隶属东满省管辖。1945年11月,成立中国共产党领导下的宁安县民主政府。1949年10月1日,宁安县民主政府改为宁安县人民政府。1986年,宁安县为牡丹江市辖县。1993年2月,经国务院批准,宁安县撤县设市（县），行政区划不变至今。

第二节　行政区划的变迁

1653年，宁古塔设置昂邦章京衙署（驻地海林县旧街乡古城村），管辖今吉林省和黑龙江流域两岸的广大地区。

1665年，因旧城常遭水患，将军巴海率领官兵在觉罗城西南5公里哈女真部落（今宁安镇）修筑新城。

1666年4月，新城竣工。将军巴海率领将军衙门全体官兵及全城百姓从旧城宁古塔城迁至新城（宁安镇）。

1676年，宁古塔移驻乌喇鸡陵（今吉林）。辖区内划分为宁古塔副都统和伯都纳、三姓、珲春等协领行政区。

1811年，宁古塔辖区内分宁古塔、三岔口（今东宁市）两大行政区。

1913年，宁安县公署属于吉林省管辖。县域行政区内共分为九区、乡，即宁安城区和外九区既：沙兰镇、宁康、安乐、镇抚、乡望、自新、治本、团聚、体仁外九区、乡。

外九区、乡划界：

沙兰镇乡：北到海林的大小梨树沟，南至渤海镇西石岗子，东至十道梁子，西至额穆县界。其区域为今沙兰镇之全部和海林县之一部。

宁康乡：北至缸窑沟，南至汪清县界，东至东宁县，西至卢家屯，其区域为今江南、卧龙等乡之大部。

安乐乡：北至小牡丹，南至延吉县界，东至团山子，西至斗沟子，其区域为今石岩镇、卧龙乡各一部。

镇抚乡：北至红土墙子，南至延吉县界，西至北湖头，东至斗沟子，其域为今马河乡之全部，东京城镇、渤海镇之大部。

乡望乡：北至前杨家屯，南至佛爷沟，东至宁安城，西至沙兰镇，其区域为今海浪镇之全部和石岩镇、三陵乡之一部。

自新乡：北至宾县界，南至沙兰镇，西至五常县界，东至海林县江头，其区域为今海林市之大部。

治本乡：北至海林沙虎，南至缸窑沟北山，西至腰龙屯，东至穆棱县界，其区域为今海林市之一部，宁安镇之一部，江南乡之大部。

团聚乡：北至方正县界，南至花脸沟，西至宾县界，东至穆棱县界，其区域为今林口县、穆棱市各一部。

体仁乡：北至沙兰镇，南至敦化县界，西至额穆县界，东至镜泊乡褚家屯，其区域为今镜泊乡之全部。

1928年，宁安县行政区划分为五镇六乡，即宁安镇、东京城镇（今渤海镇）、海林镇、乜河镇、沙兰镇和宁康乡、安乐乡、乡望乡、自新乡、治本乡、体仁乡。

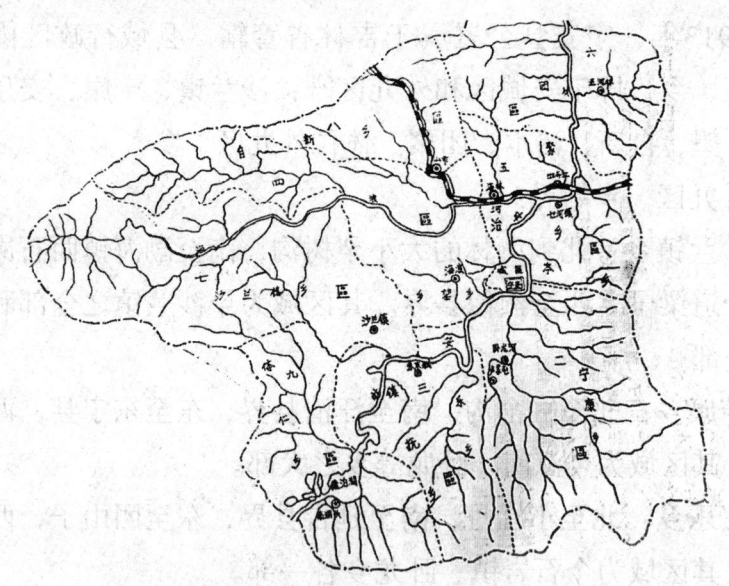

民国时期宁安县行政区划略图

1931年"九一八"事变后,日本侵略军侵占东北。1932年5月,日军占领宁安。1933年1月,日伪废除区乡制,建立保甲制,全县划为9个区、19保。其区域为第一区:城区、治安保;第二区:卧龙保、榆树林子保;第三区:渤海保、马莲河保;第四区:新安镇保、海浪保、德家屯保;第五区:牡丹江保、谢家沟保、乜河保、磨刀石保、楼房保、海林保、山市保;第六区:五河林保;第七区:沙兰镇保;第八区:横道河子保;第九区:镜泊湖保。

1937年7月1日,设立伪"牡丹江省公署",辖宁安、穆棱、东宁、密山、虎林5县。同年12月,设立伪"牡丹江市公署",正式设立牡丹江市建制,伪牡丹江省辖5县1市,省会设在牡丹江市。

1939年,日伪统治者实行街村制,宁安行政区划为:宁安街、东京城街、张家村、北安村、温春村、卧龙村、卢家村、兰岗村、榆树林子村、七间房村、马莲河村、阿堡村、鹿道村、新安村、旧街村、石河村、海浪村、依兰村、海林村、海西村、山市村、青林村、仙洞村、北甸村、柳树河子村、佛塔密村、二道河子村、磨刀石村、沙兰村、胡烧锅村、和盛村、横道河子村、镜泊村等,共2街31个行政村,下辖239个屯。

1943年10月1日,设立伪东满总省,由牡丹江、东安和间岛三省组成,总省公署设在牡丹江市。共辖牡丹江、东安(东安市,原名东安街,位于密山县境内。俗称新密山,与密山县城相对应。1939年5月28日,伪牡丹江省公署令,将"新密山"改称"东安",并为东安省省会)、间岛(1934年12月1日"伪间岛省公署"成立,省公署设于延吉县局子街。下辖延吉、珲春、和龙、汪清、安图5县,除安图县原属辽宁省外,其余原属吉林省)3个市和绥阳、东宁、穆棱、宁安、延吉、汪清、和龙、珲春、安图、密山、鸡宁、虎林、林口、宝清、饶河、勃利等16个县。

1945年5月28日，撤销东满总省。将间岛区域分割出去，仍为间岛省。将原牡丹江省与原东安省合并，新设东满省。省会设在牡丹江市，下辖牡丹江、东安2个市和绥阳、东宁、穆棱、宁安、密山、鸡宁、虎林、林口、宝清、饶河、勃利等11个县。

1945年8月，东北光复，伪东满省公署和牡丹江市公署解体。同年11月，成立了中国共产党领导下的宁安县民主政府，下辖3个自治区：第一自治区（城区）设在宁安镇，第二自治区设在兰岗，第三自治区设在东京城。

1946年4月，成立绥宁省。辖牡丹江市和宁安、穆棱、东宁、绥阳、鸡宁、密山、林口等7县。宁安县共辖6个自治区。除上述3个自治区外，第四自治区设在新安（今海林市新安镇），第五自治区设在海林（今海林市海林镇），第六自治区设在沙兰。8月又设立五林、新海2县。新海县成立后，将宁安所辖的第四、第五2个自治区划归新海县。

1946年10月7日，绥宁省召开临时参议会，传达东北政联关于改绥宁省为东北政联直属的牡丹江督察专员公署的命令，决定正式撤销绥宁省政府。翌日，牡丹江督察专员公署开始办公，下辖牡丹江市和宁安、穆棱、东宁、绥阳、林口、新海、五林等7县。

1947年5月，成立镜泊县。将原宁安县所辖的第三、六自治区划归镜泊县。宁安县下辖6个行政区：第一区宁安镇，第二区温春，第三区江南，第四区石头站（石岩），第五区麦子沟（宁西），第六区海浪。1947年8月20日，东北行政委员会颁发通告，决定将牡丹江专区与合江省东安区合并，成立牡丹江省，省会设在牡丹江市。牡丹江省辖牡丹江、东安两市和宁安、镜泊、新海、五林、穆棱、绥阳、东宁、林口、鸡宁、密山、虎林、饶河、宝清、永安等14县。

1948年7月9日，东北政委会命令，撤销牡丹江省，所辖牡丹江市及宁安、镜泊、新海、五林、东宁、绥阳、穆棱等7县并入松江省。东安地区所辖6县划归合江省管辖。8月20日，松江省政府决定将东宁、绥阳两县合并成立东宁县；新海、五林两县合并成立海林县；镜泊、宁安两县合并成立宁安县。将原宁安、镜泊两县各辖的6个区一度划为11个区，不久又并为9个区。一区设在宁安镇；二区设在温春；三区设在江南张家村，后迁至宁安镇东牌楼外"汇发当"旧址；四区设在石头站；五区设在麦子沟（今宁西村），后迁至海浪；六区设在沙兰；七区设在世环镇（今渤海镇）；八区设在马河；九区设在镜泊。至1949年10月1日，宁安县民主政府改为宁安县人民政府，行政区未变。

1955年4月3日，县人民政府改为县人民委员会。各区以地名改为区名，分别被称为宁安镇区、温春区、兰岗区、石头区、海浪区、沙兰区、世环镇区、马莲河区、镜泊区。

1956年3月20日，宁安县划归牡丹江专区领导。同时，撤销海林县建制。将海林、石河、山市、横道河子、新安镇、长汀镇等划归宁安县管辖。5月19日，全县撤区，新划为4镇、12个中心乡、35个乡。其中有8个朝鲜民族乡和1个满族乡。

4个镇分别是宁安镇、世环镇、长汀镇和横道河子镇。

乡分别是温春中心乡：楼房乡、范家乡；江南中心乡（朝鲜族）：榆林乡、烧锅乡、缸窑乡、兰岗乡；石岩中心乡：平安乡、新政乡、民主乡、英山乡（朝鲜族）、勤劳乡（朝鲜族）、八达乡；海浪中心乡：三林乡、九梁乡、庆城乡（满族）；沙兰中心乡：八家乡、和盛乡；马河中心乡：鹿道乡、金坑乡；渤海中心乡：牛场乡（朝鲜族）、太平乡、兴华乡、江西乡（朝鲜族）；镜泊中心乡：南湖头乡、松乙乡；海林中心乡：新合乡

（朝鲜族）、中兴乡、海南乡（朝鲜族）、安乐乡；新安中心乡（朝鲜族）：旧街乡、杨林乡；石河中心乡：黎明乡、新立乡、东村乡；山市中心乡：道林乡。同年11月20日，改世环镇为东京城镇，海林中心乡改为海林镇。

  1958年1月27日，调整全县乡镇为5镇、24乡。

  镇为：宁安镇、东京城镇、海林镇、长汀镇、横道河子镇。

  乡为：温春乡、范家乡、缸窑乡、榆林乡、民主乡、三林满族乡、太平乡、新安乡、山市乡、江南朝鲜民族乡、勤劳朝鲜民族乡、沙兰乡、渤海乡、马河乡、镜泊乡、新合朝鲜民族乡、杨林乡、兰岗乡、石岩乡、海浪乡、平安乡、海南朝鲜民族乡、石河乡、八家乡。9月，全县成立宁安、江南、海浪、石岩、东京城（渤海镇）、沙兰、镜泊、海林、长汀、横道河子、新安、石河、海南等13个政社合一的人民公社。

  1960年1月5日，宁安县划归牡丹江市领导。

  1961年1月，全县分为宁安、江南、石岩、兰岗、海浪、马河、东京城、渤海、沙兰、镜泊、海林、长汀、横道河子、新安、石河、拉古、旧街等17个人民公社。

  1962年9月27日，宁安县划归牡丹江专员公署领导。

  1962年11月15日，恢复海林县建制，将撤销海林县时划归宁安县的5个行政区又划归海林县。宁安县分为宁安、江南、江东、海浪、兰岗、石岩、兴隆、东京城、渤海、沙兰、马河、镜泊、三林、三陵、平安等15个人民公社。

  1965年10月29日，成立范家人民公社。秋后，撤销东京城人民公社，划分为中马河镇、城东、兴华3个人民公社；将渤海人民公社划分为渤海、杏山2个人民公社；将三林人民公社改为宁西人民公社。至此，全县共有宁安、范家、江南、江东、兰岗、海浪、宁西、石岩、平安、兴隆、中马河镇、城东、渤海、兴华、三陵、沙兰、马河、杏山、镜泊等19个人民公社。

1970年9月1日，中马河镇人民公社改为东京城镇人民公社。渤海人民公社改为渤海镇人民公社。

1980年9月，东京城人民公社改为东京城镇人民政府。

自1984年4月，全县各人民公社相继改为乡镇人民政府，行政区未变。5月20日，海浪人民公社改为海浪镇人民政府。6月28日，石岩人民公社改为石岩镇人民政府。

1985年5月20日，沙兰人民公社改为沙兰镇人民政府。

1986年，宁安县所辖有宁安镇、渤海镇、东京城镇、石岩镇、海浪镇、沙兰镇6个镇和范家乡、江东乡、江南乡、宁西乡、兰岗乡、平安乡、卧龙乡、城东乡、马河乡、杏山乡、兴华乡、三陵乡、镜泊乡13个乡，324个行政村，8个城镇街道办事处，48个居民委员会。

1987年4月，撤销卧龙乡，设置卧龙朝鲜族乡。12月，撤销城东乡、江南乡，设置城东朝鲜族满族乡、江南朝鲜族满族乡。

1993年2月，宁安县撤县建市，5月30日，宁安撤县建市工作全部结束，中共宁安市委、市政府正式履职。辖区总面积未变，行政区设立仍为19个乡镇，分别是宁安镇、东京城镇、渤海镇、沙兰镇、石岩镇、海浪镇、兰岗乡、江南乡、范家乡、宁西乡、平安乡、卧龙乡、马河乡、三陵乡、江东乡、镜泊乡、杏山乡、兴华乡。

1995年，撤销兰岗乡，设置兰岗镇。

1996年，宁安市共辖7镇12乡（含3个民族乡），348个村民委员会，1881个村民小组。

2001年1月，根据国务院和黑龙江省政府指示精神，进行宁安市乡（镇）合并，合并后的建制保留为7镇5乡：即宁安镇与范家乡合并为宁安镇，东京城镇与城东朝鲜族满族乡合并为东京城镇，渤海镇与杏山乡合并为渤海镇，石岩镇与平安乡合并为石岩镇，海浪镇与宁西乡合并为海浪镇，江南朝鲜族满族乡与江东乡合并为江南朝鲜族满族乡，三陵乡与兴华乡合并为三陵乡，保留沙兰镇、兰岗镇、卧龙朝鲜族乡、马河乡、镜泊乡。

2005年，宁安市共辖7镇5乡、1个市辖城区街道办事处、1个镇辖街道办事处、1个镇辖社区服务中心和11个社区委员会，243个村委会，339个自然屯。

2010年，根据《黑龙江省民政厅关于调整牡丹江市部分行政区划的批复》，2010年10月21日至10月30日，将宁安市宁安镇富民村、双龙村、桥头村划入牡丹江市西安区管辖。至此，宁安市为240个行政村。

2014年10月21日，根据市政府2014年9月20日常务会议决定，江南朝鲜族满族乡张家村、江沿村、黄旗村、江南村、小唐村、新安村划入宁安镇管辖。

2017年，宁安市撤销镜泊乡建制，设置镜泊镇。宁安市乡（镇）建制为8个镇4个乡。

镇设置：宁安镇、东京城镇、渤海镇、沙兰镇、海浪镇、石岩镇、兰岗镇、镜泊镇。

乡设置：江南朝鲜族满族乡、卧龙朝鲜族乡、马河乡、三陵乡。

2018年宁安市行政区划简表

乡（镇）名称	合计	村民委员会名称
全市合计		8个镇4个乡（含2个民族乡），240个村委会，1个市辖城区街道办事处，1个镇辖街道办事处，1个镇辖社区服务中心，11个社区居委会
宁安镇	30	河西村、红城村、临城村、临江村、红升村、新胜村、向阳村、兴盛村、兴林村、柳林村、教育村、范家村、利民村、茂盛村、共和村、三合村、长江村、联合村、双桥子村、黄旗沟村、上赊里村、福荣村、葡萄沟村、伊家村、张家村、镇江村、黄旗村、江南村、小唐村、新安村
东京城镇	15	于家村、镇兴村、糖坊村、东京村、中马河村、牛场村、兴安村、光明村、下窑子村、东康村、下马河村、大荒地村、哈达村、烽火村、红星村
渤海镇	28	渤海村、上京村、龙泉村、白庙子村、拐弯子村、土台子村、江西村、西地村、响水村、瀑布村、上官地村、莲花一村（西安村）、莲花二村（天心村）、莲花三村（西莲花村）、湖沿村、湖北村、青山村、繁荣村、小朱家村、上屯村、太平沟村、富安村、梁家村、小三家子村、杏山村、东珠村（大朱家村）、双庙子村、大三家子村
石岩镇	18	石岩村、幸福村、四合村、爱路村、前进村、拥军村（于家村）、东和村、和平村、民主村、团山子村、腰岭子村、永富村、东华村、建设村、平安村、丰产村、乐园村、民安村
沙兰镇	18	治安村、永明村、长安村、新富村、进荣村、桦树村、二道沟子村、木其村、王家村、和盛村、卧龙泉村、三块石村、井城村、小荒地村、二间村（尔站村）、阎家村、王豆坊村、同心村
海浪镇	32	海浪村、安青村、兰旗村、大依兰村、牡北村、太平村、光荣村、前阳村、后地村、二洼村、洋草村、三道梁子村、安平村、长胜村、大牡丹村、小牡丹村、大生村、依兰岗满族村、东炉村、七道梁子村、敖东村、宁西村、林富村、八道梁子村、盘岭村、庆城村、高家村、九道梁子村、镇北村、岔路村、北山村、五道梁子村
兰岗镇	10	兰岗村、文化村、东升村、新农村、民和村、牡丹村、新中村、依兰村、自兴村、永政村

续表

乡（镇）名称	合计	村民委员会名称
镜泊镇	17	镜泊村、湾沟村、复兴楼村、后渔村、庆丰村、五峰楼村、湖南村、永丰村、金家村、北石村、湖西村、城子村、东大泡村、江北村、褚家村、良种场村、小夹吉河村
马河乡	16	马莲河村、新立村、马河村、红光村、黎明一村、金坑村、跃进村、东烧锅村、后斗村、前斗村、头道村、四道村、鹿道村、富路村（红旗村）、松岭村、五道河子村
三陵乡	18	三陵村、三星村、南阳村、小兰旗沟村、西崴子村、东沟村、胡家村、红土村、贝家村、兴华村、爬犁沟村、泉眼沟村、八家子村、北湖村、胡家沟村、连家村、红旗村、兴隆店村
卧龙朝鲜族满族乡	13	卧龙村、罗城沟村、新政村、前三家子村、勤劳村、明泉村、爱林村、杏花村、英山村、西岗子村、农场村、三道河子村、三道湾村
江南朝鲜族满族乡	25	宁东村、勇进村、嘎斯村、清泉村、榆林村、大唐村、宝山村、簸箕村、四方村、马家村、福兴村、烧锅村、新顺村、永胜村、明星村、永安村、解放村、双富村、星光村、缸窑村、永乐村、东安村、双兴村、新兴村、新城村

第二篇 ★ 宁安地方党组织的建立

第三章 中共宁安地方党组织建立前的准备

明末清初,西方各国就开始发展资本工业,到19世纪30年代,即清朝末期,英国率先完成了工业革命,成为头号资本主义强国,法国、美国等国家的工业革命也相继发展起来。他们为夺取更多的销售市场和原料产地,加紧对外扩张,纷纷将魔爪伸向中国,进行肆虐的侵略和疯狂的掠夺。当时"闭关锁国"的清政府已经逐步落后于世界大潮,在文化、技术、经济、军事、政策等方面都无法与发展国家相匹敌,给国人带来了长达百余年的屈辱历史。鸦片战争后清政府签订丧权辱国的不平等条约,西方列强接踵而至,导致中国既割地赔款,严重打破了我国的正常秩序,给国家和民众带来严重灾难。正所谓,强虏入侵山河碎,国力落后遭贼欺。

1911年,辛亥革命结束了中国长达两千年之久的君主专制制度,是一次伟大的革命运动。它在政治上、思想上给中国人民带来了不可低估的解放作用。反帝反封建斗争,以辛亥革命为起点,更加深入、大规模地开展起来。

1921年,中国共产党成立,中国革命翻开了崭新的一页。

第一节　宁安人民的早期反帝爱国斗争与宁安工人阶级的产生和发展

一、帝国主义的入侵和宁安人民的早期反帝爱国斗争

位于黑龙江省东南部的宁安，土地肥沃、物产丰富，随着世界资本主义发展到帝国主义阶段，俄、日两个帝国主义国家近邻开始觊觎这块富饶的土地。

1840年鸦片战争后，帝国主义列强先后入侵我国，东北广袤而富饶的土地成为日、俄帝国主义争夺的焦点。1900年7月，沙皇尼古拉二世自任侵略军总司令，动员17.7万兵力，组成5个军，以保护正在建筑中的中东铁路为幌子，分别从6路大规模入侵中国东北。其中，第四军从海参崴出发，侵入珲春、宁古塔等地。

侵入宁安的沙俄军队奸淫妇女、烧杀抢掠，无恶不作，激起了宁安人民的无比愤慨。1900年，当全国爆发义和团运动时，很快波及中东铁路东线（包括宁安所辖的横道河子一带）。山东、直隶义和团会首王五协、张三荒子利用乡缘关系，来到宁安一带进行宣传活动，举起了抗俄灭洋的大旗。宁安地区义和团斗争的一个重要特点是以工人为主体，义和团成员多数是从山东直隶招募来的筑路建桥工人，还有当地部分伐木工人、手工业者、农民和爱国士兵，宗旨是"扶清灭洋"，矛头直接指向沙俄侵略军。到1900年6月，在宁古塔乜河的义和团发展到500多人，成为中东铁路东线一支声势最大的抗俄队伍。7月，宁古塔城东园子菜农王五协（山东人，绰号王大扁担），在城东山神庙举起义和团大旗。7月至8月，义和团、驻守宁古塔清军与俄军展开数次激战，

终因武器的落后和敌众我寡，200多名义和团勇士和众多宁古塔清兵壮烈牺牲。8月29日，俄军侵入宁古塔城，清军副都统率余兵逃往额穆。在宁古塔靖边垦荒的唐殿荣、杨毓林所部自动奋起抗俄。1901年，杨毓林率部加入了刘永和的忠义军。1902年，刘永和的忠义军曾至20万人，他们在"御俄寇、复国土"的口号下，出没于从哈尔滨到宁安牡丹江的铁路线上，在双城、绥芬河、穆棱、密山、宁古塔等地不断袭击俄军驻地。4月8日，由于中国人民的英勇反抗和帝国主义之间争夺中国的矛盾斗争加剧，沙皇政府被迫同清政府签订《交收东三省条约》，俄军分三批撤离东北。至此，沙俄趁八国联军侵华之机妄图独占中国东北的计划破产。

1915年，日本殖民主义者商务侵入宁安地区。短短几年间，在宁安地区建起大小40多家林业公司。利用这些公司捞取了木材采伐权，利用廉价的中国劳动力"开发"中国森林资源。为便于运输，日商还渗入宁安牡丹江站，雇用大批中国劳工，掠夺木材运往日本。

二、宁安工人阶级的产生和发展

宁安工人阶级是伴随着俄、日帝国主义的殖民主义者在此侵略修铁路、办木场、开矿山以及民族资本相继开办企业而产生的，19世纪80年代产生了宁安较早的一批工人。这些早期的宁安工人在政治上、经济上受帝国主义、封建主义和资本主义的压迫与剥削，同时又与大生产相结合，代表着先进的生产力，在组织上高度集中，具有很强的革命性和组织纪律性。所以，从产生之日起，就与帝国主义、封建主义和资本主义进行着此起彼伏的斗争，并在斗争中逐渐发展壮大起来。

自从俄、日帝国主义侵占宁安以来，宁安人民一直在不间断地起来反抗。1918年之后，工人运动迅猛发展，自发的反帝武装兴起，反抗外来侵略的思潮一浪高过一浪。俄国"十月革命"爆发后，在苏俄红军向盘踞远东的沙皇自卫军进剿的关键时刻，包括宁安在内的中东铁路工人全线大罢工，有效地截断了沙皇自卫军的军队调动、军火和军需品的运输，打乱了帝国主义干涉军的行动计划，对支援苏俄红军、保卫"十月革命"成果、扭转远东局势发挥了重要作用。

1922年春，中共北京地委组织委员罗章龙在中东铁路各站考察工运状况，写出了包括宁安在内的《关于东北工人状况和在东北建党建工会的具体意见》的报告，指出东北工人数量多、革命性强、觉悟高，但发展不平衡，需要加强对工人运动的领导，推进革命等。此次考察，尤其是对工人中的先进分子进行宣传与组织工作，为日后开展工运和党建打下了初步基础。

中东铁路宁安各站铁路工人，是宁安早期工人运动的骨干力量。早期的工人运动基本上是自发的经济斗争，斗争形式是分散的、局部的。随着斗争的深入，尤其受"十月革命"和"五四"运动的影响，工人运动开始由自发转向自觉，由单纯的经济斗争转向政治斗争与经济斗争相结合，斗争的形式也由分散局部的斗争逐步发展成为有组织、有领导的斗争，从而为中共宁安地方党组织的建立奠定了坚实的阶级基础。

第二节 马克思主义在宁安的早期传播

俄国"十月革命"成功后，地处中东铁路东段的宁安，由于地缘关系，宁安铁路工人较早地知道了马克思、恩格斯、列宁、苏维埃、劳工神圣、阶级等富有革命意义的名词概念。《无产者》《劳工神圣》等革命小册子，李大钊的《庶民的胜利》《布尔什维克的胜利》等歌颂"十月革命"和社会主义，介绍马克思主义的文章以及《新青年》《向导》《周周评论》等革命书刊相继传入宁安地区，促进了宁安人民的觉醒，萌发了敢于同不平等的社会制度和侵略者斗争、建立新的社会制度的思想。

1919年爆发的五四爱国运动，成为新民主主义革命的伟大开端。时在天津南开中学读书的宁安籍学生马骏当选为天津学生联合会副会长，他始终站在斗争的最前列，成为五四运动时期的杰出青年领袖。五四运动的消息传到了宁安，曾出现了为期三个月的抵制日货的风潮。

1920年，马骏加入中国社会主义青年团。他响应李大钊"到工农群众中去，从事实际运动"的号召，回到宁安，在广大群众和青年学生中积极宣传俄国"十月革命"经验，宣传他在津、京参加五四运动的感人实况，宣传京、津、沪、鲁等地人民群众的爱国热情，抨击腐败政府的无能，启发教育家乡人民进行斗争。

同年11月，马骏会同在外地上学的付云成、关梅轩等人以京、津、沪、鲁学生代表名义出面，在城后群众聚集的"娘娘庙"和"老戏园子"召开民众大会，公开讲演，宣传爱国思想，揭露当地劣绅孙彦卿、何光甲等人勾结日本人冈田，妄图修筑宁（安）海（林）铁路、掠夺宁安森林资源的卖国罪行，动员群众起来打倒卖国贼，得到广大群众的支持。群众高呼："打倒卖国贼！""赶走日本侵略者！"等口号，吓得孙彦卿躲在"望江楼"里不敢露面，使他们的阴谋未能得逞。这次斗争，打击了宁安反动势力的气焰，使人民群众认识到自己的力量，揭开了宁安人民开展新民主主义革命斗争的序幕。

马骏回到宁安后，还经常到牡丹江等铁路沿线各站，宣传五四运动的新思想，宣讲京、津学生与北洋政府斗争的感人事迹和爱国精神，唤起工人阶级的觉醒，推动了工人运动的发展。

马骏的爱国行动，使宁安的土豪劣绅和卖国贼感到十分恐慌，他们千方百计地拉拢马骏。孟督练曾给马骏一个督练调查员的责任状，被马骏不屑地搓成纸团扔在地上；县长王伯康等也想利用他在群众中的威望，给他一官半职，甚至叫他只挂名，每月就可以拿薪水，均遭严词拒绝，丝毫没有动摇马骏的爱国救民之心。

马骏在家乡宁安宣传俄国"十月革命"，宣传"五四"运动的爱国精神和伟大意义，为马克思主义在宁安地区的传播做出了重要贡献，为中共宁安地方党组织的建立和宁安人民反帝反封建斗争播下了革命的火种。

第三节　宁安的早期革命活动

一、中共党员马骏在宁安的革命活动

1920年，马骏由社会主义青年团员转为早期中共党员。1921年冬，马骏受党组织派遣回到了东北，他以故乡宁安为基地，活动在哈尔滨、绥芬河、齐齐哈尔、白城子、双城、吉林、长春、四平、牡丹江和海参崴等地，深入工商界、教育界，进行反帝反封建的革命宣传活动，成为吉林、黑龙江两省和整个东北地区最早从事革命活动的共产党员之一。

1922年2月，在马骏的影响和指导下，哈尔滨进步青年王精一、韩铁声等8人发起成立了"哈尔滨救国唤醒团"。同年春，马骏在宁安街头、牡丹江站、乜河镇等地组织讲演，宣传抵制日货，传播革命思想，曾导演并亲自参加排演《一元钱》《一片爱国心》等爱国戏剧，在吉林四中（现宁安一中前身）毕业

晚会上，作了题为《伟大的力量》的演讲。

1923年2月，马骏与韩铁声等人创办了哈尔滨《晨光报》。此间，马骏从哈尔滨回到宁安，曾应乜河两级学校的邀请，宣传新文化运动和五四运动，鼓励学生和工人团结起来，为争取生存权利而斗争。6月，马骏在宁安城组建"宁安回民崇俭会"，倡导破旧立新，废除婚丧嫁娶中的陈规陋习，深受广大贫苦回民群众的欢迎。9月，马骏受党组织派遣，去吉林省城开展革命工作。1925年，日本帝国主义在上海制造了五卅惨案。马骏组织成立"吉林沪案后援会"，进行有组织的募捐和抵制日货运动。

1925年6月17日，在宁安旅吉女中读书的青年韩幽桐（韩桂芹，女，回族）等人在马骏的影响下，回到家乡宁安，带回五卅惨案消息。在吉林四中、第一高等学校、女子高等学校、剧院等地公开演说，向群众介绍五卅惨案真相，强烈控诉日本帝国主义的暴行，激起了宁安各界人民的反帝怒潮。

6月27日，宁安学生界宣告成立了"宁安学生联合会"和"沪案后援会"。组织募捐团，在戏园子，许多学生发表慷慨激昂的募捐讲演，群众纷纷捐款，支援上海人民的正义斗争。

同月，在省城"吉林沪案后援"运动的影响下，按照中共哈尔滨特别支部的部署，宁安旅哈学生、吉林省立第六中学青年团员段中和（段毓涛）、张德济（张戈）暑假提前返乡，与乜河镇的邱文华等师生一起，在宁安县第五区乜河镇第一小学校和牡丹江学校广大师生中，宣传日本帝国主义在上海枪杀中国工人顾正红的暴行，宣传吉林省城轰轰烈烈的"吉林沪案后援"爱国运动。乜河镇的高年级学生立即行动起来，从学校走上街头，聚众讲演，控诉帝国主义经济上掠夺、政治上压迫中国人民的罪行。在反帝游行示威中，宁安的伐木工人、手工业者和商民纷纷加入了学生游行行列共200多人，他们手擎红旗，散发传单，高呼口号。当游行队伍路过日本井物产株式会社、三菱公司、三井洋行和东洋拓植会社等代理商行及牡丹江站的几家日商高岗号、材木公司出张所（即驻在所）的门前时，群众情绪激昂，学生们一面张贴标语、漫画，一面宣传"抵制日货"，号召群众不买东洋货。从乜河镇到牡丹江站，游行队伍经过商店、市场和华街（兴隆街）环行一周，直到下午游行结束。这次由学生发起、工农商参加的支援五卅运动，显示了工人阶级第一次领导群众性的反帝斗争的力量，为党在工人队伍中开展工作奠定了坚实的基础。

二、共产主义青年团宁安地方组织的建立及活动

五四运动后，随着马克思主义的广泛传播和受早期社会主义青年团员、中共党员马骏的深刻影响，宁安旅京、津、哈、吉的一些先进青年先后加入了中国社会主义青年团。1924年12月，宁安乜河镇旅哈学生、哈六中团支部书记段中和和牡丹江旅哈学生张德济回到家乡乜河，联络邱文华、程文宪、宋登奎、孙芳、王义之等青年团员，在宁安乜河较早地成立了社会主义青年团支部，段中和任支部书记。1925年1月，中国社会主义青年团第三次代表大会决定，把中国社会主义青年团改称为"中国共产主义青年团"，乜河社会主义青年团支部随之改称为"乜河共产主义青年团支部"。

1926年12月，磨刀石建立共青团支部。1929年4月，铁岭河组建共青团支部。1929年8月，在江东花脸沟由金光熙介绍，朱德海加入中国共产主义青年团，并担任花脸沟团支部书记。1930年1月，乜河南沟建立了共青团支部，书记安进源。1930年9月，中国共产主义青年团宁安县委员会成立。到1931年4月，仅宁安县的共青团员就发展到150多名，他们利用各种形式宣传马列主义，宣传俄国"十月革命"和五四运动的伟大意义，宣传党的主

张，揭露日本帝国主义和封建军阀的侵略、压迫罪行，带领人民群众和广大青年进行反帝爱国运动，积极参与、开展土地革命斗争。

中共党员、共青团员在宁安的这些早期革命活动，对宁安人民产生了深远的影响，为宁安地区党组织的建立奠定了思想基础，做出了必要的组织准备。

第四章 中共宁安地方党组织的建立和初期反帝反封建斗争

第一节 中共宁安地方党组织的建立

一、中共宁安地方早期党支部的建立

1926年10月,由中共中央直辖的中共北满地委派人到中东路东线宁安八区的横道河子,五区的海林、磨刀石,牡丹江等地开展工作。在横道河子秘密发展8名产业工人加入了中国共产党,建立了党支部,不久即遭破坏。中共党员段中和、张德济秘密发展了5名党员,组建了中共牡丹江支部,支部书记段中和。

1927年4月,中共北满地委派党员吴庆祥来宁安,接替段中和任牡丹江支部书记。此时,牡丹江支部已由乜河转移到火车站南天和东鞭杆子铺,吴庆祥以修表工人身份为掩护开展活动。同时,负责国际交通工作,保持着共产国际中共代表团驻海参崴办事处同中共北满地委的密切联系。8月间,中共北满地委军事运动委员会负责人胡步三(胡谦之)来到宁安,准备以牡丹江为桥梁向宁安发展组织。9月,中共北满地委书记杜继曾(杜省吾)到宁安开展工作,整顿了牡丹江支部。10月,中共满洲临时省委成立,书记陈为人,胡步三负责军事工作。同月,北满地委被撤销,成立中共哈尔滨市委,管辖哈尔滨及中东路沿线党务工作,

书记杜继曾。12月,代号为"之"的巡视员来宁安视察党的工作,并指定代号为"恺"的人为中共牡丹江区委书记,时有党员11人。

二、中共宁安特别支部的建立

1929年夏,中共哈尔滨市委派李克华(朝鲜族)到宁安开展党建工作。根据共产国际关于"一国一党"的原则,解散了当时的朝鲜共产党,吸收部分朝鲜共产主义者加入中国共产党。在宁安花脸沟(今江南乡解放村)建立了中共宁安县特别支部委员会(简称宁安特支),特支书记韩根(朝鲜族)。特支下属铁岭河、东村、新安镇党支部,共有党员37名。

三、中共宁安临时县委、中共宁安县委的建立

1930年6月,中共哈尔滨市委派吕文斌、黄旗范到宁安,解散了中共宁安特支,成立了"中共宁安县临时委员会",临时县委成员由5人组成,金革头(朝鲜族)任临时县委书记,组织部长权律(朝鲜族),宣传部长朴凤南(化名姜哲山,朝鲜族)。临时县委工作机构设有职工运动委员会、妇女运动委员会、农民运动委员会。临时县委机关设在花脸沟。下属的两个农村党支部,共有党员18人。

1930年5月,中共满洲省委改组为"中共满洲总行动委员会"。8月,成立中共北满特别委员会(兼哈尔滨市委)。之后,满洲总行委又将中共北满特别委员会改组为"中共北满特别行动委员会"。9月,中共北满特别行动委员会将中共宁安临时县委书记金革头调到北满工作,在宁安建立了"中共宁安县委员会"。中共宁安县委成员由5人组成,县委书记由东满调来的金诚(朝鲜族)担任,组织部长权律,宣传部长朴凤南,共青团书

记金永珠（朝鲜族），反日会长全凤来（朝鲜族）。县委下属东京城、金坑、牡丹江、朱家屯、黄旗沟、缸窑沟、花脸沟、东沟、铁岭河、磨刀石、五虎林、新安、马场13个党支部。县委机关设在花脸沟，全县共有党员120多名。

1931年1月，经中共北满特委批准，在吉林省立第四中学成立了中共宁安特别支部委员会，书记邱文华，组织委员庞景仁，宣传委员赵桂芹（女）。1931年4月，曹孟朴任特支组织委员，胡成梁任特支宣传委员。不久，吉林省立四中中共宁安特支合并于中共宁安县委。

到1931年4月，中共宁安县委在县内建立了6个区委：南湖头区委，书记全凤来，辖房身沟、松乙沟、湾沟3个党支部；东京城区委，书记先后由崔洪基、金镇浩（朝鲜族）担任，辖金坑、于家屯、马河3个党支部；城关区委，书记金光侠（朝鲜族），辖上花脸沟、中花脸沟、下花脸沟、黄旗屯、朱家屯、小牡丹、缸窑沟7个党支部；牡丹江区委，书记李光林（朝鲜族），辖东沟、西沟、磨刀石、五虎林、铁岭河5个党支部；新安区委，书记不详，辖3个党支部；马场区委，书记及下辖支部不详。全县党员发展到220多名，共青团员150多名，成为北满地区五大党支部之一。

第二节　党组织建立初期宁安人民的反帝反封建斗争

1927年大革命失败后，党的八七会议确定了实行土地革命和武装起义的总方针，号召党和人民继续革命与战斗。为加强领导，中共中央北方局派顺直省委组织部长陈为人到东北传达中共八七会议精神，组建满洲省委。10月，中共满洲临时省委员会成立，陈为人为书记。同月，中共满洲临时省委负责军事工作的胡步三（胡杰三、胡谦之）来到宁安，在牡丹江支部传达了中共八七会议精神和临时省委会议精神，并向全体党员作了关于目前形势的讲话。在中共满洲省委领导下，中共宁安地方党组织在斗争中不断发展壮大，贯彻党的八七会议精神，领导宁安人民积极开展工、农、兵、学运动，反帝反封建斗争如火如荼地开展起来。

1928年5月，日本政府趁张作霖政府岌岌可危之际，签署了在满洲修筑铁路的合同。6月，中共满洲省委发表《为反对日本帝国主义侵略满洲告同胞书》，号召东北工农兵学商各界联合起来，反对日本在满洲修筑铁路。10月，成立"东三省路权保持会"，以"唤起同胞，共谋抵御"。宁安党团组织领导各界人民强烈反对日本修建延海铁路（延吉至海林）。冬季，吉林四中学生上街演讲，散发传单，示威游行。宁安各界人民也积极行动起来，参加保路斗争。反动当局竟然出动警察进行干预，但组织起来的民众不畏强暴，反动当局无可奈何，斗争取得胜利。

1929年5月至7月，东北地方当局在南京政府唆使下，制造"中东路事件"。中共中央派刘少奇任满洲省委书记，主持恢复和整顿各地党团组织，领导人民开展反帝反封建军阀的斗争，反对封建军阀强占中东路。中东路事件发生后，列车停运，铁路当局大批裁减工人，成立了官办华工事务所，激起工人的强烈不满。在省委领导下，宁安党团组织发动广大铁路工人在横道河子、磨刀石等站散发传单，号召工人团结起来，反对官府统治，开展同盟罢工，为建立自己的工会而斗争，中东路东线各站工人积极投入了联合组织失业工人复工团和反对官办华工事务所的斗争，迫使铁路当局恢复大部分失业工人的工作，斗争取得了胜利。

1929年12月，吉林四中广大师生在党团员带领下发动了驱逐校长王子仁（王子仁营私舞弊，提倡复古）的学潮。1930年10月，再次掀起驱王学潮，斗争坚持两个月，迫使吉林省教育厅撤销了王子仁的校长职务。

1930年以前，宁安的地租是四六分成（地主拿四成），有的稻田地租提高到五五分成，地主贪心不足并有"二地主"（佃地主）从中盘剥。1930年春，宁安县的许多地主又提出"倒四六"分成（地主拿六）。盘剥的加重，激起了广大贫苦农民的强烈不满，中共宁安地方党组织根据党的八七会议精神和省临委会议精神，领导广大农民开展了减租减息斗争，以反抗地主的高利贷剥削。1930年4月，东村、铁岭河党支部发动了铁岭河、磨刀石、四道、东村等地的农民700多人举行声势浩大的示威游行，终使地主让步，减租斗争取得胜利。5月，在宁安花脸沟、缸窑沟等地，由金策、金诚、全凤来、朱德海等人领导开展了土地革命运动，成立了农民协会、反帝同盟会、妇女会等群众组织，会员达500多人。1931年秋，在东京城（今渤海镇）区委书记崔洪基的号召和领导下，组织东京城地区几百名农民掀起了一场轰轰烈烈的秋收斗争。这场斗争坚持了20多天，不仅取消了缴纳当年的地租，而且没收了高利贷及利息8万余元，取得抗租斗争的胜利。

1930年3月，刘少奇调回中央后，由李玉芬到东北建立新的满洲省委。4月，省委根据中央关于在全国发动组织五一劳动节的全国总示威通告精神作出决议，要求在满洲只要有党、团组织的地方都必须坚持组织广大群众的示威。在这种"左"倾思想影响下，中共哈尔滨市委派吕文斌等人来到宁安，发动全县党、团员领导了五一、五卅两次反帝反封建大示威。5月1日，铁岭河党支部组织百余名群众在爱河举行纪念五一国际劳动节大会活动。会后，由支部书记安进源率领群众示威游行。5月30日，宁安县党、团员在新安镇、山市、西崴子、腰屯等地组织300多名群众去宁安旧街示威游行。

1930年7月，中共宁安临时县委召开会议，提出了今后的斗争纲领：反抗地主高利贷，实行土地革命，建立工农武装。不久，在乜河南沟、花脸沟赤色游击队的基础上，组建了工农红军武装一〇七师，50多人，共有29支枪。师长宋国庆，政委黄旗范，副师长金成春。同时拟定于10月举行农民武装暴动。8月1日，中共宁安临时县委组织党、团员在全县城乡掀起了一场散发革命传单、张贴革命标语的运动，一时轰动了宁安，引起敌人的极大恐慌与密切注意。

1930年10月中旬，中共宁安县委在江东花脸沟成立了宁安县苏维埃临时政府，临时政府主席金策。10月下旬，县委准备武装暴动的计划被敌人察觉，一〇七师在花脸沟驻地与敌自卫队一部交战，遂决定暂不暴动，并在花脸沟口包围了自卫队总部，击毙队长关成玉。在转移途中与敌展开激战，宋国庆师长壮烈牺牲，黄旗范政委身负重伤（被俘后英勇就义），副师长金成春率部转移到八道河子。

1931年4月，宁安当局在境内宣布戒严令，施行白色恐怖。通缉逮捕已暴露的共产党员和共青团员，使刚建立不久的许多党、团组织遭到破坏，全县党、团员总数由年初的370多名减至百名左右。面对敌人的黑暗统治，宁安的党、团组织不畏强暴，总结教训，在中共满洲省委和北满特委领导下，领导宁安人民开始了新的斗争。

第三篇 ★ 宁安十四年的抗战斗争

第五章　党领导宁安人民进行的抗日武装斗争

第一节　日本军国主义的"大陆政策"

在帝国主义瓜分中国进程中，日本帝国主义对华侵略给中华民族带来的灾难是最大的，时间是最长的，其所犯下的罪行也是令人发指的。

16世纪中叶，日本形成统一的封建国家后，丰臣秀吉（统一日本的武臣）就提出了对外侵略的计划，他的计划是：首先征服朝鲜，然后征服中国、菲律宾以及南洋诸国，建立大亚细亚日本帝国。1868年，日本明治维新后，迅速发展资本主义，建立了以天皇为首的帝国主义国家。日本内阁制定了吞并朝鲜，夺取中国和征服全世界的所谓"大陆政策"，并伺机行动。

1894年挑起中日甲午战争。日本海军与清政府的北洋舰队在黄海展开了激烈的海战，由于清政府的腐败无能以及作战指挥失误，北洋舰队全军覆没。

1895年4月17日签订了丧权辱国的《中日马关条约》。由于条约规定割让辽东半岛给日本，这就引起了沙俄的强烈不满。1904年2月，日本在中国的辽东半岛向沙俄发起进攻，爆发了日俄战争，俄国惨败。1905年9月，日俄两国在美国的朴次茅斯签订了《朴次茅斯和约》，共15条，主要内容为：（1）俄国承认朝鲜为日本的势力范围；（2）俄国将在中国东北（包括旅顺和大连）的所有特权转让给日本；（3）俄国割让库页岛南部给日本。事后，日本政府全权代表前往北京，迫使清政府签订了《中日会议东三省事宜正约》，正约三款，附约十二款，主要内容为：（1）清政府承认《朴次茅斯和约》中有关东三省问题的规定，即俄国将旅顺、大连的租借地、长春到旅顺间的铁路及其支线，以及与上述租借地、铁路有关的一切权利全部转让给日本；（2）允许日本在凤凰城（今凤城）、辽阳、新民屯（今新民）、铁岭、通江子（今通江口）、法库、长春、吉林、宁古塔（今宁安）、珲春、三姓（今依兰）、齐齐哈尔、海拉尔、瑷珲、满洲里等地开通商埠通商；（3）允许日本直接经营安奉（安东至沈阳）铁路；（4）允许日本在鸭绿江北岸采伐森林。至此，日本通过甲午战争和日俄战争，不但强占了我国的宝岛台湾，还将中国东北掌控在其势力之中。

此后的宁古塔（宁安县城）这个昔日东北重地，便在《中日会议东三省事宜条约》的"环照"下，开始有日本工商业进驻，日货充斥市场，冲击着宁安经济，掠夺着宁安县的资源。这只是经济侵略的开始。

到了20世纪20年代，日本帝国主义觉得东北三省资源丰富，可做侵略中国的战略基地，更由于当时国民政府忙于在南方"剿共"，无暇顾及东北，实行军事扩张基地的时机已经成熟。经过谋划，日本首相田中义一于1927年7月25日呈给昭和天皇的秘密奏章，题为《帝国对满蒙之积极根本政策》（称为《田中奏折》），主要内容为：确立以满蒙为侵略扩张基地的战略。日本占领朝鲜，为从东北三省进攻全中国乃至全球的目的出发，田中义一提出了所谓侵华的理论依据"惟欲征服支那，必先征服满蒙。如欲征服世界，必先征服支那……"

"九一八"事变之前，日本"关东军"部队有一个师团（第二师团的两个旅团）和六个铁道守备大队，共1.04万人。另外，其他可动员的军事力量还有侨民中的在乡军人（退伍军人）1万人、警察3 000人，共计2.34万人，已经为侵华奠定了军事准备。

为了制造侵占东三省的借口，1931年4月，在吉林省长春县挑起了"万宝山事件"，大造反华舆论。1931年"九一八"事变前夕发生的"中村事件"，是日本帝国主义侵略者出兵沈阳，侵略我国东北的一件震惊中外的借口事端。1931年9月18日夜，日本关东军自行炸毁沈阳北部南满铁路柳条湖一段路轨，诬称中国军队所为，随即以猛烈火力攻袭东北军驻地北大营和沈阳城。由于东北军执行蒋介石不抵抗命令，辽、吉两省很快落入敌手。在之后4个多月的时间内，东北三省全部沦陷。

"九一八"事变发生后，中日民族矛盾成为东北地区的主要矛盾。在民族危亡的紧要关头，中国共产党代表中华民族的根本利益，高举抗日旗帜，毅然站在抗日斗争的最前线。1931年9月19日，中共满洲省委发表了《为日本帝国主义武装占领满洲宣言》，揭露了日本帝国主义的侵略阴谋，明确指出："这一事件的发生不是偶然的！这一政策是日本帝国主义为实现其'大陆政策''满蒙政策'所必然采取的行动。"同时，谴责了蒋介石的不抵抗政策，号召广大人民在中国共产党的领导下武装起来，驱逐日本侵略者。9月20日，中共中央发表了《中国共产党为日本帝国主义强暴占领东三省事件宣告》，响亮地提出："反对日本帝国主义强占东三省！立即撤退占领东三省的海陆空军！自动取消一切不平等条约！"9月22日，中共中央作出了《关于日本帝国主义强占满洲事变的决议》，揭露了日本帝国主义的侵略罪行，痛斥了国民党政府的不抵抗政策，号召广大人民群众迅速行动起来，抗击日本帝国主义的侵略。《决议》指出，这次事变是帝国主义瓜分中国为其殖民地的开始，因此，党的任务是组织与领导群众，用武装斗争的方法反对日本帝国主义的奴役和侵略。同日，中共满洲省委、中国共产主义青年团满洲省委联合发表了《为日本帝国主义武力占领满洲告全满朝鲜工人、农民、学生及劳苦群众书》，号召在中国共产党的领导下，与中国工农劳苦人民携起手来反对日本帝国主义。21日，中共满洲省委作出《日本帝国主义武装占据满洲与目前党的紧急任务的决议》，要求各级党组织积极领导群众用各种形式开展反日斗争。

第二节 日本帝国主义入侵宁安犯下的罪行

1931年"九一八"事变，日本帝国主义一夜之间占领了沈阳城，不久整个东三省沦陷。1932年3月，在日本帝国主义操纵下建立了伪满洲国傀儡政权。1932年5月，日军侵占宁安县城，由一名日本参事官执政，建立了伪政权宁安县公署，对宁安实行了军事管制。

日本侵略者为了对宁安人民进行法西斯统治，除了增加大批警察宪兵特务外，在宁安境内还驻扎了大批军队。1932年至1936年，驻宁日本侵略军有依田部队、饭冢部队、役山部队和独立守备队等。1937年，有酒井部队、饭冢部队和行德部队。1938年后，逐年增加。在县城附近，日军遍布，戒备森严。县城附近的驻军先后有安达部队，驻县城东北觉罗洼子；守备队宪兵队，驻县城北，火车站前；五○一部队，驻县城南（今河西村）。

除驻扎陆军外，还先后在宁安火车站西、东京城、兰岗、海浪（五良子）、民和（干井子）、海浪（牡丹江南）、伊家窝棚、牡丹江西三条路、温春等地建筑军用飞机场。

在日本侵略者的飞机、大炮、刺刀、监狱、警察、宪兵、特务的威逼下，宁安人过着暗无天日的生活。

一、掠夺土地，农民饥寒交迫

日本帝国主义为了掠夺中国资源，千方百计地霸占和剥夺农民赖以生存的土地。其手段是：积极鼓吹所谓"亲国家主义"的土地制度。为了达到鲸吞土地的目的，伪满洲国政府于1932年5月23日，在民政部下设土地局，以处理旧有官、公地为名把所谓的清室残留地、"国有荒地"和"国有林地"无偿占有。1932年到1943年，日本侵略者强占的耕地达1 590 141公顷，占全县耕地总面积1 739 643公顷的94%。1942年，日寇又以"危险地""军事用地"和维持治安等多种名目，把宁安县境内20个村屯1 500户农民强行赶到黑河一带去拓荒，野蛮地霸占了他们世代耕种的良田和家园。

1937年8月，日本"满洲拓植公社"开始以低价强行收买土地，不论好地坏地，一律每垧1元。当时的地价：上等地121.4元，中等地82.8元，下等地58.4元。到1943年12月，强制收买的熟地为45 804垧，占当时全县熟地面积153 325垧的29%。强制收买的土地，除了日本开拓团少量耕种外，大部分以每垧旱田16.5元、水田19元的租金租给无地或少地的农民耕种，从中盘剥渔利。

移民是日本侵略者实施殖民地政策的重要组成部分，也是鲸吞中国土地的重要手段之一。日本移民有武装移入、开拓移民、集合移民、铁道自警村移民等。1934年，日军武装入侵镜泊湖畔松乙沟，赶走那里世代居住的农民，强占了镜泊湖南广大地区，建立起一个移民训练所，时称"镜泊学园"，成为日军侵华的一个重要据点。到1943年，迁入宁安境内达2 411户6 993人。建开拓团本部14个、支部40个、自警村2个。凡是有移民开拓的地区，都属日本的禁地，不准中国人随便进出，处处受日军和开拓团移民管制。

二、实行清剿，制造灾难

作为革命老区的宁安人民，抗日斗争风起云涌。日伪统治者为了切断抗日武装同广大人民群众之间的联系，进而达到消灭抗日武装的罪恶目的，1935年，在宁安全面开展归屯并村、"建立集团部落"的行动。强迫零散居民和小村庄百姓，离开世代居住的家园，迁到指定的部落。对原来的村庄，实行"三光"政策。缸窑沟"集团部落"68户中有20多户的旧居和生活用品被烧掉。花脸沟里的一个自然屯因抗拒迁入"集团部落"，有30多人惨遭杀害。到1937年，全县共建105个"集团部落"，收容农户14 512户70 777人。"大部落"内设警察分团和自卫团。对居民发居住证明书，出入必须持证接受检查。来往客人，必须向警署报告，否则按"黑人"逮捕，入狱囚禁。

宁安江东、镜泊一带是抗联根据地。1935年秋冬，日寇在江东花脸沟（解放村）一带开展了清沟行动，凡和抗联有来往的人，一律屠杀。日军用十几张马爬犁拉着被屠杀人的脑袋，游街示众，惨不忍睹。1941年9月下旬，东京城宪兵队以搜查反满人员为名，搜查了七间房（平安村）约56户人家，受害者250多人。1944年2月20日凌晨，伪宁安县警务股和特务股全员及伪东京城警察署警员67人，分乘两辆汽车前往镜泊乡各村屯抓捕所谓抗日救国会成员48人，在宁安被酷刑致死13人，送牡丹江伪高等法院判处死刑5人，其余全部关进铁岭河监狱。史称"秋湖事件"。

三、大肆屠杀，灭绝人性

日军对宁安人民的大屠杀，造成无数家庭妻离子散，家破人亡。他们屠杀人民群众手段花样翻新，而且极其残忍。现在宁安一中院内，有日本宪兵队驻地及残害我国同胞的"狗圈"。他们把抓到的所谓犯人，扔进狗圈，让狼狗活活咬死吃掉。在镜泊湖发电厂南荒沟，有残害中国劳工的"万人坑"。1938年，日军为修建镜泊湖发电厂，从河北、山东、辽宁等地抓了数万名劳工。劳工们食不果腹，衣不蔽体，每天凿石开山，在皮鞭下从事繁重的体力劳动，冻死的、饿死的、累死的、病死的、被打死的不计其数。日军把致残或奄奄一息的劳工，活活扔进"万人坑"。据该厂老工人回忆，劳工尸体，可以堆砌起发电厂的拦湖大坝。20世纪60年代，党史工作人员和新闻记者调查，发现"万人坑"仍然白骨累累，这是日本侵略者残害中国人民的又一铁证。

1934年8月，50名日本兵闯进了花脸沟，看见关宗林家有3个农民。他们硬把这3个农民说成是抗日联军，把3个人绑在树上，先用火烧，后用刺刀挑。紧接着这50名日本兵又把在山里田间割地的20多个农民抓起来，迫使他们挖一个大深坑，用刺刀捅着这些人推到坑里，然后用机枪扫射。

日军对爱国人士及家属的屠杀更是残忍至极。对逮捕到的爱国人士，经常采用"上大挂"、灌辣椒水、火烙铁等残酷刑法，其行径惨无人道。

四、抓捕劳工，奴役百姓

劳工是日伪实行"国民皆劳"强制征集劳动力，为他们服务的最残酷的劳役。凡是抓去的劳工，在运往工地时，被装上闷罐车，车门上锁。在闷罐里大小便、吃饭睡觉。不等到达工地，中途就有人被折磨致死。劳工住在不避寒暑的席棚、窝铺里，夏天像蒸笼，冬天似冰窖。四周布设着电网、铁丝网，以防劳工逃跑。劳工干的是牛马活，吃的是橡子面窝窝头。每期服劳役四个月，但经常还以工程没完为借口延长劳役时间，每天劳役时间长达12—16个小时。

据沙兰镇的治安、长安、永明、王家、新富、木其、二道、王豆坊、三块石、阎家、和盛等11个村调查，在伪满期间共出劳工222人，其中病死的10人，致残的19人。

"勤劳奉仕"也是日伪当局无偿征集劳动力的主要手段。1942年11月18日，伪满洲国公布《国民勤劳奉公法》中规定，凡是年龄达到20—23岁的青年男子，征集国兵不合格者当时叫"国兵漏"，被编入"勤劳奉仕"队，受伪县公署劳务科管理。由一个外号叫"孙大胡子"的人当大队长。从1943年开始，每年都把"勤劳奉仕"队派到鸡西煤矿或东宁、绥芬河等地挖山洞，修军用仓库、军用公路等。

据沙兰镇调查，仅二道村在伪满期间，先后就有20名"国兵漏"被编入"勤劳奉仕"队。国民勤劳奉公制度，不仅适用"国兵漏"，而且在校学生也难以幸免地被组成"勤劳奉仕"队，同样从事各种劳役，使青少年身心受到严重摧残。

五、罗织罪名，迫害百姓

"经济犯"：日伪统治时期，实行"粮谷出荷"和"粮食配给"制度，把居民分为几个等级。在生活上不准中国人吃细粮，中国人如果吃了大米、白面，就要被当成"经济犯"。

1943年，宁安镇居民王福堂在商店当店员。有一天，警察所长陶银秀带人来到商店，店主不在，只有王福堂一人，警察查了商店仓库，发现有些货物没有用条子标出价格。王福堂被警察以"经济犯"和"私藏物资"的罪名，抓到警察署毒打，扣留了三天后，又关到牡丹江牢狱。还有一名妇女从饭店买了两个馒头出来，被警察碰见，也被当成"经济犯"抓去受审。

在各"集团部落"里看管得更厉害。到了缴出荷粮季节，没有交够出荷粮的，一粒也不许外运。如果发现有人吃大米或白面，即使是病人也不允许，全被当成"经济犯"治罪。

"思想犯"：日寇对有反满情绪、反满言论者及对现实政策不满的人，都视为"思想政治犯"，派军警抓捕。

1943年9月18日，伪满洲国颁布《保安矫正法》《思想矫正法》，这都是套在中国人民头上的枷锁。宁安县警务科经常出动警察"围街"，对认为有犯罪危险的人，即所谓"浮浪"，大批抓捕，送往牡丹江铁岭河思想矫正院，进行"预防拘禁"，或从事苦役劳动，无限期关押，大部分人被摧残致死。1945年8月10日，伪牡丹江高等检察厅"刑事矫正委员会"下令枪杀了铁岭河监狱在押的所谓"政治犯""国事犯"和"思想犯"共200余人，制造了一起骇人听闻的血案。

"嫌疑犯"：日本侵略者统治宁安县后，对宁安人民严加监视。凡是他们认为"形迹可疑"的人，便以莫须有的罪名，当作反满抗日的"嫌疑犯"而抓捕。

1938年6月，日伪特务机关为破坏反日组织，在东京城、马莲河、胡家沟、苏家沟、南湖头等地进行大搜捕。东京城伪协和会会长孙锦书被捕后，经不起日本人的严刑拷打，编造出一份"反日会员"名单，日本人信以为真，立即出动大批警特，按名单逐个逮捕，共抓了50多人。凡是被捕的人，头上都套上一个白布口袋押赴监狱，被称为"白帽子"事件。

宁西村农民吕树彬，哥哥被日本人杀害刚过三天，东京城日本宪兵队又以"抗日罪名"把他抓去。问他是不是"抗日联军"，他不承认就对他施以酷刑。

1944年秋，宁安县伪警备科特务股长清水千村率领特务股成员在南湖头柞木台子、湾沟等地以抓"嫌疑犯"为名，逮捕了48名农民。除被打死者外，这些农民均被判刑入狱。

日伪统治东北十四年，在宁安犯下了数不清的滔天罪行。这累累罪行，这笔笔血泪账，宁安人民将牢记在心。

第三节 宁安自发抗日武装的兴起

一、宁安抗日义勇军的兴起

1931年"九一八"事变后，东北各阶层人民和一部分爱国官兵不顾国民党反动当局的不抵抗命令，毅然决然地奋起抗日，纷纷自发地组织起"义勇军""救国军""自卫军"以及"反日自卫队""大刀会""红枪会"等各种名称的抗日队伍（统称为抗日义勇军），杀向抗日疆场。在宁安县境内较早兴起的抗日义勇军主要有：

李荆璞的"反日自卫队"和"平南洋反日游击总队"。李荆璞，原名李玉山，1908年出生在宁安县沙兰镇营城子屯一个雇农家庭。"九一八"事变后，在宁安"义发园"大车店听孙八爷说日军已占领沈阳，正向北进犯，遂连夜赶回营城子，找到曾在东北军中当过兵的好友丛福山、于德和商谈举旗抗日。11月下旬的一天，巧用里应外合之计，缴了大粮户魏奸头家的5支枪和县保安队一个班的12支枪，拉出一支10多人组成的农民队伍，取名"反日自卫队"，李荆璞任队长，队伍很快扩大到几十人。1932年2月，王德林的救国军从敦化来到宁安，李荆璞的队伍被收编为二十九旅一团二营六连，曾率队在宁安松乙沟的塔头甸子阻击日军进犯。1932年10月，参加攻打宁安县城的战斗。救国军溃散后，李荆璞将队伍拉出，坚持在宁安抗日，立队号"平南洋"。

李天贞的"大刀会"。1931年初冬，李天贞（李大法师）在宁安县东京城组织了农民抗日武装"大刀会"。1932年6月，日军从宁安县城向东京城进犯，遭到了李天贞等人率领的农民抗日武装的阻击，在战斗中李天贞等多人壮烈牺牲。

刘万奎的"自卫队"。刘万奎，又名刘振帮，绰号刘快腿。宁安县卧龙河人，原为宁安县保安大队长。1932年2月19日，发现绥宁镇守使兼东北军混成第二十一旅旅长赵芷香阴谋投降日军，立即率队哗变，生擒赵芷香，赵被迫交出两大缸匣枪和现款。2月21日，刘万奎将队伍拉到宁安县的五虎林开展抗日活动。2月28日，企图投降日军的赵芷香被警卫连连长项元英扣押。项元英率130名士兵奋起抗日。随后，刘万奎与项元英协同克虏伯炮营第三连连长幺印清、步兵营营长徐祥贵等将队伍拉到牡丹江合编为"自卫队"，在恒盛泰油坊设司令部，招兵抗日。3月8日，刘万奎获悉日军已侵占宁安海林站，率队开赴海林近郊，兵分3路夜袭海林站，日军佐佐木部仓皇向哈尔滨逃窜。战后，刘万奎的队伍由1 000多人发展到8 000多人。1932年3月，刘万奎部被编为吉林自卫军第四旅，刘万奎任旅长。

西北山八大队。"九一八"事变后，位于宁安西北部的海林地区先后兴起了天胜队（后改称西胜队）、长江龙队、飞人龙队、岐山队、双山队、占林队、青山队、金龙队等抗日武装。1932年春，在鲁玉中、张岐山串联下，在山市洋草沟联合起来，建立了抗日八大队，又称宁安西北山八大队。

护路军连长陈龙率队抗日。陈龙，原名刘汉兴，又名刘乃谦，原为东北军二十一旅连长，驻守牡丹江车站。1932年3月，日军侵占海林，准备向牡丹江进犯。陈龙闻讯后，号召士兵不当亡国奴，遂率连队奋起抗日。当得知牡丹江商会准备迎接日军时，机智地缴下商团百余名团丁的枪械，并争取一批爱国团丁加入抗日行列，将队伍拉到宁安县乜河南沟。1935年5月，刘汉兴任东北人民革命军第二军参谋长。

于学堂率队反正。"九一八"事变前，于学堂在东北军二十三混成旅九团一营当兵。事变后跟随队伍投降了日军。1932年3月，日军进攻敦化县城，于学堂乘日军不备，带领20多人哗变。1932年11月，把队伍带到宁安南部山区，活动在松乙沟和房身沟一带，队伍发展到几百人。1934年2月，在三道沟掩护大部队突围的战斗中壮烈牺牲。

王汝起的"红枪会"。王汝起，曾用名王坚。山东人，1923年，逃荒来到宁安，同年秋，在西北山一带组织了几十人的"红枪会"。1933年，率队加入救国军第三旅，被编为第八团任团长。1934年2月，率部加入绥宁反日同盟军。历任东北反日联合军第五军和东北抗日联军第五军第一师第三团团长、抗联第五军第二师副师长、第二路军第二支队支队长。1940年5月，在袭击大沙河伐木场的战斗中壮烈牺牲。

据不完全统计，截至1933年春，宁安各地的抗日义勇军组织已达30余支4 000余众。

在吉林省和宁安县自发的抗日义勇军中，规模较大的是李杜的吉林自卫军、王德林的吉林救国军和丁超的中东铁路护路军。1932年2月28日，原吉林步兵第二十七旅六七六团三营营长王德林率部在延吉小城子召开抗日誓师大会，成立"吉林中国国民救国军"，简称吉林救国军，公推王德林为总指挥，孔宪荣为副指挥，吴义成为前方司令。攻克敦化县城后，队伍扩大到5 000余人。1932年3月，救国军编成步兵7个旅，2个骑兵团，分驻宁安、东宁等8县，人数最多时达15 000人，成为吉林省和宁安县武装反日斗争的一支劲旅。

"九一八"事变后,中共中央、中共满洲省委的一系列抗日号召,对于东北抗日义勇军兴起起到了积极的推动作用,部分抗日义勇军在组建过程中及武装反日斗争中也得到了中国共产党的领导和协助。当义勇军刚刚兴起之际,中国共产党就对其斗争给予充分的肯定和称赞,认识到对义勇军武装反日斗争的领导责任,注重了对义勇军的领导,中共满洲省委和各地党组织先后派遣200余名党、团员到各部义勇军中工作,还从反帝大同盟、反日会等进步团体中选派一大批骨干到义勇军中去秘密开展工作。

1932年1月,李延禄被中共延吉县委派到救国军中工作。救国军移驻宁安后,李延禄被委任为参谋长。地方党组织先后将共产党员孟泾清、李成林(朝鲜族,原名金东轼,化名金大伦、孙靖海)派到救国军总部工作,组建了以党、团员和工农群众为骨干的补充团,并在补充团内发展中共党员,组织秘密党支部,在补充团内形成了以党、团组织和群众骨干为主的中坚力量。1932年春,中共宁安县委军事部长于洪仁进入救国军李荆璞所在的连队中做教育改造工作。1932年10月,救国军向东宁撤退时,协助李荆璞把队伍拉出,成立了"平南洋反日游击总队"。1932年4月,受中共满洲省委派遣,中共满洲省委委员、军委书记周保中来到宁安。5月进入自卫军左路军指挥部做宣传工作。8月,被王德林委任为救国军总参议,不久又委任为前方指挥部参谋长,参与、协助对义勇军武装反日斗争的领导。

二、宁安义勇军的武装反日斗争

1932年3月初,日军第二师团步兵天野十五旅团由哈尔滨沿中东铁路东进,5日占领海林,6日侵占了宁安县城。3月中旬,日军上田支队和一部分伪军共700余人,自吉林敦化分兵出发,向镜泊湖方向开来,以寻找救国军主力决战,企图配合天野旅团，一举消灭宁安境内的抗日义勇军。抗日义勇军毅然奋起，先后在宁安镜泊湖畔的墙缝、南湖头、莺歌岭、东京城（今渤海镇）以及关家小铺（今宁安镇联合村）等地与日伪军展开激战，沉重地打击了日军的嚣张气焰，使之被迫撤出宁安，义勇军一举收复宁安城，极大地鼓舞了宁安抗日军民的爱国斗志。

（一）墙缝战斗

1932年3月中旬，日军上田支队600多兵力外加部分伪军，携带100多辆军需辎重车，有山炮6门、迫击炮2门、轻重机枪百挺，从敦化县出发，经尔站（现属东京城林业局管辖），然后进发东京城，再进犯宁安。

驻扎在镜泊湖南湖头（今镜泊镇）一带，由王德林、李延禄领导的抗日救国军得知这一情报后，立即决定由李延禄带领补充团700余人在地势险要的"墙缝"地带设伏阻击敌人。墙缝位于宁安湖西村西南2公里处，由于它在牡丹江上游入湖甩湾的地方，又名小龙湾。墙缝南临牡丹江，北靠群山，西临东大泡，东面靠山势陡峭，山坡下边是一条弯弯曲曲长达五六公里的小山路，是敦化通往宁安的咽喉要道。3月18日，救国军补充团埋伏在"墙缝"的山坡上，居高临下，等待日本侵略军进入补充团的伏击区。

3月19日清晨，上田支队到达复兴楼（镜泊镇距离吉林敦化最近的一个村）时，抓到当地一个叫陈文起的猎户为其带路，被日军逼迫带路的当地猎人陈文起不顾个人安危，故意把敌人领入救国军埋伏圈中。日军完全暴露在救国军火力之下。救国军发动突然袭击，子弹、集束手榴弹一齐在敌群中开花。敌人的背后是开阔的大江冰面，前面是封冰的镜泊湖，无遮无挡，只得龟缩在冰雪堆中挨打。敌人的后续部队欲救无策，只能从远处向山上盲目炮击。附近群众冒着枪林弹雨主动上山给战士们送水送饭，极大地鼓舞了战士们的斗志。战斗非常激烈，日军仍竭力顽抗，双方交战持续了数小时。到午后太阳偏西时，敌人趁隙从右侧迂回到墙缝后山，企图包围救国军。情况发生变化后，李延禄命令大部队迅速转移。这次战斗，击毙日军小川松本大尉及以下120余名，缴获给养车17辆、辎重车3辆，救国军担任掩护任务的朴根重、左征二位连长及以下7名战士英勇牺牲，负伤士兵9名。爱国猎户陈文起战后被日军杀害，时年29岁。

墙缝战斗是抗日武装在宁安与日军进行的第一次较大规模的战斗，沉重打击了日军的嚣张气焰，极大地鼓舞了宁安军民抗日斗争的士气。

（二）南湖头战斗

1932年3月19日晚，敌人宿营于嘉吉河上沟。救国军得到情报后，副指挥孔宪荣即令补充团在南湖头西山再设伏兵，命令驻小嘉吉河王育华营长把两个连埋伏在嘉吉河东山，一个连诱敌深入，又令第一团高凤岐营和马玉山营分别埋伏在小沙滩西山一带和松乙沟口及镜泊湖东岸，待敌到达湖岸，听候号令，一齐出击。20日拂晓，日军上田支队将队伍分为两路，到达小嘉吉河中间时，与抗日救国军补充团的董祥连队接火，董连佯退。狡猾的敌人加派探哨，边探边行。走到小嘉吉河中间时，又兵分3路：一路由小嘉吉河东山过岭，来攻南湖头；二路由小嘉吉河口绕小河滩进攻；三路由河口北绕攻南湖头。日军一、二两路行至镜泊湖西岸时，看见湖东岸有救国军形影摇动，救国军也看见敌人的队伍已展开，进入设伏的狭长地带，冲锋号响，救国军伏兵四起，围击环射，双方激战甚烈，一直持续到下午1点左右。第三路日军也被补充团击退又折向湖南，企图援救被围困的一、二路日军脱险。双方正在展开肉搏战的时候，由敦化飞来3架敌机，向救国军阵地投掷炸弹，敌援军又在东山用4门山炮向救国军炮击，使湖岸被围困之残敌得以逃窜。这次战斗，共击毙日军上田支队长及以下132名，俘虏敌兵13名，缴获步枪140支、马70匹、给养车3辆、辎重车2辆、机枪6挺。救国军战士牺牲15名，负伤2名。

（三）莺歌岭战斗

日军连遭重创后，更加疯狂地向南湖头猛攻。3月21日，日军从大嘉吉河出发，兵分两路袭击南湖头，救国军补充团和王育华营在湖南沟口和小嘉吉河东南岭与日军展开激战，高凤岐营在莺歌岭堵击敌人，孔宪荣带卫队及山炮营在褚家屯向敌方轰击。日军炮火极其猛烈，救国军补充团和王育华营子弹缺乏，渐渐抵御不住，退据莺歌岭。正集合的时候，日军一支队伍从莺歌岭西面突然出现，抄袭王育华、高凤岐两营的后路，救国军阵线被敌切断。敌人用密集的炮火攻击，并以燃烧弹焚烧山林，利用山火围攻，风助火势，火焰向救国军扑来。补充团和王育华、高凤岐两营撤退至和尚窝堡一带。孔宪荣带孟宪书营、朴连长机枪连和黄连长所部绕到敌人后方，从"二十四块石"抄袭，被敌精锐部队和大部援军包围。朴永和连长、副连长及以下69名战士共计71人壮烈殉国。危急关头，救国军前方司令吴义成率队赶来增援得以冲破敌围。这次战斗，击毙日军13名，缴获三八式步枪12支、子弹300余发、马10匹。

莺歌岭战斗后，孔宪荣接到救国军总部的命令集合队伍，到东京城与吴义成部会合，准备进攻宁安城。同时，总部还派救国军参谋长李延禄带孙宝昆营在宁安的海林站（当时海林属于宁安县管辖）一带堵击敌人。

（四）关家小铺战斗

接到救国军总部的命令后，为防止宁安之敌从海林沿中东铁路逃窜，李延禄迅速与原东北二十一旅六六〇团团长张治邦联系调一个营速来宁安，又与刘万奎联系，把幺印清的克虏伯炮营调到山市站，并通知李延平率领铁路工人游击队作后备队，李延禄经过仔细勘察地形，决定把伏击地点选在关家小铺（现宁安镇联合村），指挥部设在海林站，同时，还调集部队在高岭子和山市分别设下埋伏。

  3月下旬，六六〇团三营的第八、九连和补充连来到宁安。被称为"赵子龙"的八连连长张永铭听了李延禄关于敌情、地形介绍，看过军用地图后说："我们八连就在韩家店前那个窝龙圈伏击，葡萄沟和梁家沟两面作策应。"随即开赴伏击地，做好了战斗准备。不料，被日本人收买的汉奸魏学海向敌人告了密，日军伪装成"红袖头"（伪靖安军）秘密向我军包抄。在韩家店伏击阵地前沿的张永铭部发现沟口外的公路上来了二三十辆卡车。正在疑虑时，先后接到哨兵报告，曹家沟、梁家沟和葡萄沟都发现穿有灰军衣的队伍，张永铭判定敌人已采取三面包围的战术。刘一青排长要求转移，张永铭果断决定作战，他说："我们不能动摇，指挥部已经调虎林的部队来增援了。再说，东西两翼还有我们的九连和补充连隐蔽着，打起来后可以内外夹击，不打对不起东北父老，以后在救国军面前也不好抬头。"战斗打响后，伏击战转入阵地战。八连指战员在张永铭指挥下，英勇顽强，连续打退敌人的多次冲锋。激战到下午2点，刘一青排长、李司务长和刘海等多人牺牲，西山阵地丢失，张永铭虽身负重伤，仍组织全连仅剩的28人上刺刀，与敌人肉搏。终因寡不敌众，均壮烈牺牲。当李延禄派出的增援部队赶到时，日军仓皇向海林逃窜。这次战斗，牺牲了张永铭连长以下官兵107名，内有九连战士8名。

  关家小铺战斗之后，日军上田残部在海林乘车逃往山市，由于我部在山市设伏的部队麻痹大意，点燃篝火取暖，被日军上田发现，遭到炮火轰击，致使我方以徐祥贵为首的11名官兵阵亡，丧失了在山市歼灭这股日军的有利战机。

天野乘坐的火车继续行驶到高岭子村时，被我军设伏队伍颠覆出轨，随即铁路两旁火力猛发，日军猝不及防，损伤巨大，伏击打得干净利落。此战是镜泊湖连环战的最后一战，击毙日军200多人，上田部队余部逃往哈尔滨。此战沉重打击了日军的嚣张气焰，大长了抗日军民的士气。

（五）两打宁安城

1932年4月，宁安一带抗日义勇军达成联合抗日协议，在宁安城召开联席会议，成立吉林抗日联合军。李杜为联合军总司令兼吉林自卫军司令，丁超为护路军总指挥，王德林为救国军总指挥。4月上旬，吉林抗日联合军左路指挥部在宁安召开会议，调集6 000余义勇军在海林誓师西进，先后在一面坡、牡丹江、铁岭河等地与日军展开激战。

1932年5月，日军侵占了宁安县城。10月，救国军总部决定攻打宁安县城，由副指挥孔宪荣全权指挥这次战斗。10月9日，救国军各部兵分5路向宁安挺进。第一路由第四旅旅长姚振山率队1 300人，负责夺取宁安西关；第二路由第二旅旅长李照东率队1 000人，负责围攻驻守宁安北火磨的日军；第三路由补充团第一旅一团团长郑兴率队1 200人，由缸窑沟口渡牡丹江围攻驻宁安东火磨、赵芷香私宅和伪县署之敌军；第四路由独立团团长邹景富率队500人，从花脸沟口渡牡丹江，围攻驻宁安东卡子门与驻孟家烧锅的敌军；第五路由前方司令吴义成率队1 000人并迫击炮团，由牡丹江南岸向江北射击，掩护各路部队进攻。另外，还临时组成3支攻城别动队：第一别动队200人，派张玉亭为督战司令，率领卓金山团在东门督战；第二别动队300人，派周保中为临时指挥官，指挥第三、四两路部队进攻；第三别动队137人，派补充一旅一团团副李梦符督率奋勇队袭击驻宁安城内的日本领事署和日军司令部。投入这次战斗的总兵力共为5 630多人。当时，宁安县城内共有日军4 000余人。孔宪荣副指挥的临时指挥部设在花脸沟东山。10月10日深夜11点，总攻开始，第三路部队开进到牡丹江岸时，发现渡船已被敌封锁。时值深秋，江水冰冷刺骨，郑兴命令官兵一律解下绑腿，涉水渡江。战地鼓动队长陈翰章率先跳入冰冷刺骨的江水中，随后官兵们鱼贯而进，悄悄涉水过江。到达指定地带后即兵分3路：一路以500人围攻东火磨，一路以400人围攻赵芷香私宅，另一路以300人围攻伪县署。由于救国军方面事先探得敌人的口令，致使守敌误认为是自己人，竟未阻止，但很快发觉破绽，遂开枪射击。这时，第四路邹团已到达卡子门，与敌接火。第五路吴义成部听到城内战斗打响，立刻在江南一带向城内发射迫击炮弹，掩护各部前进。张玉亭带领的第一别动队也已逼近县城东门，日军顿时大乱，仓皇迎战。郑兴团乘势夺下东火磨，该部日军向本部司令部方面退却。郑团又占领了伪县署，赵芷香私宅之敌倾巢出逃，向领事馆方向逃去。这时，日军虽遭突然袭击，处于不利之势，但其主力并未散失，天明之后又重新集结，以精锐武器组织反攻。因第一路姚振山部和第二路李照东部未能按时到达指定地点，延误战机，致使西关之敌无人牵制。很快，会合北火磨之敌全力向救国军第三、四、五路反扑过来。双方战至午后，救国军各部联络中断，且战且退，遂下令退出宁安城。敌军分3路追来，救国军欲诱敌至郊外再施以反包围，狡猾的敌人将救国军追出城外后，便紧闭城门龟缩不出。这次战斗，击毙日军2名大尉以下百余人，炸毁了敌人的军火库和日本领事署，缴获子弹万余发。战斗中，周保中的腿部受了伤，一颗子弹卡在小腿的两根骨头中间，但他忍痛指挥部队直到战斗结束。在当时没有医疗器械和麻药的情况下，他让人用铁工钳子，把子弹拔了出来，用刮刀刮被子弹打烂的皮肉，疼得豆大的汗珠直往下淌，硬是咬紧牙关不哼一声。大家都称赞说："周参谋长刮骨疗毒，胜过昔日关云长。"

10月19日，救国军副指挥孔宪荣再次下达进攻宁安的作战命令。这次战斗，除增加刘万奎旅配合李照东、姚振东两部外，先前各部仍按原部署分头作战。孔宪荣亲自指挥西路各队出击，吴义成司令在江东一带指挥第三、四两路部队作战。21日，各部队先后进至宁安城附近，周保中不顾腿伤尚未痊愈的疼痛，指挥第三、四两路部队2 000多人再次攻打宁安县城，第三路郑团原定在缸窑沟潜渡牡丹江，由于敌哨戒备森严，绕到下游水深之处，冒险涉渡，直取东火磨。邹团过江后，已将孟家烧锅之敌完全击退，并占领烧锅。攻入东卡子门的张玉亭部、卓团立足未稳，敌军乘隙夹击，卡子门得而复失。狡猾的日军改穿救国军服装尾随卓团进入东菜园子附近，配合正面日军向郑团后路夹击。正带预备队在东关公庙前督战的郑兴发现敌人诡计，兵分2路迎敌，双方在菜地接火。此时，邹团夺下关公庙的东炮台，居高临下，奋力射击，潜伏在菜园边壕内的日军纷纷倒毙。不料，日军突然由侧面调来4门平射炮，向邹团占领的炮台上截轰去，邹团士兵牺牲3名，负伤4名。壕内日军一拥而出，扑向郑团阵地，双方短兵相接，郑团官兵进入阵地以来虽然滴水未进、饥饿疲劳，仍保持顽强斗志、奋勇拼搏，打退敌人多次反扑。当与敌军正展开肉搏之际，忽闻卡子门失守，卓团后撤，与邹团失去联络，遂退入东火磨，与骑兵杨营会合，协同作战。这时，日军出动3架战斗机和3架轰炸机，向救国军阵地俯射、轰炸，到处硝烟弥漫，火光冲天。日军又用重炮向东火磨院内轰击，装甲车掩护步兵包抄过来。救国军官兵以一当十，顽强固守，连续打退敌人多次进攻，激战相持近两昼夜。郑团石明魁营长右腿中弹，胫骨炸碎，杜玉会连长牺牲。副官张定伯及郭建章营长也身负重伤，郭营士兵伤亡大半。邹团奋起反击，一举占领孟家烧锅。东部战线日军开始骚动，日军再次集中精锐部队，调动坦克向孟家烧锅冲来，邹团退至李家棚铺。邹团长登上民房，端起机枪猛烈扫射，所部官兵奋力出击，日军纷纷倒毙。由于日军畏惧邹团火力，准备绕过邹团正面防线，从侧翼发起进攻。是时，救国军一、二两路一举夺取西关冲入城内，刘万奎旅冒着敌人的炮火，连续发动7次冲锋，将日军西部的防御工事全部破坏，攻入城内十字街，日军以重兵配以精锐武器固守街心，切断东西两部救国军的联络，同时采取各个击破、分兵分段围击的战术，消耗救国军弹药。因此，救国军三、四路与一、二路东西两部兵力始终未能连成一片。吴义成部炮队在江南隔江射击。火力达不到城内，达不到掩护步兵的进攻效果。这次反攻宁安城，救国军虽然几度攻入城内与敌展开巷战达3昼夜，但最终未能攻克。23日晚，救国军总部得到日军由哈尔滨调来的大部队正沿海林站、牡丹江向宁安急行的情报后，下令各部撤出宁安城。部队在分路撤出时，在江沿十五号渡口遭遇一支日军的阻击，双方展开激战，有名救国军战士人称"山东黑大个"，正在渡口附近的一座空茅草房里隐蔽着，只见一个日军军官挥舞战刀，带着几名日军朝草房北面的空房子走来，趁其不备，山东黑大个首先瞄准了这个日本军官，一枪将其击毙，被击毙的是日本军官小岛少佐，随后又接连击毙4名日军，山东黑大个不幸壮烈牺牲。这次战斗，共毙敌300余名，救国军除军官外，士兵牺牲197名，负伤112名。

　　1933年1月，日伪军集中6 000多人在飞机、大炮的掩护下，大举进攻救国军总部，救国军和自卫军被迫化整为零开展起了游击战。

宁安境内义勇军的反日武装斗争沉重地打击了日本侵略者的嚣张气焰,延缓了日军对绥宁、吉东地区侵略的步伐,振奋了民族精神,为中国共产党独立领导东北抗日武装斗争提供了借鉴、储备了力量。

第四节　中共宁安地方组织领导的抗日救亡运动

一、中共宁安县委扩建为中共宁安中心县委

"九一八"事变后,中共满洲省委的工作中心立即转向宣传、组织广大人民群众开展抗日救国武装斗争。为了加强党对中东铁路东线和绥宁、吉东地区的领导,1931年末,中共满洲省委决定,将中共宁安县委扩建为中共宁安中心县委(兼宁安县委)。书记潘庆由(姓金,化名潘向允,朝鲜族),组织部长杨喜奎,宣传部长邹鲁凤,士兵委员会主任张建东,青年委员会主任关书范,妇女委员会主任姜氏。还有一名委员王润成(化名马英)。中心县委成立之初,下辖宁安、穆棱县委,密山区委和东宁特别支部,共有党员280余名。中共宁安县委下辖东京城区、牡丹区(牡丹江、海林、铁岭河、磨刀石)、城市区、南区4个区委,共有13个支部,114名党员。1932年1月,中共满洲省委机关由奉天(沈阳)迁到日军尚未占领的哈尔滨,撤销了中共北满特委兼哈尔滨市委。中共宁安中心县委隶属中共满洲省委领导,中心县委机关设在宁安县江东花脸沟(今江南朝鲜族满族乡解放村)。

1932年3月,日军侵占宁安县城,随被抗日义勇军一举收复。5月,日军大举进攻吉东地区,控制了交通要道,再次侵占了具有战略意义的宁安县城。中共满洲省委认为,宁安中心县委

在宁安继续领导东部各县及中东铁路沿线党的工作已很困难,发展下去有和其他各县断绝关系的危险,因此,决定于6月将宁安中心县委迁至当时尚未被日军占领的穆棱县的下城子,改称"中共绥宁中心县委"。

1932年6月,中共宁安中心县委迁至穆棱后,在宁安成立了中共宁安县工作委员会,工委机关设在于家屯。中共宁安县工委下辖铁岭河、磨刀石、东京城、南区、城区5个区委和牡丹江特支。9月,中共绥宁中心县委常委会议决定,解散了宁安县工委。11月,在宁安县于家屯召开党员代表会议,成立了中共宁安临时县委,书记张建东,共青团书记李光林为临时县委委员。中共宁安临时县委成立后,立即着手整顿了牡丹江、铁岭河、东村等地的党、团组织,并在一些村建立了党支部,全县共有党员60多人。1933年初,中共绥宁中心县委撤销了中共宁安临时县委,将张建东调到部队工作,重新组建了中共宁安县委,书记朱守一(原名周子岐)。12月,朱守一调离,李范五(李福德)任中共宁安县委书记。1934年9月,中共宁安县委下辖八道河子、卧龙河、上马河、二道沟等支部,全县共有党员92名,县委机关设在卧龙河。

绥宁中心县委在日军占领宁安、绥宁地区前后的很短一段时间里,经过艰苦努力,使党的组织和活动遍布宁安、绥宁地区。为领导宁安地区和以宁安为中心的绥宁地区的广大人民群众开展抗日斗争,肩负起挽救民族危亡的历史重任,提供了重要的组织保证。

二、宣传党的抗日主张,建立反日会组织

"九一八"事变后,中共宁安中心县委认真贯彻中共满洲省委的指示,勇敢地站到反日斗争的前列。"九一八"事变后,中

共宁安中心县委（兼宁安县委）即在宁安的海林成立了反帝大同盟，发展会员20余人。11月，又在乜河东沟成立了中朝反日会，发展会员100多人。1932年1月22日，在中共宁安党、团组织领导下，共产党员于洪仁和共青团员苏北虹、关淑兰（林娜，女）、赵桂芹（女）等人共同组织了一次牡丹江冰上飞行集会。会后，组织300多名群众上街游行，号召宁安各界群众"团结起来共同抗日"。1932年春，中共党员颜志受中心县委的派遣回到家乡东京城，以开设馃子铺为掩护组织反日会，很快发展会员30多人。同时，中共宁安县委在抗日比较活跃的卧龙河一带先后发展孙万富、孙万贵、白殿贞、孟昭义等人加入中国共产党。由他们组织抗日会，然后向三区的中马河等村发展了抗日会组织。1932年5月1日，中共宁安中心县委以纪念五一国际劳动节的名义，在城北市场召开抗日救国大会。周保中在大会上讲话，宣传中国共产党对日抗战的主张，号召大家积极行动起来，加入反日义勇军，与日本侵略者决一死战。号召工农兵学商各界同胞加入反日会、抗日救国会、反帝大同盟，有钱出钱，有力出力，全力支持抗战。

中共宁安中心县委领导的这些抗日救亡运动，使中国共产党的抗日主张得到广泛宣传，国民党政府的不抵抗政策的反动面目被彻底揭露，唤醒了广大人民群众的民族意识，使党在宁安地区的影响得到迅速扩大，广大党、团员在斗争中得到锻炼和提高。不仅为今后抗日会的发展壮大和党独立领导宁安地区的抗日斗争做了舆论上的准备，而且培训了骨干，奠定了较为坚实的群众基础。

第五节　创建党领导的抗日武装，宁安抗日游击根据地的开辟

一、中共满洲省委吉东局的建立，反日统一战线方针在宁安的贯彻

1933年1月，中共驻共产国际代表团以中央名义发出《给满洲各级党部及全体党员的信》（简称"一·二六"指示信），明确提出了党在东北三省组织反日民族统一战线的方针，指出要依靠和发展共产党领导的"赤色游击队"，使其成为抗日战争的基本力量。团结具有广泛群众性和基本上属于旧式农民武装的各种武装力量——大刀会、红枪会和吉林救国军等，与之建立联盟；争取那些处于动摇的由旧东北军改编而成的抗日部队，与之订立反日作战协定，以便反对日本帝国主义这一共同敌人。

1933年5月，中共满洲省委吉东局成立，书记孙广英。吉东局下辖绥宁中心县委、饶河中心县委和东满特委。1933年10月，中共绥宁中心县委被撤销，中共宁安县委直属满洲省委吉东局领导。

1933年1月，为了尽快以党独立领导的抗日武装为基本力量，组成反日统一战线，中共宁安县委和绥宁中心县委批准了李延禄、孟泾清等人提出的扩军计划，并将扩大后的游击队定名为"东北抗日救国游击军"，为党在东北地区和宁安地区较早地建立了自己的抗日武装。1933年5月，在原中共宁安县委军事部长于洪仁的耐心教育指导下，从原救国军中拉出来在宁安坚持抗战、影响较大的"平南洋反日游击总队"易名"宁安工农义务队"，总队长李荆璞光荣加入了中国共产党，使这支队伍成为绥

宁反日同盟军和后来东北反日联合军第五军的基干队伍。同年，中共宁安县委派共青团员朱光（原名赵金成）进入宁安南湖头救国军余部、原红枪会王汝起部，改造了他的队伍。这些卓有成效的统战工作，不断扩大党领导下的抗日武装，有力推动了宁安地区抗日游击战争的发展。

1933年春，根据"一·二六"指示信精神和中共满洲省委的决议，中共宁安县委加强了对宁安抗日会的组织与领导。中共宁安县委在决议中指出："宁安党和游击队应以最大的决心来组织和领导反日抗'满'的群众斗争，及武装暴动以及贫农中农反对富农斗争，用一切新式的、旧式的武器来武装群众，反对任何命令强迫包办群众的方式，要真正艰苦地去进行群众的工作，组织有群众基础的反日会、农民委员会、农民自卫队。"

1933年8月，中共满洲省委吉东局派原穆棱县委书记李范五来宁安任抗日会会长。1933年12月，中共宁安县委先后派从北平回来的大学生伊俊山、赵永新、冯朴及石头河子来的党团员马连山、崔展作、宋一夫，八道河子朝鲜族党员10多名，上马河的党员黄志信等人，分别进入了宁安各地的柴世荣、傅显明、王毓峰等部队开展上、下层统战工作，逐步把这些部队改造为党的基本部队，发展原旧部队中的上层军官柴世荣、傅显明、王毓峰、王汝起、史忠恒等加入了中国共产党。

1934年春，中共满洲省委派罗云来到宁安，专职领导宁安县抗日会。罗云以宁安二区的卧龙河、三区的颜家屯为中心组织抗日会，逐渐发展到新官地、南横道河子、葡萄沟、团山子、上马莲河、斗沟子、金坑、东京城、红土墙子、唐头沟、南湖头等地。随后，中共满洲省委又派田孟君到宁安做抗日妇女会工作，派高奉义到宁安做抗日儿童团工作。田孟君以卧龙河为中心，进一步发动群众，很快有百余名妇女参加了抗日妇女会，宁安抗日儿童团也相继成立,并制定了章程。到1934年秋,宁安抗日会员已发展到全县人口的80%,仅二区和三区就有万名会员。抗日会的主要任务是发动并领导广大群众进行抗日反满日常斗争。主要活动是散发传单和张贴标语、站岗放哨、盘查敌人、破坏敌人设施,组织农民自卫队,为抗日部队送信、送给养,购买和运送军用物资,为抗日部队做军衣、军鞋、洗衣服等。宁安抗日会在抗日战争中团结广大群众,为抗击日寇侵华作出了重要的贡献。

二、东北抗日救国游击军的建立

1932年11月,中共绥宁中心县委召开紧急会议。在日军大举进攻吉东地区、抗日义勇军逐渐溃退的形势下,决定创建党直接领导下的抗日游击队。1933年1月4日,根据绥宁中心县委的指示,李延禄率部在宁安辖区的五河林(今五林镇)成立了党直接领导下的抗日游击总队,下辖4个团和1个游击支队。1月9日,李延禄、孟泾清等率200余人到达宁安西南的和尚屯。中共宁安县委派共青团宁安县委书记李光林到和尚屯会见李延禄、孟泾清,向他们传达了县委的意见,要他们联络、收拢救国军散落部队,组成"东北抗日救国游击军",积极开展游击战争,并任命李延禄为游击军司令。1月下旬,李延禄联合王毓峰、冯守臣部,在宁安南部的孟寡妇屯召开东北抗日救国游击军成立大会。李延禄任司令,孟泾清任政委,张建东任参谋长,刘汉兴任副参谋长,游击军下辖3个团、1个步兵营、1个骑兵营、1个游击支队。一团团长杨太和,二团团长王毓峰,三团团长史忠恒,步兵营营长李凤山,骑兵营营长冯守臣,游击支队队长李延平,总数达800多人。

1932年春,根据中共宁安中心县委的指示,周子岐、金根在宁安东京城一带建立了一支以党、团员和抗日进步分子组成的20多人的"北满工农义勇队"（后改称宁安工农义勇队），1933年3月，编入李延禄领导的东北抗日救国游击军中的游击支队。至此，中国共产党在宁安和东北地区较早地创建了自己的抗日武装。

三、东北抗日救国游击军在宁安的主要战斗

（一）团山子首战告捷

1933年1月，日军占领吉东各县后，在宁安、东宁、穆棱等地设立了守备队，东部警备队约有1个旅团的兵力，但是由于吉东地区广阔，敌各守备队只能占据几个较大的城镇，刚拼凑起来的伪军、伪警和地方保安队数量虽然不少，但真正死心塌地为日军卖命的人却不多，李延禄利用敌人这一弱点，率领救国游击军活跃于敌后，取得多次战斗的胜利。

游击军成立后，为进一步改造和巩固这支队伍，按照中共宁安县委的指示，1933年2月转移到宁安东南的团山子屯（现属石岩镇），准备进行一段整训。由于转移途中散失，部队只剩下300多人。中共宁安县委和当地群众热烈欢迎自己队伍的到来。

团山子位于县城东南约43公里，地处半山区，分南北两个屯。屯东是连绵的山头，距北屯5公里山腰间有一小屯，屯名八棵树。李延禄率队到达团山子的第二天就得到情报，日伪军三四百人已在宁安城集结，即将出动对救国游击军实施"讨伐"。李延禄分析了敌情，召开会议进行了部署。考虑到部队初建，武器弹药不足，决定不与敌人打硬仗。李延禄将部队撤到南山上，命史忠恒、冯守臣部各守东西两翼，由王毓峰部对付正面敌人，指挥部设在王团背后半山腰间。李延禄在部署作战任务时，要求对伪军、伪警多用分化瓦解的办法，集中力量打击日军。

2月10日清晨，日伪军300多人分3路向团山子方向开来。伪警备旅为右翼，从马鞍山方面向团山子推进；伪宁安县警察队为左翼，从东山方向向团山子进攻；凤岛大佐率日军从正面进攻。当日军拐过一段山路进入一片开阔地带时，我游击军集中火力猛烈射击，二团团长王毓峰组织一批射手，专门瞄准军官射击。日军3名军官接连被击毙，不敢贸然前进，只得躲在树丛中、沟坎后向南山盲目炮击。左右两翼伪警多数不愿真打，刚一交锋便纷纷退走，游击军也不追击。交战中，伪警备旅王副团长被击毙。双方激战两个小时后，日伪军见伤亡较大，仓皇逃窜到八棵树休整。游击军乘胜追击，指挥部派步兵营长李凤山和骑兵营长冯守臣各带一连人，急行军到八棵树东西两山，隐蔽前进，包围敌军。日伪军正准备吃午饭，游击军出其不意发起攻击。当时正站在高处拿望远镜四处观察的凤岛大佐被游击军朱班长一枪击毙，又接连打倒两名前来救护的日军，被击溃的残敌只得逃回宁安城。此次战斗日伪官兵死伤十余人。团山子和八棵树的战捷给战士与群众很大鼓舞，群众战前报信，战中送饭，战后杀鸡宰羊庆功，体现了军民联合打击日寇的卫国情操。共青团宁安县委书记李光林在慰问部队时说："我们抗日救国游击军这次战斗打得好，不仅消灭了上百的日伪军，而且扩大了党的影响，提高了群众抗日的信心。"

（二）八道河子痛歼日军

1933年3月，团山子战斗后，为避敌锋芒，对部队进行整训，李延禄率游击军转移至宁安南部山区的八道河子（今东京城林业局红旗林场）。沿途将盘踞陈家岭的降日土匪"压满洲"队伍缴械，为当地人民除去一害。

八道河子距宁安县城百里开外，是坐落在群山中的一块小盆地。此地比较偏僻，群山环绕，地势险要，只有西北面的山口是通往宁安的要道，易守难攻。这里的居民绝大多数是朝鲜族贫苦农民。"九一八"事变后，常有各种武装队伍来往此地，使当地群众倍受兵匪之苦。救国游击军来到后，军纪严明，受到群众拥护，居民自愿腾出住房给部队住。李延禄、孟泾清、张建东等人一面组织训练部队，一面派人到群众中开展宣传工作，呈现了一派军民团结抗日的热烈景象。部队为了保证安全，及时在山口封锁了交通，休整了10多天。屯内汉奸金笑来乘部队筹措给养，允许农民进城卖炭卖粮之机给日军送去了情报，依田少将得到情报后，立即派治田大佐率日、伪军四五百人携6门山炮进犯八道河子。

李延禄获此情报后，把二团和三团分布在进八道河子唯一的西山口两侧山上埋伏，待敌进入一半时拦腰截断，使其首尾不能相顾；另派李凤山营在中路防守，迎击进入山口之敌，指挥部设在八道河子屯里。3月1日6时半，战斗打响，由于游击军出其不意地攻击，开始敌人伤亡很大，但是凶残的日军凭火力优势，拼命向山口游击军阵地轮番炮击、冲锋。至上午10时，负了伤的三团团长史忠恒正坐在石头上包扎伤口，敌人投来了手榴弹，第一颗被史忠恒一脚踢开，第二颗未及抬脚就爆炸了，史忠恒的腰部、腿部均负重伤，他怒火满腔，强忍剧痛，一跃而起，挥短枪指挥全团战士冲下山，将敌前锋部队击溃。敌人不甘心失败，在距沟口5公里处又组织了第二次抢占山头的反攻。史、王两团弹药消耗殆尽，只得放弃山口阵地。李凤山营和指挥部也相继退到后山，敌人占领了八道河子。敌人进屯后，烧杀抢掠，无恶不作，杀害无辜群众6人，烧毁全屯房屋。逃上山来的群众向战士们哭诉敌人的暴行，战士们怒火填膺，纷纷要求下山杀敌。当时子弹已近告竭，李延禄下令将各部剩余子弹集中，组成一支敢死队，以刺刀为主要武器，每人只配发几发子弹，要求部队运用快速机动战术消灭敌人。敢死队借树林掩护接近屯子，突然冲入屯中，愤怒的群众手持棍棒也随敢死队一起行动，杀向敌人。敌人正在烧饭，忽然兵从天降，杀声四起，敌人惊慌逃命，日军治田大佐当场被乱刀刺死。这次战斗共击毙日、伪军200余人（县志记载）。游击军徐副官等3人牺牲，6人负伤，缴获大量武器弹药。战斗结束后，游击军在群众配合下，将汉奸金笑来捕获处决。八道河子战斗后，救国游击军的影响进一步扩大，当地青年纷纷要求参军杀敌，附近一带的抗日山林队也前来联络，愿与救国游击军协同作战。

（三）接应东京城伪军哗变

1933年3月，根据中共绥宁中心县委的指示，李延禄率史忠恒、王毓峰部到汪清活动，在马家大屯毙伤日伪军百余人。张建东带救国游击军一部在宁安南湖头、四道河子一带活动。4月下旬，李延禄派李延平、金根等人率游击支队赴密山联络一团，自己率300余人返回宁安，与留守宁安的张建东部在四道河子会合。

1933年5月初，李延禄接到宁安东京城送出的情报，城内伪军有两个连准备哗变，要求救国游击军派出部队接应。东京城是宁安南部重镇，地处宁敦公路线上，日军正在修筑的图宁铁路也经过这里。城内驻有宁安伪第二保安大队300人，以原投敌的救国军马海山部为主，吸收散兵游勇组成，队长马海山。救国游击军几次作战获胜的消息在东京城传开后，引起伪军很大波动，加上城内反日会做秘密争取工作，几名下级军官私下酝酿组织哗变。李延禄获此情报后，派副参谋长刘汉兴联合东京城附近的几支反日山林队一起行动，由刘汉兴指挥。5月8日，各部队近千人包围了东京城，事先刘汉兴要求各部队多用政治攻势瓦解敌人，不见日军不开枪，进城后不得骚扰普通商家和百姓，因此各路部队抵近东京城后"中国人不打中国人，大家一同打日本！"等喊话声此起彼伏，城内伪军也不开枪，悄悄躲在工事里听宣传，队长马海山见大势已去，自己化装逃走，驻东京城的30余名日军更加心惊胆战，也相继逃离东京城。于是伪军放下武器，欢迎抗日部队进城，伪军连长王虎延、田大梁子兄弟率两连伪军宣布起义参加救国游击军，另一部分伪军拉出去另立山头，敌人苦心经营的第二保安大队成立起来刚刚一个多月便全部瓦解。

（四）杨木林子车连长孤胆扰敌

东京城伪军哗变事件发生后，宁安日伪当局十分恼怒，立即派出宁安日军守备队、伪军第一保安大队向宁安南部"讨伐"。1933年5月13日，李延禄率救国游击军一部到东京城附近的马莲河一带活动。在上马莲河小学召开群众大会，宣传抗日游击战斗胜利的消息。上午8时许，由宁安南来之敌到达马莲河，其尖兵与救国游击军警戒部队遭遇。李延禄考虑到参加大会群众的安全，下令部队从西沟撤退上山，打起大旗，吹集合号吸引敌人。敌人果然未在村中停留，急忙尾追上山，在学校里隐蔽的近200多名群众趁机安全疏散，未受损失。李延禄率部从山路撤回二道河子，日军追踪到马莲河南面的杨木林子宿营。

李延禄认为敌人对这一带地理不熟又骄狂无备，决定派小部队进行夜袭，以扰乱敌人。步兵营六连长、共产党员车振声主动要求带队去袭扰敌人。杨木林子在马莲河与二道河子之间，靠近金坑，是个只有9户人家的小屯，敌人宿营后分驻在杨木林子和金坑两地，车连长带小部队摸到杨木林子南山时，月亮刚刚出山，为减小目标，车连长把大部分人留在山上监视敌人，自己带一个班下山，到村边后，将战士隐蔽在树林中，只带一名战士进行侦察，发现敌人毫无戒备正在村民院中升火烘烤鞋袜，枪支一排排地架在屋内。车连长举枪从一家后窗向里打了两枪，敌人顿时乱了营,好半天才组织起火力还击,但又漫无目标,只有向山上盲目射击。驻在金坑的敌人,以为游击军进村了,也架起机枪小炮打起来,枪炮声响了一夜,车连长却带着战士们安全返回二道河子。

救国游击军成立的半年中,在宁安一带大小10余战均获胜利,极大地鼓舞了宁安地区广大人民群众的抗日斗志。6月下旬,救国游击军开赴密山。1933年7月,东北抗日救国游击军改为"东北人民革命军"。1934年12月后,先后改编为"东北抗日同盟军第四军""东北抗日联军第四军",部队曾发展到2 000多人,成为东北抗联的主力之一。

四、宁安工农义务队在东南山的活动,抗日游击根据地的开辟与建立

1933年5月,经中共宁安县委积极工作,特别是在"平南洋反日游击总队"副队长、中共党员于洪仁的教育帮助下,"平南洋反日游击总队"队长李荆璞光荣加入了中国共产党。不久,队内建立了党支部,于洪仁任党支部书记,李荆璞参加了支部委员会,改队名为"宁安工农反日义务总队",简称"工农义务队"。全队200余人。此后,党组织又陆续派党员干部王光宇、黄佐清、陶净非、陈翰章等到队内工作。从此,"工农义务队"在党支部的领导下积极开展游击战争。

"工农义务队"成立后,主要活动在宁安东南山一带,主要战斗有:

(一)智歼日军小分队

1933年初夏的一天,李荆璞在宁安江南大唐头沟得到情报,岭西的榆树林子来了一队伪军,准备在那里安据点,为首的是县保安大队长王祝山。李荆璞决定亲自去做说服动员,争取王祝山

抗日。这天下午，李荆璞带着3名警卫员扮成庄稼人，从后山大摇大摆地闯进了王祝山居住的榆树林子，自报名号来到大队部屋里，王祝山正躺在炕上吸鸦片。王问道："你们怎么敢到这里来？"李回道："为了抗日救国！你不要害怕。"李荆璞接着严肃耐心地讲起了中国人不打中国人，应该一致抗日救国的道理。这时，门口突然闯进几个保安队员，把枪支上了，李荆璞冷笑一声，拍着胸脯说："你们要是中国人就把枪放下，我看你们谁敢动！今天，我不是来缴你们械的，是要你们掉转枪口打日本。"3名警卫员早已把枪口对准了王祝山的脑袋。"王祝山，你放聪明点，我们来了就不怕死，况且为了抗日救国而死也是光荣的，你快下命令，让你的人出去，不然我们就开枪了。"王祝山急忙说："谁让你们来胡闹的，快滚出去！"几个保安队员悻悻地退了出去。李荆璞继续动员："你能不能跟我们一块去打日本？"王祝山说："你让我跟你们出去实在困难，50多岁的人了，拉家带口的，不能跟你们满山遍野地走了。"李荆璞说："你可以暗中抗日，给我们帮助。"王祝山问："让我帮什么呢？"李荆璞回答说："你把敌人情况告诉我，以后得到敌人的行动计划秘密告诉我，就算抗日了。"王祝山表示不与抗日队伍为敌，尽力暗中帮助。这时，天色已晚，一名士兵跑来报告王祝山。"日军来了。""离这多远？""还有1里地。""来几个人？""4个人，我亲眼看见的。"由于情况太突然来不及了，李荆璞急中生智，对王祝山说："把你的马弁叫进来。"李荆璞等4人刚换上马弁的服装后，日军小队长带着2名日军和翻译就进了屋，开口便问："平南洋的有？"李荆璞忙说："平南洋大部队已经进山了，小部队的还有。"日军小队长把眼一瞪，警觉地问："你的什么干活，怎么知道？"李荆璞从容不迫地回答："我是大队长的护兵，新调来的，刚侦察回来，不信，你问大队长。"王祝山顺水推舟地说:"太君,是这样的。"日军小队长疑心起来,继续问:"你是怎么知道平南洋的大部队统统进山了？"李荆璞回答:"我们和他打过仗,平南洋大大地狡猾,他的大部队不肯靠近太君近的地方活动,怕暴露的有。""小部队你看到没有？""没见到。"这时天黑下来了,日军小队长要回距榆树林子2.5公里的冯家大院(日军小队驻地)。李荆璞立即走到日军小队长面前说:"报告太君,平南洋的小部队出没无常,路上不安全,我们护送太君回去。"日军小队长高兴地说:"顶好,开路！"李荆璞一边说一边给王祝山递眼色。王祝山说:"好,我们的责任就是保护太君的安全,你们知道吧。"敌人走在前面,李荆璞等4人紧随其后,向榆树林子方向返回。走到半路上,翻译和3名日军并肩而行,说说笑笑。李荆璞急忙给3名警卫员使了个眼神,突然上前一步,把走在前面的翻译用匕首给逼住了,"别动,动就捅死你！"其余3个人的匕首几乎同时刺进了前面3名日军的心窝里。"你们来了多少人？"李荆璞问翻译,"连我12个人,住在冯家大院正房里。"李荆璞随即布置攻取冯家大院日军小分队,正在这时忽见从后山上下来10多个人,走近一看,原来是于洪仁派来接应的小分队,于是合兵一处,直奔冯家大院,把8名日军和那个翻译击毙了,消灭日军小分队后,李荆璞又率队返回王祝山处。王祝山听说全歼了日军小分队吓坏了。李荆璞说:"王大队长,你不要害怕,日军小分队是单独住在一个地方,你可以说一点没有发现。我们马上就走,你下令追击我们,咱们后会有期。"李荆璞率队走后,保安队朝天上胡乱放了一阵空枪,拾了几支丢下的破枪,向日军"交差"去了。

(二)调虎离山智取宁安城

1933年5月初,东北抗日游击军根据日军兵力"东调"形势的变化情况,为了打击和袭扰日军,李荆璞所部研究决定:寻找战机，采取声东击西之策，攻取宁安县城。

1933年5月12日（农历四月十八），李荆璞和于洪仁决定利用赶庙会的机会，给敌人来个调虎离山，攻打宁安县城。由于洪仁带领一支部队化装成老百姓来到东京城，当时南大庙驻着伪军一个排，城西北角驻的是伪军保安中队，日军驻在东烧锅。于洪仁把队伍分成3路行动，一路由妇女队长孙玉凤带领直奔南大庙。姜玉兰、孙大娘等女战士化装成农村妇女走在前面，由一些年轻女战士打扮成姑娘、媳妇跟在后面，到了南大庙门口，守门的伪军不让进，孙大娘哭哭啼啼抱着个"孩子"非要进庙里烧香还愿不可，孙玉凤在一旁央求说："老总，我弟弟真的病得很重，得求佛爷保佑平安，你就高抬贵手吧。"一边说一边暗中把钱递了过去，伪军收过钱，马上换一副面孔说："好，你们就进去几个人，烧完香赶快出来。"孙玉凤等10多人进院后，直奔东厢房，闯进去就把这一排伪军全部缴了械。另一路由于德和带领，把伪军保安中队包围起来，开展政治攻势并进行佯攻，促其向东烧锅日军求援。第三路由于洪仁带领，封锁东烧锅的日军，不许他们出来，逼敌向宁安求援。当东烧锅日军得知南大庙的伪军被缴械、保安中队被围的消息后大为恼火，又冲不出去，急得像热锅上的蚂蚁，立即向宁安日军司令部打电话，要求火速增援。驻守宁安的日军接到东京城告急电话后，立即调集一支日军和部分伪军驱车奔向东京城，日军主力离开后，早已等候在宁安城外的李荆璞立即指挥部队攻进城内，县保安大队长王祝山见状，忙令伪军撤到城北。李荆璞率队把日伪的仓库、粮库打开，来了个"开仓放粮"，当增援日军赶到东京城时，方知中计，马上回师宁安，在途中遭到了于洪仁所部的阻击，当返回干沟子（兰岗镇民和村附近）时，又受到李荆璞事先布置的伏击，李荆璞则率部有秩序地组织撤退，运走了大量的军械和物资。

(三)巧拔敌人据点

宁安西南部的沙兰,东北方向有座老爷庙,是东南山即老爷岭到西北山即张广才岭的必经之地。为切断东南山和西北山之间的联系,破坏工农义务队的抗日活动,日军一个小队和一排伪军到老爷庙安设了据点。"工农义务队"只要从东南山往西北山一运动,马上就会暴露目标。因此,"工农义务队"决定拔掉这个据点。但是敌人凭借高墙大院防守很严,在院墙上修了一些垛口,又在院门口用沙袋垒起了工事。"工农义务队"当时没有重武器,很难接近它。时值天气大旱,老百姓成群结队到附近的龙王庙、土地庙烧香求雨。李荆璞和于洪仁商量,决定利用百姓求雨之机拔掉这个据点。他们首先做通了会首即求雨组织者的工作,挑选三四名精干的战士,头戴柳条编的围箍,赤着脚混进求雨队伍中,为了麻痹敌人,求雨的队伍先到其他的庙去烧香。1933年5月6日(农历五月十三),求雨的队伍来到老爷庙门前,被守门的卫兵拦住,说啥也不让进门,丛福山等人上前说:"你看天都旱成什么样了,你如果不让我们进去,今天求不下来雨,不但庄稼收不回来,也活不成了,这个事你能担待得了吗?今天你让进我们进,你不让进我们也得进!"守门的官也怕把事情闹大不好收场,只好同意进去十几个人,丛福山带领战士们一进入老爷庙大门,就直扑到厨房窗下,战士们把手榴弹扔了进去,炸得日军血肉横飞,到了伪军那边高喊:"我们是平南洋!专打鬼子,是中国人把枪放下!"那些伪军不愿为日军卖命,放弃抵抗,全被缴械,共缴步枪50多支,消灭日军10多人,还缴获日军轻机枪1挺。此后不久,"工农义务队"又接连拔掉几个敌人据点,进一步扩大了活动区域,部队也在战斗中发展壮大起来。

1933年6月,针对敌人的欺骗宣传和分化瓦解,"工农义务队"还召集了宁安所有山林队首领开展会议,共同订立了《抗日救国公约》，主要内容是：（1）坚决抗日到底，决不投降；（2）各队间要互相配合，互相支援；（3）各抗日部队一律平等，联合作战时要统一指挥，统一行动；（4）要互通情报；（5）坚决打击投降活动，严惩民族败类。这次会议进一步坚定了抗战必胜的信心，有力地反对和扭转了投降倾向，从而稳定和发展了宁安地区的抗日局面。

1933年9月，李荆璞率部在老爷岭支脉天桥岭（今卧龙乡江山村北山）的一个向阳的山坡建起秘密营地，取名"平日坡密营"。中共宁安县委派来几位女同志在密营成立了裁缝所，她们利用部队攻打城镇缴获的缝纫机及布匹，为战士们缝制军衣。1933年深秋，共青团东京城支部书记褚志远根据上级指示物色了两个具有爱国主义思想的裁缝，并将十几台缝纫机及一批棉花布匹通过地下交通站转送到"平日坡密营"。密营里的修械所开始是把村里的铁匠炉搬上山，修理些枪支，打造些简单的零件，后来发展到能够制造火药、手榴弹、土枪土炮等。密营建起来以后，承担了养伤治疗、被服缝制、枪械修造、储备给养以及集中整训等任务，成为比较巩固的后方基地。1933年初冬，"工农义务队"决定将部队开进密营进行整军。经过两个月的整军运动，广大官兵在有组织的宣传教育和自我教育下，普遍提高了思想觉悟，增强了遵守革命纪律的自觉性。通过整军，提高了中国共产党在部队中的威信，队内的政治思想工作得到加强，官兵关系明显改善，战斗力有了很大的提高，成为宁安境内一支力量较强具有声望的抗日队伍。为了加强对"工农义务队"的领导，张建东、周子岐等原中共宁安县委负责人也到"工农义务队"帮助整顿，加强了支部班子建设。到1933年末，宁安"工农义务队"已有党团员13人。

1933年秋，中共宁安县委在八道河子建立了东南山较早的抗日游击根据地，并设立了党支部，直属县委领导。党支部书记金尚杰（又名金石峰）。同时为了推进各阶层民众的抗日联合工作，八道河子还建立了农民委员会和反日分会，金尚杰兼分会长。群众抗日组织还设有妇女会、儿童团等。八道河子的地方武装是农民自卫队（赤卫队），队长姜信泰。建队之初，人数较少，武器只有6支钢枪，五六支"别支弹"和18支洋炮。但由于队员的政治素质较好，积极联合一切抗日力量，主动开展对敌斗争，队伍很快发展到50多人。八道河子抗日游击根据地还设有学校，进行政治教育和文化教育，在部队中开展了识字活动并进行军事学习和训练。1934年秋冬，敌人发动了大规模的"扫荡"和"讨伐"，在敌人强大的进攻下，八道河子抗日游击根据地被破坏。

四、绥宁反日同盟军的建立及其艰苦斗争

1934年2月，绥宁反日同盟军办事处主任兼军事委员会主席周保中率辽吉边区军一、三连100余人到达"平日坡密营"与李荆璞的"工农义务队"会合。2月16日，由周保中出面，在宁安东南山召开各抗日部队代表会议。会议决定了一致抗日的纲领。以边区军一、三连和宁安"工农义务队"为基础，联合原密山人民抗日革命军第二团王毓峰所部和救国军余部柴世荣旅、傅显明团、王汝起团、裴振东团以及中共宁安县委领导的八道河子自卫队，在宁安东南山正式成立了"救国军第一游击区同盟军办事处"。办事处主任周保中，兵力合计近500人。3月，改为"绥宁反日同盟军联合办事处"。办事处内组成军事委员会、经济委员会、总政治部。周保中兼任军事委员会主席，李荆璞任军事委员会委员。绥宁反日同盟军的建立，标志着宁安地区反日民族统一战线已经初步形成，以及中国共产党直接领导的抗日部队的正式

形成与壮大。不久，绥宁反日同盟军成立党委，周保中任党委书记，张建东、胡仁、于洪仁等任党委委员。

1934年4月，中共宁安县委决定组建"宁安游击队"。队长白殿贞，政治指导员李元蓉，全队26人。5月，游击队在宁安县江南小唐头沟与日伪军"讨伐"队相遇，队长白殿贞等4人壮烈牺牲。6月，县委重新组建游击队，共25人。8月，恢复宁安游击队建制，设一个中队，下辖4个小队，中队长马连山，政治指导员陈翰章。此后，这支队伍发展壮大成为绥宁反日同盟军的骨干队伍。8月21日，于洪仁在大唐头沟遇害，"工农义务队"几乎陷于瓦解。8月末至9月初，中共宁安县委和绥宁反日同盟军党委从八道河子农民自卫队、宁安游击队等部调集部分队员连同该队余部，又重新组织起"工农义务队"，队长仍为李荆璞。开始时只有20余名队员，后来很快发展成为一支具有战斗力的队伍。

绥宁反日同盟军成立之初，主要活动在宁安各地，与日伪军"讨伐"队及反动地主武装进行斗争。

（一）收缴自卫团武装

1933年12月22日，日伪当局颁布了《暂行保甲法》。明文规定："凡十户为一牌，以一村或相当区域内之牌合为一甲，以警察署管辖区域之甲合为一保。"保设保长、副保长、甲设甲长、副甲长，牌设牌长。如果牌内居民"犯罪"，各户均课以"连坐"，保长与甲长还负有组织自卫团的任务。早在《暂行保甲法》颁布之前，日本侵略者就在抗日武装活跃的宁安城乡推行了保甲制，并建立了伪自卫团。《暂行保甲法》颁布后，宁安地区的日伪统治者更强化了这一制度。

鉴于日伪当局在宁安地区不断加强法西斯殖民统治，中共宁安县委和绥宁反日同盟军党委决定，组织各抗日武装收缴游击区内伪自卫团和伪警察署的武装，先后收缴了新官地、光棍屯、大荒地等地的反动武装，摧毁了卧龙屯警察署。

1934年3月初，绥宁反日同盟军军事委员会召开了第一次军事会议，决定进攻新官地。新官地屯位于东京城东方，紧靠东南山的山边子，屯里驻有伪军大排队30余人，是同盟军由东南山向西南山镜泊湖一带活动的重要障碍。根据屯内反日会员提供的情报，敌人在夜间戒备很严，屯子四周均有岗哨，还有巡逻队来回巡逻，但是天亮后就松懈了。3月19日深夜，李荆璞率领"工农义务队"和边区军各一部共60多人，悄悄地潜入距新官地屯不远的一片小树林里。东方刚一放亮，敌人的巡逻队就收队了。哨兵也打起盹来，李荆璞立即指挥部队冲进屯里，将伪大排队伪军全部缴械。因有11名伪大排队员外出未归，共缴获步枪21支、手枪1支。在当地召集群众大会，李荆璞在讲话中，号召有良心的中国人立即行动起来，团结一致，抗日救国。大会还宣布解散了当地的反动壮丁团，并根据群众的强烈要求，处决了罪大恶极的壮丁团团长李大金牙。

1934年4月初，绥宁反日同盟军军事委员会召开第二次会议，讨论进一步开展游击活动和分配从新官地缴来的武装等问题。此时，日伪军向"平日坡密营"发起了围攻。早在年初，敌人曾调动300余人向平日坡发动过一次进攻，但因道路不熟，背后又遭袭击，遂告失败。4月3日，日伪军400余人在叛徒原"工农义务队"后勤人员李洪义带路下再次进攻平日坡密营，"工农义务队"和边区军有一半兵力正在山外活动，留守密营的部队立即与来犯之敌展开激战，击毙击伤敌人30余人，因寡不敌众，"平日坡密营"失守，部队南撤到三道河子。"平日坡密营"是宁安地区抗日部队建立较早、规模较大的密营之一，它虽然只存在了半年之久，却成为孕育绥宁反日同盟军的诞生地，在宁安抗战史上留下了光辉的一页。

1934年4月7日，绥宁反日同盟军柴世荣旅在八道河子沟口伏击日军守备队和伪警察队80余人，毙伤敌7名，缴获步枪2支、子弹200余发，追敌而去。4月下旬，"工农义务队"和边区军先后收缴了光棍屯、大荒地、上马莲河等处的反动武装，解散了壮丁团，缴获步枪2支、洋炮18支，解决了一个日本大柜（类似现在的包工公司），打死日本经理、副经理以下4人。

（二）进攻卧龙屯警察署

宁安南部的卧龙屯是敌人外围的一个重要据点，为打通八道河子与卧龙屯反日会及东南山同盟军的联系，解决一批武器弹药，"工农义务队"和边区军根据中共宁安县委和绥宁反日同盟军党委的指示，决定拔掉这个钉子。1934年5月7日拂晓，由于洪仁带领的一支队伍化装成日军在卧龙屯反日会员的接应下进入卧龙屯。懂几句日语的高德新来到警察署署长李进忠宅，让他到警察署命令本署警察到屯后的高岗上列队迎接并要求一律不准压子弹。当李进忠随同高德新来到岗上的大道时，大部分警察已列队站好，"太君"于洪仁下达命令："枪放下，向后转，向前三步走！"这些伪警察便在莫名其妙中乖乖地被缴了枪。此时，埋伏在屯北准备打援的李荆璞接到报告后，率队入屯与于洪仁部会合。拒不交枪的10余名警察凭借西北角和东南角两个炮台负隅顽抗，高德新发现院墙东角处有个豁口，急忙带几个战士往里冲。这时西北角炮台上的枪声响了，高德新身负重伤，从墙上摔下来。李荆璞和于洪仁赶到后，带领战士们冲了过去，沿墙边摸到炮台下边往里面投掷手榴弹，摧毁了这两个炮台。部队在回撤途中，躺在担架上的高德新由于伤势过重，已经奄奄一息了，李荆璞和于洪仁紧跟在担架旁，高德新在临终前还用微弱的声音喊："共产党万岁！""祝总队长胜利！"这次进攻卧龙屯警察署，共缴获步枪20支、手枪1支。捕获了伪警察署署长李进忠，"工农义务队"的高德新和边区军一连的王德山英勇牺牲,轻伤1人。

此间,绥宁反日同盟军的八道河子自卫队、王毓峰团和"四季好"队还进攻了小城子,焚烧了电报局和四家反动分子的房子,又进攻了宁安与延吉之间的城子街,缴了宁安东京城等地的伪军武器,均获胜利。经过这些积极的斗争,在宁安东南山游击区及其附近敌人的6处据点被拔除4处。另两处,上马莲河因在其内部工作力量较强,故留下来加以利用,卢家屯因地势不利暂时未拔除。

由于中国共产党的抗日联合工作的加强,特别是绥宁反日同盟军在战斗中的发展和胜利,使中国共产党政治影响在宁安地区不断扩大,很多义勇军部队和反日山林队逐渐靠近,并且拥护中国共产党提出的共同抗日的主张。如东南山、西北山的队伍,都拥护共产党提出的反日纲领,接受并主动要求共产党领导。这些队伍在实际斗争中,都积极配合绥宁反日同盟军进行收缴反动地主武装、打击日军守备队和汉奸走狗的斗争。

(三)风水山战斗

1934年4月,绥宁反日同盟军傅显明团得知有一部分日军将由春阳开往宁安,决定在风水山进行伏击。4月17日,这股敌人一路纵队从槟榔沟方向开来。敌尖兵班刚进入风水山沟口,骑在马上的日军指挥官传令敌军停止前进,然后用望远镜向东西两侧的山上观察了一阵,命令用火力进行侦查,没发现什么动静,日军指挥官又传令继续前进。当敌人完全进入埋伏圈以后,日军指挥官传令敌军原地休息,敌人纷纷解下背包,放下枪支,刚想坐下来休息时,傅显明团便乘机开始了猛烈射击,敌群一下子乱了阵脚,敌军指挥官丢下坐骑,提着战刀,指挥敌军顺着沟塘向北逃窜,傅显明团居高临下,集中火力扫射,日军指挥官被击毙,经过一个多小时的激战，击毙日军50多人，缴获步枪40多支和一批弹药。

（四）庙岭伏击战

1933年，日本侵略者开始大批向东北派遣武装开拓团，第一个到宁安的开拓团头目是日本东京国土馆的山田悌一（来前是退役中将军衔）。同年9月17日，开拓团在南湖头建立了"宁安县镜泊湖畔松乙沟实习农园"（简称"镜泊学园"）。他们强行霸占土地，抢夺耕地，引起当地人民的强烈不满。活跃在南湖头一带的抗日武装张祥部队总想找个机会，教训一下这些日本侵略者。张祥，1903年2月15日出生在宁安县石头河子村（今镜泊湖水产养殖场）。"九一八"事变后自发组织家乡一带的炮手奋起抗击日本侵略军，队伍很快发展到100多人。1933年春，张祥率领20多名抗日战士袭击了驻守在南湖头的日军守备队，毙伤日军30多名。11月，张祥率队与于学堂的救国军合并。1934年春，张祥率领他的抗日队伍毅然加入了绥宁反日同盟军。

1934年5月，张祥的侦察员得到一个可靠的情报，宁安县城的日军守备队要在近几天送山田悌一到"镜泊学园"，并携带大量伪币给开拓团发饷。庙岭（位于杏山村西南方、宁敦公路中间，距北湖头水运场10多公里）是宁安到"镜泊学园"的必经之路，这里地势险要，最适合打伏击战。张祥亲自带领30多人来到庙岭，选择了有利地势，在公路上挖了一条伪装好的大沟，命令队员隐蔽起来做好战斗准备。直到5月16日中午，才听到远处传来的马达声，当敌人的汽车开到埋伏圈时，神枪手张祥开枪发出了战斗的号令，第一枪就把司机击毙，汽车恰在此时掉进事先挖好的沟里。护送山田悌一的日军慌作一团，从汽车上跳下来赶忙架起机枪还击，但刚打两枪就被击毙了。这时，日军一名胖军官拿着手枪竟高声嚎叫起来，张祥一看，准是山田悌一，他手起枪响，山田悌一被击毙，一头栽倒在汽车轮的旁边，随着汽车油箱的爆炸燃烧，山田悌一也化为灰烬。这次伏击战，击毙山田悌一以下日军14名，击毁汽车一辆，缴获机枪两挺，手枪、步枪7支，一台收发报机和大量伪币。

　　1934年9月与11月，张祥率队又先后两次包围了敌人建立的"镜泊学园"，击毙了渡边总长以及海旭等多人，使日本侵略者大为震惊。此时，相继展开的南湖头陈旅与西北山的"双山""青山"进攻南湖头日军兵营的战斗等均给敌以沉重的打击。这些战斗的胜利，迫使开拓团训练所停办，当时敌伪的报纸曾沮丧地报道说："学园中心人物精神动摇，学园解散。"

　　1934年5月，日伪军集中兵力向宁安东南山一带发动军事进攻。中共宁安县委与绥宁反日同盟军党委决定，同盟军所属部队除留一小部分坚持游击战争外，其余部队组成东西两支派遣队远征。周保中率东满派遣队去汪清，李荆璞、胡仁率西北山派遣队在宁安西北山及中东路石头河子一带活动。9月，日伪军将以宁安为中心的绥宁反日游击区列为秋季"讨伐"的重点区域。同盟军主力宁安游击队和刚恢复的宁安"工农义务队"采取避敌锋芒灵活机动的战略战术，在团山子与百余名日军作战，打死日军8人，伤10人。之后，部队化整为零，转移到西南山区，先后进行了三道河子诱歼敌军、尖山子阻击战、金坑车站袭击军列、夜袭兰岗开拓团、老松岭截车等战斗，使敌人全歼游击队与"工农义务队"的预谋落了空。继秋季大"讨伐"之后，日伪军于1934年11月初至1935年1月来，又向绥宁反日同盟军各部进行了冬季大"讨伐"。绥宁反日同盟军与东北人民革命军第二军独立师派来的北满远征队协同作战，在宁安的西南山、西北山和东南山与敌周旋，作战多次，给敌人以很大打击，其中规模较大的战斗有石头河子战斗、岔沟战斗、八道河子战斗、猴石屯战斗、狼窝战斗等。1935年1月，日军将前方作战司令部从宁安县城转移到东京城附近，集中日军百余人和伪靖安军1个团以及地方武装队、警察队共约2 000余人，在飞机大炮配合下，向绥宁反日同盟军发动大规模进攻。绥宁反日同盟军与北满远征队采取冲破包围、开辟新区的作战方针，兵分四路开展游击战争。由宁安"工农义务队"和北满远征队第五连组成的东进部队过天桥岭进入东南山抗日游击根据地，6天内与敌作战7次，战后翻越老爷岭到达东满汪清，之后部队返回宁安。挺进西北山的宁安游击队在游击战中共击毙日伪军150多人，其中击毙日军中队长、伪靖安军连长和警察大队队长各1人。

在抗日军民的密切配合下，绥宁反日同盟军部队胜利地粉碎了日伪军的秋、冬季大"讨伐"。在反"讨伐"斗争中，同盟军在敌人强大兵力集中进攻之下，仍然保存了实力，锻炼了战斗力。敌人虽兴师动众，但收效甚微，以未达目的而告终。

第六章　东北反日联合军第五军的建立和绥宁抗日游击根据地的开辟

第一节　中共吉东特委的建立及在宁安的主要活动

1934年4月，中共满洲省委吉东局机关遭破坏。6月，中共满洲省委正式撤销了吉东局。9月，中共驻共产国际代表团派吴平（杨松）以中共满洲省委巡视员身份巡视吉东地区，先后召开密山、穆棱、宁安3县县委扩大会议，整顿了县委的领导机构，并筹建中共吉东特别委员会，以代替被撤销的中共吉东局。12月，吴平到达宁安，20日主持召开了中共宁安县委扩大会议。会议通过了《关于"左"倾关门主义错误及目前工作任务问题》决议案，确立中心任务是：动员一切力量，击溃敌人的"讨伐"，必须建立和充实抗日同盟军总司令部，联合一切抗日队伍，加强对伪军的政治瓦解工作，加强游击队的政治工作和反日会工作。

1935年2月，在宁安五区的牡丹江区成立中共吉东特委，吴平任特委书记，孟泾清、李福德（李范五）为特委委员。中共吉东特委名义上归属中共满洲省委，实际上由在莫斯科的中共驻共产国际代表团直接领导。中共吉东特委下辖中共饶河中心县委，中共宁安、穆棱、密山、勃利、依兰县委和中共东宁区委。特委机关设在牡丹江（区）。后因形势需要，于10月迁至宁安县马莲河，在牡丹江（区）设接头地点。

1935年5月，中共吉东特委书记吴平再次来到宁安，调中共宁安县委书记李范五任中共吉东特委组织部长，中共宁安县委书记由原共青团宁安县委书记张中华接任。吴平在宁安检查工作时发现，抗日山林队中少数惯匪、烟匪损害群众利益，群众对此非常反感。为教育这些山林队武装积极抗日，吴平深入到这几支山林队营地，亲自与山林队头目小白龙、打东洋、义君、西边好等人会面，和士兵生活在一起，引导他们走抗日救国道路，使这几支山林队成为遵守纪律、英勇善战、受到群众拥护和支持的抗日武装。9月，吴平去往莫斯科，指定由李范五代理中共吉东特委书记。1936年2月，中共吉东特委遭破坏，李范五赴海参崴报告情况未再返回，代表团杨松等决定恢复中共吉东特委，任命穆棱县委书记宋一夫为临时书记。1936年7月，中共驻共产国际代表团撤销中共吉东特委。

第二节　东北反日联合军第五军的成立

1934年12月，中共宁安县委扩大会议结束后，宁安县委和绥宁反日同盟军党委即根据吴平传达的中共驻共产国际代表团关于东北反日部队统一编制的指示，为使绥宁地区的反日部队成为中国共产党直接领导下统一编制、统一指挥的抗日武装力量，决定将绥宁反日同盟军改编为东北反日联合军第五军。同时，派人分头向同盟军所属各部队传达中共宁安县委扩大会议精神，向与同盟军作战的反日队伍进行广泛的反日统一战线宣传，征求他们对改编同盟军成立东北反日联合军第五军的意见。

1935年2月10日,在宁安八道河子抗日游击根据地发表了《绥宁反日同盟军改组为东北反日联合军第五军成立宣言》,同时组成了军部和党委会。东北反日联合军第五军成立之初,编成了2个师、7个团、19个连(其中一个警卫连),共936人,920支步枪,7挺机关枪。周保中任军长,柴世荣任副军长,胡仁任政治部主任,张建东任参谋长。一师师长李荆璞,二师师长傅显明。

第三节　抗日游击战术原则的完善

东北反日联合军第五军组建后,一师师长李荆璞率领所属的第一、二、三团来到镜泊湖南湖头房身沟屯,召开了五军一师党、团员暨干部会议。会议主要围绕游击战术原则和对伪军政策等问题进行了热烈讨论。总结出"五打五不打"的战术原则,即打敌人薄弱环节,不打攻坚战;打机动灵活仗,不打硬仗;打便宜仗,不打消耗仗;打伏击仗,不打遭遇仗;打有准备之仗,不打盲目仗。"五打五不打"战术原则的提出,使五军一师的游击战术更加具体化、系统化,已经形成了独具特点的比较完整的游击战的战术。

会议根据以往的作战经验,对伪军及伪地方武装的情况进行了详细的分析,将其分为四类,并进一步明确了区别对待的具体办法。会议一致认为,只有区别对待各类伪军、伪地方武装队,分化敌人,才能最大限度地孤立日本侵略者,使抗日武装由全局的劣势变为局部的优势。房身沟会议提出的对伪军的政策,是对第五军一师以往斗争经验的总结,使这一政策更加明确化、具体化,为以后的斗争指明了方向,奠定了理论、政策基础。

会议还根据军党委的意见，经过充分酝酿选举产生了第一师党委，由李荆璞、关书范、王兴、高凤仪、王毓峰、颜志、伊俊山等7名委员组成，李荆璞当选为师党委书记。

第四节 反"讨伐"斗争

1934年12月，中共宁安县委扩大会议后，宁安县委和绥宁反日同盟军党委根据吴平传达的中共驻共产国际代表团"关于东北反日部队统一编制"的指示，将绥宁反日同盟军改编为东北反日联合军第五军，并宣告其成立。在改编过程中和编成之初，主要活动在宁安县内。这时，正是日伪军向宁安、汪清等地的抗日部队进行冬季"讨伐"时期。第五军先后与日伪军进行数十次战斗，给敌人以很大打击。

这些战斗主要有：一师1935年1月17日长岭子伏击战；1月下旬，石门子伏击战；3月16日长岭子遭遇战；3月21日蛤蟆河子战斗；3月27日袭击二道河子日军守备队的战斗；4月3日房身沟伏击战；4月10日宁敦路袭击战；4月15日上马莲河袭击战；4月20日进攻卧龙屯战斗；4月30日葡萄沟迎击战；5月4日袭击六道河子战斗；还有一师在庙岭与日军作战；在开辟西北山新游击区过程中与日伪军进行的数次战斗。二师四、五两团4月初自东满返回宁安后也相继在5月2日、4日袭击了马厂的日本国道局和石头河子车站的日本守备队，战斗均获胜利，共得步枪50支、轻机枪3挺、手枪8支、子弹数千发，毙伤日伪军40余名。其中最著名的战斗为石门子和二道河子伏击战。1月下旬，一师一团六七十人在一师师长李荆璞领导下，在宁安东南山石门子伏击日伪军200余人，缴获步枪20余支、轻机枪2挺、手枪2支、子弹200余发，击毙日军田中曹长（上士）以下20余人，宫腾中佐受重伤，俘伪军多人，经教育释放。3月27日，第五军一师部队一部，在二道河子袭击日军守备队24人，当场击毙9人，俘虏7人，缴获步枪7支、子弹千余发、手榴弹11颗，敌人死伤大半，余者逃窜。

在频繁的战斗中，由于东北反日联合军第五军战斗英勇，对伪军宣传教育我军优待俘虏政策十分到位，一些伪军再也不愿意与第五军部队为敌，时有袭击日本军官和哗变事件发生。同年2月，在缸窑沟伪军哗变12人，当场击毙日军小队长和伪军班长各1人，携轻机枪1挺、步枪20余支离开伪军。3月，第五军一师一团一、二连在二道河子与伪军作战获胜返回时，在拐湾子曾接应伪军第一团第四连的起义，但因事情泄露，仅该连班长吴铁刚、白文江2人携械参加我军。4月初，在第五军一师派人接应下，于家屯一伪军班长击毙日本军官，率部加入我军。

东北反日联合军第五军自成立后，经过数十次战斗的考验，部队迅速发展壮大，仅第一师就由200余人扩充到千余人。

第五节　分区作战与绥宁游击区的扩大

东北反日联合军第五军经过半年多的战斗，虽然在宁安开辟了新的游击区，但活动区域狭小，又直接面对3 000多日伪军的进攻压力。为避免孤军作战、被敌包围，根据中共吉东特委和宁安县委的指示，除一部分留守宁安外，将主力编成东西两支派遣队进行分区作战。这即可以打通与其他各地人民革命军和抗日同盟军的联络，开辟新的游击区，又能起到"围魏救赵"的效果，调动敌军以缓解对宁安老区的围攻、"讨伐"压力，并可相机恢复老区的游击根据地。1935年4月，第五军党委决定，将队伍分三个地区进行活动。5月，在胡仁率领下的东部派遣队在穆棱、勃利县境内活动，扩大了政治影响，分散了敌人的兵力，减轻了宁安留守部队的压力，为后来二、五军的继续北征开辟了基地。8月，由柴世荣、李荆璞率领的西部派遣队活动在敦化、额穆、宁安三县交界处，开辟了新的游击区域。宁安留守部队和军部及二军部分队伍一起活动在宁安县各地。在1935年到1936年的活动中，尤其在反击敌人的秋、冬季"讨伐"中，也给敌人以不小的打击。但是，由于宁安是敌人统治的中心，是敌人"讨伐"的重点地区，留守宁安的部队又大部分是新改编的山林队，成分较为复杂、战斗力较差，加之指挥不力、警惕性不高、缺乏政治工作和游击斗争经验等原因，也遭受了严重的损失。二师政治部主任李光林在率20余名战士到江南山东屯一带征收给养过程中，由于叛徒告密，被敌军包围在尤家窝棚，战斗中光荣牺牲。

第六节　东北反日联合军的整顿与巩固

东北反日联合军第五军改编成立后，经过1935年将近一年的游击战争，游击区已扩大到整个绥宁地区各县。这期间游击区已从宁安、额穆、镜泊湖沿岸山区扩大到勃利、密山、汪清、敦化等各县，与这些地区的群众、地方保甲、地方武装队、伪军、山林队都建立了良好的关系，给日伪军以沉重打击，极大地提高了第五军的威望。同时，队伍本身也发生了很大的变化，鉴于当时情况，队伍进行了全面整顿，领导干部也进行了部分的调整。

东北反日联合军第五军时期，部队党组织比较健全，在地方上级党组织和同级党组织领导之下，军内设有军、师党委，团总支和连支部，下为小组。在部队党组织领导之下，连队里有士兵委员会组织，它是战士们发扬民主、参加部队行政管理、向上级建议或提出批评的群众组织。斗争环境虽然很艰苦，但战士们的生活是多样而又愉快的。连内设有识字班、俱乐部等学习活动的组织，还经常举行军民联欢会。

  这一时期，第五军很注意对战士的教育和干部的训练。尽管处在不间断的战斗环境中，第五军仍然坚持开展思想政治工作，通过教导队、教导连和政治研究班等形式向战士进行政治教育，新战士一入伍就用示范方法，进行政治教育，启发他们的阶级觉悟，使之仇视民族敌人，拥护共产党的抗日救国主张，执行党的政策。对干部主要进行马列主义和中国革命问题等基本理论教育。军事教育注重进行游击战术的教育，并进行射击、刺杀、利用地形地物、伪装、骑马等军事基础训练。

第七章　军队的群众工作与群众对反日联合军的支援

毛泽东在《抗日游击战争的战略问题》一文中指出:"用一切力量,包括武装部队的力量在内,去发动民众的抗日斗争,要从这种斗争中去武装人民,即组织自卫军和游击队,要从这种斗争中去组织民众团体,无论是工人、农民、青年、妇女、儿童、商人、自由职业者,都要依据他们的政治觉悟和斗争情绪提高的程度,将其组织在各种必要的抗日团体之内,并逐步地发展这些团体……这个政权是实行抗日民族统一战线政策的,它应该团结一切人民的力量,向唯一的敌人——日本帝国主义及其走狗汉奸反动派作斗争。"(人民出版社1981年版)

周保中在组织领导东北反日联合军第五军同敌人的斗争中,一方面十分注意对基本群众的工作,另一方面也始终贯彻执行中国共产党的抗日民族统一战线工作,注意做各民族各阶层人民的抗日民族统一战线工作,争取和团结更多的人民参加抗日游击战争,支援抗日游击战争。

东北反日联合军第五军重视组织群众和宣传鼓动群众,每到一地都要进行群众工作。在部队中设有宣传兵、两人粉笔队、三人讲演队,并散发传单、张贴标语。各部队到农村一般都要召开群众大会,进行抗日救国宣传;组织反日会、救国会、妇女会、儿童团等。在这些群众组织中设有交通部（负责信件征集、报告敌情等）、侦探部（搜集日满军队动向及其他情况）、杀狗部（调查逮捕日伪特务等）、供给部（帮助反日联合军购买物资和枪械弹药）等。

对部队的经济来源，开始提出"有粮的出粮，有钱的出钱，有力的出力和共同抗日救国"的口号。以后在游击区内实行没收"日本帝国主义及其走狗"的财产和向群众征税的办法，解决经济问题，在反日联合军第五军时期这是主要办法。具体做法是"物资要求书"，通过伪牌甲长征收物资、钱粮等。如宁安长岭子甲、渤海甲曾给反日联合军部队送了很多东西，据资料统计，共76项，其中有面粉5 975斤、食盐2 408斤、大米等近10石，伪币1 680元。

人民群众对抗日军的物资支援，都是出于自觉自愿的。因此，除以上资源渠道外，还经常捐送衣服、胶鞋、食油、猪肉等。例如，腰岭子的刘甲长不但给反日联合军送东西，还冒着生命危险主动担负对负伤、患病的反日战士的隐藏和治疗工作，他亲自派副甲长进县城为反日联合军购买衣服和物资，并同县城西南关的三盛成、聚升德商店及和发栈联系好，保证县城购买物资人员的安全。又如，渤海保虽被政府当局称为"模范甲"，可是由于保甲长和广大群众爱国，都积极热情支援反日联合军。1935年冬，宁安县东京城区共有22个甲长，只剩城里3个甲长未被拘押，其余19个屯下的甲长全被拘押痛打，说他们给"胡子"上给养，结果枪毙两个，打死一个，其余均受重伤。可见，各阶层和广大群众对反日联合军是非常拥护的。上马莲河一农民青年小王因积极支援反日联合军，被敌特怀疑。一日，在曾参加反日联合军当过战士的叛徒金长江的带领下，敌人来到小王家，要逮捕他。当日军带3名伪军入门指挥要拘捕他的时候，小王随手抡起大斧照准日军头部劈去,不料被走狗金长江遮挡,而未砍中,金长江之臂被砍伤,小王和一姓李的青年被日军当场毒打之后逮捕入狱。当时第五军军长周保中得知这一青年英勇斗敌的消息后,赞扬小王是"忠骨壮胆,堪为青年民族战士之表率"。

广大群众对反日联合军第五军的热情支援,是抗击日本侵略者的有力支撑。

第八章 东北抗日联军第五军的组成和吉东地区抗日斗争的蓬勃发展

第一节 召开北、南湖头会议

北湖头会议。东北反日联合军第五军占据的绥宁地区，在1936年初已成为敌人进攻的重点区域之一。根据这一严重形势，1月20日，在宁安县镜泊湖北湖头的东北反日联合军第五军军部，召开了由东北人民革命军第二军参加的两军党委特别会议。出席人员有第二军军长王德泰、军政治部主任李学忠和第五军军长周保中、第五军一师政治部主任关书范等人。会议期间，前往莫斯科向中共驻共产国际代表团汇报工作的中共东满特委书记兼第二军政委魏拯民返回吉东，在宁安县委书记张中华及王松柏等人的陪同下，于2月5日到达镜泊湖北湖头五军军部，传达了共产国际第七次代表大会决议及统一战线和筹建东北抗日联军问题。这次会议共同研究了两支部队的整顿、发展以及密切配合作战、建立抗日根据地，成立抗日政府和东北抗日联军总司令部等问题。会议确定，为打破敌人封锁、"围剿"，扩大游击活动范围，第五军的活动以宁安为中心，向东西两个方向发展，必要时向北挺进。第一师西进部队与第二军西进部队相互配合以额穆为基地,向五常、苇河、舒兰、敦化等县活动,进而打通与第一、三军的联系;第五军东进部队在第五军穆棱派遣队已有的基础上,增派第二师四、五团,以穆棱、勃利为中心,积极向密山、虎林、依兰、宝清一带开展游击活动,以与第四军和第三军四师相呼应。会议还计划第二、五军部队再联合南满第一军共同夺取安图,并以它作为将来东北人民抗日政府与抗日联军总司令部的所在地。这是一次东满与吉东第二、五军酝酿与促进东北抗日联军组成的重要会议。

南湖头会议。1936年2月9日,中共东满特委书记、东北人民革命军第二军政委魏拯民从苏联回到东北,在参加北湖头会议后,在宁安南湖头板石场召开第二、五军党委联席会议。参加会议的有周保中、金日成、陈翰章等同志,会上魏拯民传达了共产国际"七大"会议通过的关于建立反法西斯人民阵线的决议精神和中共代表团关于撤销满洲省委与组成东满、吉东等4个省委的指示,着重研究了今后进一步贯彻党的反日民族统一战线策略方针和筹建东北抗日联军的问题,讨论了加强第二、五军合作,扩大吉东与东满抗日游击战争和建立根据地的任务等重要问题。这次会议直接促成了反日联合军第二、五军改编为东北抗日联军第二军和第五军。

1936年2月10日,中共驻共产国际代表团根据华北事变后中国苏维埃中央政府、中共中央1935年8月1日《为抗日救国告全体同胞书》(简称《八一宣言》),关于与"红军和东北人民革命军及各种反日义勇军一块,组织全中国统一抗日联军"的建议,提出了《为建立全东北抗日联军总司令部决议草案》。《草案》决定统一全东北抗日军队的名称,将东北人民革命军改编为"东北抗日联军"。2月22日,又以杨靖宇、王德泰、赵尚志、李延禄、周保中、谢文东和汤原游击队、海伦游击队的名义，发表了《东北抗日联军统一军队建制宣言》。《宣言》指出，现在根据全国抗日救亡运动的发展，必须进一步巩固抗日军队的组织，统一抗日军队的行动，因而就要改革抗日军队的建制。为此，东北人民革命军第一、二、三、六军与抗日同盟军、反日联合军第四、五军及各反日游击队，"一律改组建制为东北抗日联军第一、二、三、四、五、六军以及抗日联军游击队"，同时宣布，东北抗日联军随时准备参加全国统一的抗日联军，并欢迎东北各反日武装军队参加东北抗日联军。此后，根据这个宣言，在中共东北党组织领导下，东北各地抗日武装，在反对日本帝国主义的游击战争中，先后改编为东北抗日联军。

第二节 东北抗日联军第五军改编成立

1936年2月下旬，东北反日联合军第五军在宁安八道河子召开会议，将东北反日联合军第五军改编为东北抗日联军第五军。军长周保中，副军长柴世荣，政治部主任胡仁，参谋长张建东。下辖两个师：第一师师长李荆璞，副师长姜振荣，政委关书范；第二师师长傅显明，政治部主任王光宇，参谋长陈翰章。第一师下辖第一、二、三团。第一团团长姜振荣（兼），政委关书范（兼）；第二团团长王毓峰，政委高凤仪；第三团团长王汝起，政委伊俊山。第二师下辖第四、五团。第四团团长李春山，政委王光宇（兼）；第五团团长王光宇（兼），政委姜东秀。此外，还设军部直属警卫营、教导队、妇女团，全军700余人。1937年7月，在张镇华及张淑艳等人的策反下，宁安三道河子伪森林警察大队长李文彬率部反正，加入抗联第五军，被编为东北抗日联军第五军警卫旅。10月,改编为五军第三师。此时,五军发展到3 000多人。

第三节　抗联五军主力转战中东铁路南北

　　从1935年开始,以宁安为中心的绥宁地区已是敌人进攻的重点地区。为了消灭这一地区的抗日武装,日军实行了"匪民分离"政策,千方百计地隔绝抗日联军同群众的联系,实行坚壁清野,强迫散居的农民全部集中在交通方便容易被控制的地方,筑成大屯即所谓"集团部落"。1935年8月至1937年,宁安各地共建"集团部落"105个,收容农户14 512户,70 777人,对原来的村庄一律焚烧与平毁,使其变成无人区。军事上,日军对抗联采取的策略是由过去的短期"讨伐"改为长期的不间断的"讨伐"。大批"讨伐"队经常驻在游击区或交通要道。1936年3月末,宁安东区、南区经常遭敌"讨伐"袭击,第二军四团密营全部被破坏。7月,敌人在宁安东南各沟口岗地,遍设帐篷安营驻扎,就近向山里分兵搜索进攻。8月,在西南区杨胖子沟、鹿道河子、东杨木林子、金坑一带和长岭子、四季通及图宁铁路东侧寒葱岭、杨木背等地均有大批日伪军出动"讨伐"。政治上,日军提出"专打抗日军,不打山林队,收降山林队"的口号,破坏联合抗日。经济上,日军继续实行封锁政策,不准群众给抗联部队送粮食,不准商店多卖一尺布、一斤盐,妄图使抗联部队在无衣、无粮、无住处的情况下,困死在山里。在这种情况下,各地的山林队都受到了很大损失,抗联部队在弹药、给养、部队活动和互相联系等方面也受到了很大影响,增加了诸多困难。

　　1936年以后,中共地方党组织和群众抗日团体的活动已相当困难，宁安县委工作由抗联第五军宁安留守处兼管。1937年初，田仲樵（苏维民，女）任中共宁安县委书记。3月，田仲樵在牡丹江城区活动，发展工人王春山、程品一为中共党员，组建党支部，烧毁了日本粮食仓库。5月，田仲樵到吉东省委建立了道南特委与吉东省委之间的交通线。12月，中共道南特委书记张中华牺牲后，特委其他成员带领部队分散作战，道南特委只剩田仲樵1人坚持工作。1938年5月，田仲樵离开宁安到中共吉东省委汇报工作再未返回，省委与道南特委联系中断。同月，吉东省委派王日新（原名丁宝殿，曾用名丁文礼、丁秀岩）任中共宁安县委书记。1940年，王日新为躲避敌人追捕离开宁安，中共宁安党组织遭破坏，县委工作中断，只有几名党员隐蔽下来坚持斗争。

根据吉东地区的形势，在综合了中共吉东特委的建议和北湖头第二、五军党委特别会议精神及第五军军部军事行动安排的情况下，作出了抗联五军主力向中东路道北转移的决定。二师师长傅显明率四、五团担任先遣队向穆棱、密山一带活动。二师留在宁安南部的部队，于3月间将伪军一个连缴械，得步枪180支、轻机枪2挺，随后也开始向道北（中东铁路以北）转移。

1936年2月，根据军部的指示，五军一师从额穆转移至宁安镜泊湖一带。2月20日正值农历春节，一师各团正在距东京城15公里的吊水楼（镜泊湖瀑布）西北地区休整。一师干部和战士多半是这一地区的农民子弟，群众欢迎自己的子弟兵，杀猪宰羊，热情款待胜利归来之师。白天战士们串亲戚访朋友，夜晚开军民联欢会。这时，虽然师部已得到东京城日军可能出扰的消息，但因部队自额穆胜利归来，产生了轻敌思想，估计东京城敌人不敢轻易出动，如果来犯就利用莲花泡错综复杂的地形就地消灭敌人。第一师以莲花泡北部为中心进行了部署，第三团在东北对东京城方向布置警戒，第一团在前后对沙兰站配置警戒，师部宣传队和第二团驻莲花泡北面。但由于胜利滋长了轻敌思想，五军一师派人到东京城里买水袜子（胶鞋）被人告密而暴露了目标。

2月27日夜，驻东京城的日军和伪军第二十七团第三营向莲花泡（今渤海镇江西一带）秘密前进，另有伪军骑兵第三十三团向东京城上马莲河（今马河乡一个村）出发，向吊水楼周围聚拢，准备截断一师退路，包围第五军一师部队。

2月28日拂晓，敌人呈月牙形向东莲花泡包抄过来。一师前沿哨兵发现敌情后当即用暗号向指挥部作了报告。李荆璞师长立即进行了战斗部署。敌先头部队进到东石岗子上就遭到一师三团的阻击。敌人攻势很猛，先用迫击炮和掷弹筒轰击三团阵地，后又发起猛攻，三团在王汝起团长的指挥下沉着应战，连续打退敌人多次围攻。战斗中，一师部及一团驻地亦被敌人围攻，李师长命令一团就地抵抗，二团自右侧反击。激战至下午2时，敌人开始使用毒气弹，只见敌人射出的炮弹爆炸后，烟雾弥漫，看不见人，战士均感头昏脑涨、四肢无力（这是日军在宁安战场上使用化学武器的真实情况）。敌人却戴上防毒面具向五军一师步步逼近，战斗呈现不利态势，李师长果断作出决定，由二师二、四团担任掩护，大部队用火力猛烈冲击后迅速向西岗子转移。

掩护部队撤退的第二团四连马伦连长率领的19名战士陷于敌人包围圈中，被毒气熏得处于半昏迷状态。马伦连长命令战士潜伏在灌木丛中。见我军阵地没有动静，以为都中了毒气，日军指挥官森田中佐便耀武扬威地指挥日军扑了过来。当进入有效射程时，马伦连长首当其冲，突然开枪射击，击毙了森田中佐，其他战士也不甘示弱，集中火力与敌人英勇拼搏。经过一场激战，马连长及全体战士壮烈牺牲，为民族解放事业献出了宝贵的生命。

莲花泡战斗，击毙了日军森田中佐及以下官兵70余人，伤20余人，一师也受到很大损失，牺牲78名，伤45名，敌人深恨第一师的猛烈抵抗，尤其是森田中佐及以下日军被击毙，使敌寇十分恼火，他们恶意毁坏牺牲抗联战士的遗体，在我地方抗日会收尸时，只埋葬了42位烈士。所以，以后就误传为莲花泡防御战之四十二烈士。其实应该称之为七十八烈士牺牲地。

为缅怀烈士，时任中共宁安县委书记的张中华等曾填词一首："江水映斜辉，黑山云雾飞。镜泊湖上，涛光苍茫，白昼起寒微，山麓列青冢，湖畔碧野共蒿蓬。英雄去不回，天涯芳草系忠魂，旌旗伟，义士轻生死，英风永世垂，壮志未酬啼遍野，寂夜惊闻雁泣西风悲。二月二十八，追恨志无涯，血溅青石，尸陈遍野，白骨沉黄沙，慷慨奋捐生，同志四十又二名，浩气贯长虹，壮烈长铭行，永震敌胆惊，回首江山依，强虏肆纵横。深仇积恨何时了？虚无千里遍地起悲声！"

莲花泡战斗后，一师主力也向中东路道北转移。在穆棱、勃利、密山、宁安等地都取得了许多新的胜利。

为了策应一、二师主力部队向道北转移的行动，第五军军部警卫营，第一、二教导队和道南留守部队第五军三团、七团及第二军二师部队，在周保中、柴世荣统一指挥之下，以宁安为中心，在宁安、东宁、额穆、敦化等地积极开展游击活动。1936年2月，第五军副军长柴世荣率军部教导队破坏了宁安卧龙屯"集团部落"，夜袭卧龙警察署和自卫团，王效明率留守部队将马莲河自卫团缴械。3月4日，第二、五军联合部队在三道河子将伪警备二十七团第三连全部缴械。5月27日，柴世荣和王效明率领的第五军留守部队配合第二军二师陈翰章部，在宁安烟筒沟伏击了伪森林警察队。6月，王效明率留守部队在宁安三道河子缴伪军一个连。之后，柴世荣率教导队开始向道北转移。

1936年5月以后，敌人对以宁安为中心的绥宁地区的"讨伐"更加频繁，对五军军部所在地西南区连续发动多次进攻。8

月初，第五军军部决定也向道北转移。五军军部在转移途中，根据中共驻共产国际代表团关于吉东特委遭破坏后，将原吉东特委所辖地区以中东铁路为界，分别建立道北、道南特委的决定，9月24日在宁安泉眼头（现江南乡永泉村东）召开了第二、五军干部会议即泉眼头会议。会议决定，周保中率领第五军教导队第一、二队北进，同第五军一、二师主力部队会合，第五军第三、七团、警卫营第二连和第二军二师等为道南留守部队，联合反日的山林队坚持绥宁地区的游击战争，在宁安地区建立第五军军部留守处，领导道南留守部队，由张中华任主任，金石峰任副主任；将吉东地区宁安县委和东满地区东部各县委会组成为道南特委，统一领导中东铁路东段道南绥宁地区及额穆、敦化、汪清、珲春、延吉各地党组织和抗联部队以及南湖头的交通机关等。特委书记为张中华（兼宁安县委书记），委员有王润成、陈翰章、田仲樵（女，1937年初任中共宁安县委书记）、金石峰等。中共道南特委成立至1939年，下辖中共宁安县委、汪清县委、珲春县委、延吉县委、额穆区委、东宁区委和第二军五师党委以及第五军留守部队党委。中共宁安县委下辖城北区委、江南区委、江北区委、东京城区委、牡丹江市区委以及拉滨铁路特支、图宁铁路特支和宁安抗日救国会党、团组织。

泉眼头会议后，第五军主力部队全部转移到中东铁路以北地区。经过几个月的活动，到1937年初，在牡丹江与依东地区除建立了一些后方基地和医院、裁缝所、印刷所等后方机关外，军队健全了编制，并在军队中开展了以党支部为核心的政治思想工作。

第四节　中共吉东省委的建立和吉东地区抗日斗争的蓬勃发展

为了加强对吉东地区中东铁路道北、道南特委的统一领导，根据中共代表团的指示，1937年3月14日，在四道河子，周保中组织召开吉东地区党组织会议，会议选举产生了中共吉东省委员会。书记宋一夫，委员周保中、于华南、刘曙华、关书范。省委随军行动，下辖道南特委、下江特委、穆棱县委、勃利县委和中东铁路职工部。

吉东省委会议后，第五军又重新部署了军事行动计划，军部和第一师进出中东铁路沿线，向老游击区宁安活动，以二师四、五团为主力继续开展松花江下游地区的活动，打通与第四、七军的联系。1937年春，五军在各自的活动区域开展游击活动不断打击、袭扰敌人。与此同时，留守部队在张中华、陈翰章指挥下积极开展游击活动。3月，在宁安江东花脸沟与200多名日伪军激战，歼敌近百名，在西岗北山伏击敌守备队百余人，击毙70余人，在镜泊湖西藕粒山与日伪警备旅二十七团二连遭遇，激战两小时，击毙敌人数名。5月22日，击退了来自海林方面的百余名敌军的追击。6月，攻入宁安斗沟子集团部落。7月又袭击了尔站金矿伪警察队。8月中旬，一师二团在宁安五河林半拉子设伏，毙伤日伪军29名。8月22日，第五军一师三团在王毓峰率领下，将伪军张营第三连缴械，毙伤敌10余人，得步枪72支、子弹万余发。

1937年一年之内，第五军在一系列大小战斗中，共消灭敌人千余人，打死打伤日军大佐军官以下数百名，牵制了日军大批兵力，迎来了吉东地区抗日斗争的新高潮，有力地配合和支援了全国抗战。1937年冬，第五军一师派往道南的部队大部分返回牡丹江地区、依东地区。张中华则率第五军部分留守部队继续坚持道南的游击斗争，艰苦转战于牡丹江、宁安等地，以不断地干扰和打击敌人。

第九章　全国抗战爆发和抗联牵制日军入关

第一节　全国抗战爆发，东北抗战环境险恶

1937年全面抗战爆发后，东北抗联各军主动出击，袭扰日伪军，直接威胁日本帝国主义侵华后方基地的安全，成为日本侵略者的心腹之患。

从1937年末开始，日伪制定了"三年治安肃正计划"，准备调集10万多兵力用3年时间，对东北抗联进行长期的疯狂的空前的"大讨伐"，实行毒辣的"匪民分离"政策，对城乡中共党、团组织和抗日群众组织实行所谓"大检举"，进行疯狂的大破坏，采取严厉的经济封锁措施，使抗联失掉了地方党组织和人民群众抗日团体的有力支援，失去了活动生存的条件。同时，还不断进行政治诱降活动，企图分化、瓦解中国共产党领导的抗联部队。

1938年10月，全国抗日战争进入相持阶段后，日本将作战中心逐渐转向共产党领导的敌后解放区战场。日军在大举进攻关内各抗日根据地的同时，也加紧了对东北抗日游击区的进攻。"七七"事变前，在东北的日军有4个师团，1938年7月增至8个师团，除集重兵于东北各战略要地外，还纠集大批精锐部队，严密封锁抗日游击区，对东北抗联进行更加残酷的"大讨伐"。

1938年以后，东北抗日游击战争转入了极其艰苦的斗争阶段，抗联各军在失掉了原有的游击区和根据地后，不得不由人口较多的浅山区转入人口稀少的深山区。在长白山和小兴安岭的深山密林中建立秘密营地和后方军事基地，经常受到饥饿、严寒及弹药奇缺的威胁。为了夺得所需粮食、弹药、布匹，都要经过激烈战斗甚至用鲜血和生命去换取。特别是在冬季，天寒地冻，缺衣少食，斗争更加困苦，部队经常在饥寒交迫的境地与超过自己十几倍、几十倍的敌人周旋。

在如此严峻的形势下，抗联第二军五师、第五军留守道南的部队，仍在宁安一带坚持旷日持久的游击战争，与日本侵略者浴血奋战，不断给敌人以沉重的打击。

第二节 第一、第二路军艰苦抗战

全国抗战爆发后，东北抗日游击战争成为全国抗战的一个重要组成部分，其战略任务由独立的局部抗战转变为配合全国的统一抗战。为配合全国作战，加强对抗联部队的统一领导，东北抗联先后整编为三个路军。1937年7月，抗联第一、二军合编为东北抗联第一路军并成立总司令部，一军军长杨靖宇任总司令，二军军长王德泰任副总司令，魏拯民任总政治部主任；1937年10月，以抗联第五军为骨干，以第四、第五、第七军为基础，联合第八、第十军及王荫武的救世军、姚振山的东北义勇军成立抗联第二路军，并于10月10日发表了成立第二路军的通告。周保中任总指挥，副总指挥赵尚志（后任），崔石泉任参谋长。抗联第三路军是在1939年5月成立的，是由抗联第三、六、九、十一军整编而成。张寿篯任总指挥，冯仲云任政委，许亨植任总参谋长。

1938年，敌人调集六七万兵力对抗联部队进行大规模"围剿"。5月，抗联第二军五师在陈翰章的带领下，攻进了宁安县南部图佳线的斗沟子车站和集团部落，缴了铁路警护队和自卫团的全部枪械。第二天，又在横道河子南边的大杨木背消灭了日军守备队30多人。与此同时，抗联第四、五军主力开始西征。自1938年下半年到1939年3月，二路军总指挥部率四、五军下江部队与敌进行大小战斗37次，破坏敌人集团部落11处，毙伤敌人2000余人。但损失也非常严重，四军军长李延平、副军长王光宇先后牺牲，四军损失殆尽。五军西征部队最后只剩下陶净非率部辗转于五常、额穆、敦化、宁安等地坚持作战。二路军总指挥部及四、五军部队总计仅剩1000多人。

1938年至1939年，抗联第一路军先后编成一个警卫旅和三个方面军，实行分区作战。7月初，第三方面军总指挥陈翰章率队袭击了镜泊湖水电站的日军守备队，全歼敌人，焚毁了工程事务所，解放了被日军抓来的大批劳工，使日本侵略者苦心设计数年的军事工程"镜泊湖瀑布水电站建设计划"中的北湖头水电设施受到彻底破坏，从而使镜泊湖水力发电站被迫停工达3年之久，修建"镜泊学园"军事大本营的计划也完全放弃。在进军途中，又破坏了图宁铁路和宁安至敦化的公路，使敌人的交通运输中断。

1939年5、6月间，陈翰章率队攻打卢家屯警察署，进攻马场伪自卫团，获步枪42支。1940年3月，副师长侯国忠率部袭击南横道河子伪警察署。7月，第三方面军第十三团团长徐子章率百余人在卧龙河袭击日伪军驻所，毙敌40多名，在杨木背战斗中击毙日军多名。1940年8月，陈翰章率40多人袭击了宁安鹿道伪警守署。12月3日，陈翰章率队袭击了宁安南部黄家屯敌人的筑路工棚和高岗子农园。5日，在北湖头袭击了敌人采伐木材的"高岗作业所",接着又在大庙岭、松乙沟与敌人战斗两次。12月8日在镜泊湖南湖头的小湾沟密营被1 000多名日伪军包围,激战中陈翰章壮烈牺牲。

陈翰章牺牲后,敌人把他的尸首拉下山,吊在湾沟村的一棵树上示众。之后,残忍地割下他的首级,送往伪新京(今长春)请赏。后与先前牺牲的杨靖宇将军的遗首一起存放在关东军司令部医务科,当作医学标本进行保存。1948年10月,长春解放后,党派人找到了他的遗首。1955年清明节,黑龙江省暨哈尔滨市党政军和各界人民隆重举行公祭大会,把他的遗首安放在哈尔滨烈士陵园。1952年春天,毛泽东主席亲自指示,向陈翰章将军的母亲赠送一头耕牛。1993年9月,宁安人民为缅怀烈士,在他的牺牲地镜泊湖畔修建了"翰章园",并且将抗美援朝战争时宁安人民捐资购买的一架战斗机命名为"翰章号",以志永久纪念。2013年4月11日,将军遗首从哈尔滨烈士陵园迎请回到其出生地吉林省敦化市。6月13日,在将军百年诞辰之际,在敦化陈翰章烈士陵园安葬。人民为了永远纪念这位27岁抗日英雄,为他编写了最美好的赞歌:"镜泊湖水清亮亮,一棵青松立湖旁,喝口湖水想起英雄汉,看见青松忘不了将军陈翰章。"

1940年冬,中共南满省委委员、抗联一路军参谋兼警卫旅政委韩仁和率30多人转移到宁安一带活动,在南部山区的尖山子北沟建立了密营。活动于尖山村、湾沟村、褚家屯一带。1941年3月,由于叛徒出卖,敌人从敦化、牡丹江等地调集大批日伪军包围了尖山子北沟密营,经过30多个小时的激战,韩仁和及以下30多名战士全部殉难。

第十章　为夺取抗战最后胜利而斗争

第一节　抗联教导旅的建立和军事侦察

1940年春，东北抗联由原来的3万余人锐减到不足2 000人，日伪当局抽调24个连2 400人组成"特设讨伐队"，东北抗日武装斗争面临着极其险恶的严峻形势。在经多次努力仍与中共中央失去联系的情况下，为实现东北党组织的统一领导，1940年1月24日，由周保中、冯仲云、赵尚志参加的吉东、北满省委代表联席会议在苏联伯力召开。会议在总结经验教训的基础上，规定了游击运动保存实力为主、逐渐收缩的方针，在军事上对抗联部队实行整编，路军以下编为支队、大队、中队、小队。为保存革命力量，根据1940年春伯力会议关于抗联与苏联远东军达成的相互支援与合作协议精神，苏方承诺并允许抗联部队在困难情况下可以转移到苏境整训、补充。从1940年秋冬至1941年初，抗联部队近600人先后转移到苏联境内的南北两个野营进行整训。1942年7月，南、北野营统一编为教导旅，旅长周保中，副旅长张寿篯（李兆麟），副参谋长崔石泉。全旅共有官兵1 000余人，其中抗联部队700余人，苏籍官兵300人左右，抗联教导旅名义上由苏联远东军总部代管，由苏联远东军司令员阿巴那申克大将授予苏联远东方面军独立第八十八步兵旅正式番号（对外番号是八四六一步兵特别旅，因有中、朝、苏三国人员组成，又称八十八国际旅），但在内部还保持着抗联的独立性，保持抗联单独的组织系统，坚持执行抗联独立的战斗任务。

1942年9月，东北抗联教导旅召开了全体党员大会，正式成立了中共东北特别支部局（亦称东北党委委员会，是东北党组织同中共中央失去联系情况下全东北党的临时最高领导机关），书记崔石泉（1945年8月改组由周保中任书记）。

1942年，南野营先后派遣以陶净非、季青、金润浩为队长的小分队到老爷岭、海林河、宁安、东京城、牡丹江等地，寻找失散的抗联人员和进行军事侦察活动。北野营派出的金光侠和高万有小队，不但监视牡丹江一带铁路沿线敌人军事部署及运输情况，还誊写和油印了1 000多份抗日宣传单，在哈尔滨、五常、敦化、宁安等地散发。最早被派回东北进行侦察工作的是李明顺，从1940年到1945年7月前，曾多次被派遣回东北在宁安、穆棱一带进行军事侦察，搜集到许多可靠的情报，如弄清了宁安境内日军飞机场位置、飞机架数。这一情报使苏军在1945年8月出兵时，准确无误地将该机场全部炸毁。1943年夏，从苏联派回宁安的朴英山等3人在马场等地侦察敌情时被敌发现，当场牺牲2人，朴英山被捕后，被日军押走。为纪念朴英山，当地将马场村改名为英山村。

第二节 宁安解放

1945年8月8日，苏联政府发表对日作战宣言。9日，150多万苏军在华西列夫斯基指挥下兵分四路从东西北三面沿着1 200里战线进入中国东北，向日本关东军大举进攻。同日，毛泽东主席发表《对日寇最后一战》的声明，解放区军民进入对日全面反攻。东北抗联重返战场配合苏军作战。9日晚，李明顺小分队配合苏联东部战区远东第一方面军部队的行动，在宁安海林附近空降，监视宁安、牡丹江一带日军布防和军队调动情况，随时电告苏军有关部队进行目标轰炸。这个小队还发动组织群众对撤退的小股日军进行缴械，收集武器。在短短的10余日内就组织了一支百余人的队伍，配合苏军参加了牡丹江和宁安附近的对日作战。

8月11日，苏联空军轰炸了宁安城西北机场。16日，苏军攻占牡丹江城区，击毙日军4万余人。17日，苏军先后解放了宁安城、东京城、海林和横道河子。18日，苏军占领了沙兰镇和金坑村。从8月18日开始在宁安横道河子接受日军投降。投降就俘的有：日本关东军第五军团司令部、第一二六步兵师团和第一三五步兵师团、第二二五步兵师团部等。至9月1日，日军第一二四步兵团和第一三五步兵师团的师团长，伪满洲国第一步兵师连同其司令部（约2 000人），日军第一三五步兵师团的第三八五联队（约15 000人）和第五军团的一些分队，也在宁安横道河子被解除武装。8月19日，苏军占领了"镜泊学园"和鹿道等地，宁安县境内的日军全部被肃清，全境解放。

第四篇 ★ 剿匪、"土改",建立宁安新政权

第十一章　党领导宁安人民建立巩固的根据地的斗争

第一节　抗战胜利后宁安的形势和任务

抗战胜利后，宁安面临严峻的形势。

一是国共两党对宁安政权的争夺。1945年8月20日，进驻宁安城的苏联红军成立了宁安城防司令部，司令伊凡诺夫（苏军），副司令姜振江（即乔树贵，原东北抗联周保中副官）。经苏联红军宁安城防司令部的同意，由伪满县长、街长等人组成宁安县治安维持会。之后，城防司令部将宁安县治安维持会撤销，成立宁安县临时政府，仍由伪满县长王甲弟出任县长。9月中旬，已任中共牡丹地委委员的乔树贵，以宁安城防司令部副司令的身份在宁安开展建党的工作。寻找调查抗战后期与中共党组织失去联系的原中共地下党员的情况，查清后指示他们出来工作。此时共产党的工作在宁安虽有一定开展，但还没有公开党的领导，政权没有建立，群众还没有被发动起来。而国民党却加紧了对宁安的争夺，成立了县党部、县支部、地方维持会、临时政府、公安局等。

二是宁安土匪烽起，烧杀抢掠，无恶不作。东北光复后，宁安县土匪主要分布在宁安县南部、西北部和东部地区。由于特殊的地理环境和独特的历史原因，宁安一带的土匪具有历史久、数量多、成分复杂、分布广泛、政治色彩浓的特点。日本投降后，中国共产党及其领导的人民军队还没有进入东北，国民党派遣大批特务潜入，收编加委各地土匪武装。这些土匪受国民党委派，具有一定的社会基础和社会势力，有较好的武器装备和活动经验，成为建立革命根据地的一股破坏力量，危害极大。

三是广大农民没有土地，仍然过着饥寒交迫的生活。日伪统治时期，日本侵略者在宁安掠夺大量的满拓地和开拓地。这些土地不少是从当时地主手中夺取的。抗战胜利后，许多地主提出"物归原主"的口号，企图维持和恢复他们的土地占有权。相反，占全县农村总户数90%以上的农民，所有耕地却不足20%。广大农民依然过着饥寒交迫的生活，迫切希望解决土地问题。

因此，大力加强建党、建政、建军，进行剿匪斗争，发动群众解决农民土地问题，成为党在宁安建立根据地的极为紧迫的任务。

第二节 中共宁安地方党组织的建立与发展

一、中共宁安地方党组织的恢复

1945年9月中旬，与乔树贵一同随苏联红军来宁安的抗联干部张维国和颜志从牡丹江城区返回宁安，召集会议传达了中共牡丹江地委对宁安工作的指示，首先恢复了胡成梁、颜志、孙绍堂、苏北虹、邓吉升、邱兆生等6人的党籍，成立宁安东北人民民主大同盟。胡成梁任宁安东北人民民主大同盟委员长，苏北虹任大同盟秘书长。并成立了组织部、宣传部、青年部、工人部、农民部、妇女部、民族部。

1945年9月至10月间，张静之受中共牡丹江地委委派回到家乡宁安从事革命活动。张静之从建立健全大同盟党支部入手，并着手创办了宁安东北合江军政大学宁安分校，张静之任校长。并在军政干校中建立了党支部，在此基础上，于11月中旬建立了中共宁安县总支委员会。张静之任总支书记，颜志任总支副书记兼总支组织委员，王树本任总支宣传委员。中共宁安县总支委员会设在大同盟院内，下设大同盟和军政干校两个党支部。

　　1945年12月，中共中央政治局委员、中共中央东北局北满分局代表张闻天（化名张平之）率一批党政军干部来到宁安开展工作。1946年1月，在张闻天领导下，在中共宁安县总支委员会基础上建立了中共宁安县委员会。富振声任中共宁安县委书记，刘英任县委副书记，县委委员有：胡成梁、苏北虹、孙绍堂、王树本、张维国等。中共宁安县委隶属中共牡丹江地委领导。县委机关设在大同盟院内。中共宁安县委下辖3个自治区委，后增至6个区委。1946年9月，成立新海县，将宁安县原管辖的第四、第五自治区划归新海县委。1947年5月，成立镜泊县，又将宁安县所属第三、第六自治区划归镜泊县委。此时，宁安县委所属有5个区委。1948年1月，又增设1个六区区委。1948年8月，撤销镜泊县后，宁安县委开始下辖11个区委，后并为9个区委。

　　1946年4月，富振声调出，郭洪超任中共宁安县委书记。5月，宁安县委组织两个工作团，北上工作团随张闻天去合江开展工作，东上工作团随颜志去密山开展工作。闫玉森任中共宁安县委书记。1947年7月，闫玉森调出，苏明任中共宁安县委书记。此时，县委工作机构除设有组织部（县委副书记林纳兼任部长）、宣传部（柳滨任部长）外，为了加强对土地改革运动的领导，及时发现和解决土改中出现的问题，县委增设了民运部，李弟光任民运部长。

1947年8月，中共中央东北局决定成立中共牡丹江省委，中共宁安县委隶属牡丹江省委领导。1948年6月，中共牡丹江省委被撤销，中共宁安县委划归中共松江省委领导。此时，宁安县共有党员140人，占总人口80 000人的0.19%，镜泊县有党员287人，占总人口55 000人的0.52%。

二、公开建党与党员队伍的壮大

宁安县公开建党是从1948年7月1日开始的。所谓公开建党，即"自报，公议，党批准"的三愿意原则。"自报"就是经过教育，有了觉悟，然后自愿报名申请；"公议"就是先征求群众意见，再征求党支部通过；"党批准"就是党委批准。

为了加强对党员的教育，根据中共松江省委组宣会议精神，中共镜泊县委举办了为期半个月的由80人参加的支部书记训练班。中共宁安县委利用挂锄期，对老党员和新党员进行了短期培训，每期5至7天，50至70人参加，全县共培训了3期。1948年冬，中共宁安县委对各区委委员进行了系统的阶级教育、党的常识教育和业务教育。通过训练，使广大党员和干部的政治业务素质均有了明显的提高。在发展生产、支援前线等各项工作中发挥了先锋模范作用。

至1948年10月末，宁安县已有40个村屯225名党员。经过公开整建党，分别编在79个支部内。到1948年底，全县农村共有党员621名，79个村屯建立了党支部，在621名党员中，文盲、半文盲568名，高小文化程度42名，中学文化程度10名，中学以上文化程度1名。

第三节　宁安县政权组织的建立与发展

一、县、区、乡政府的建立

1945年9月中旬，与乔树贵一同随苏联红军来宁安的抗联干部张维国和原中共地下党员颜志从牡丹江返回宁安，传达了中共牡丹江地委的决定，由颜志任宁安县革命民主政府县长，并负责筹建宁安县革命民主政府。

1945年11月15日，宁安县革命民主政府成立，颜志任县长，王树本任副县长。县政府工作机构设总务科（1946年7月改为秘书室）、民政科、财粮科、建设科、教育科、公安局、税捐局等。宁安县革命民主政府隶属牡丹江市民主政府。1946年1月，改为宁安县民主政府。1946年4月，隶属绥宁省政府，同年10月，隶属牡丹江行政督察专员公署。1947年8月，隶属牡丹江省政府，1948年7月，隶属松江省政府。

1946年1月28日11时，宁安县第一届临时参议会在宁安开幕，参会议员97人，他们都是经过人民民主选举代表了全县（含海林）30万各阶层人民共商国家大事，这在宁安历史上是空前的。会议选出颜志、谭文邦、王树本、刘英、张庆林、杨锦、张维国、胡成梁、张坚、金镇浩、杨际春等13人为主席团。会上，宁安县革命民主政府副县长王树本报告了3个半月县务工作及今后施政纲要。1月29日，会议选举颜志为宁安县临时参议会议长，张庆林为副议长，选举产生了宁安县民主政府，王树本当选为县长，还选出政县府执行委员关连瑞、张连明等17人。会议一致通过了《国民三十五年度宁安县施政纲要》，通过了《分配敌伪土地条例》和《优待人民自卫军军人家属决定》等项议案。

1946年4月,在张闻天领导下,宁安县民主政府颁发了《关于区乡街村各级政府暂行组织条例》。《条例》指出:"本县自工作团下乡后,在敌伪土地分配运动中,根据民主自治的原则,已初步建立了区乡级政府。"为使区乡政府的组织大体一致,以发挥其工作效能,《条例》明确规定:"区政府为县政府与乡政府之间的中间组织,区设区长1人,下设保安、民政、经建、教育、鲜政五个助理员,分担全区各项事项,并设秘书一人,协助区长进行日常工作","乡政府为民主政府的基本组织,乡(街)政府设立乡(街)长1人,下设保安、民政、教育、经建、鲜政、优待六个委员,乡长下设文书一人,除乡(街)长及文书外,其他委员均为不脱离生产之义务职"。

至1946年7月,宁安县民主政府辖6个自治区。1946年8月,成立新海县,原宁安县所辖四、五自治区划归新海县。1947年5月,成立镜泊县,原宁安县所辖三、六自治区划归镜泊县,镜泊县设在世环镇。1948年8月,镜泊县合并于宁安县,两县合并后的原12个区并为9个区。

二、村级政权组织的建立

1946年1月,在反奸清算分配敌伪土地工作团下乡村开展工作后,伴随自治区之设置,根据民主自治原则,颁布了《宁安县地方自治工作委员会之设置纲领》。规定自治区之街村设自治工作委员会,自治会由居民公选5名委员组成,委员中公推主任1人,在街村公所办公,直接监督街村一切行政事务之处理。

4月前后,宁安县曾开展过建立村级政权工作,张闻天亲自制定了《关于区乡街村各级政府暂行组织条例》,其中第三条明确规定:"村为乡的组成部分,为乡政府工作的便利计,村设村长1人,村内分间,间内分组,间设间长,组设组长,均不脱离生产"，这个规定在当时宁安部分村屯得到了贯彻实施，但到后来全面开展土地改革运动时，被运动中出现的农会组织所取代。

同年4月初，制定的《宁安县农会简章》明确规定，本会以团结农民、保护农民利益为宗旨。县农会执行委员会为最高权力机关。村农会由全村农会会员大会选出执委常委会，由7—9人组成，执委会中推选产生常委会，常委会设正、副主任各1人，大屯设分会，选举3至5人组成分委会，设主任1人。小屯设小组，推选组长1人。该《简章》经县第一次农民代表大会通过后实行，各村农会普遍建立，在土改运动中发挥了重要作用。

1947年11月，宁安县土地改革运动即将结束，广大农民已经翻身，当家作主，农村基层政权组织的建立已具备条件，中共宁安县委、县民主政府组织了农村建政工作组，在二区温春各村先行试点，1948年1月3日进行了总结，8日在全县各区全面铺开。

宁安农村建政工作主要分5步进行：一是宣传动员。建政工作开始就进行了深入宣传发动，让农民认识到，对地主富农实行专政，剥夺他们的政治权利，巩固劳动人民的永久利益。通过宣传教育，打消了干部、群众中的一些不正确的思想。二是进行公民登记。审查公民权，严防坏人钻空子，操纵政权。成立村民小组，以小组为单位进行登记，然后经过严格审查后张榜公布，并将"榜"分为红、黄、白三种，红榜为贫雇农，黄榜为中农，白榜为地主富农。规定红、黄榜有公民权，白榜无公民权。三是进行选举。采取无记名投票法选举，选出人民代表，成立选举委员会主持选举工作。四是召开代表大会。正式代表选出后，召开村代表会，选举村政府委员会，组成村政府。五是召开群众大会，张榜公布，披红办秧歌，宣誓就职，布置以后工作征求群众意见。

至1949年3月，宁安县177个村屯完成建政工作，各村均已建立起新政权,农会停止了活动。

第四节　建立人民军队,开展剿匪斗争

抗战胜利后,党中央提出了"向南防御、向北发展"的战略方针。为建立巩固的东北根据地,先后派出11万人的部队和2万名干部开往东北。作为北满最基本根据地的牡丹江、宁安地区当时的形势非常严峻,"反动力量三四倍于我们""反动势力占绝对优势""形成或者我们把土匪打掉,或土匪把我们打掉的局面"。东北光复后,宁安一带匪患猖獗,共有大小匪徒10多股,主要分布在宁安南部、西北部和东部地区。其中盘踞在宁安南部的郑云峰、马喜山匪部约4 000人,危害最大,他们截断了南北交通,策划暴乱事件,骚扰、残害我军民,并扬言:先攻东京城,再逼宁安城,打进牡丹江,活捉李司令(牡丹江军区司令员李荆璞),反动气焰十分嚣张。为打开被土匪包围的局面,中共牡丹江地委决定,以原警卫团、十七团组成第三支队,随张闻天前往宁安,刘贤权率牡丹江军区第四团去东京城开展工作,牡丹江地区由张闻天负总责,牡丹江地委书记李大章具体抓。

日本战败投降后,东京城地区的开明士绅、地主自发地组织起一支自卫的队伍——民团,共计1 800多人。士兵大都来自贫苦百姓,团长陈恩普是个有正义感的进步人士。虽然这个团成立不久就被收编为牡丹江军区四团,但并未从组织上、思想上对其进行整顿和改造。1946年1月4日,遵照张闻天的指示,刘贤权率领从延安来的邹世环、闫玉森等人,前往东京城民团做教育改造工作。刘贤权成立了东京城司令部,指挥四团剿匪。由邹世环任四团政委,加强了对该团的改造工作,进行了政治教育,整顿了作

风纪律，处决了反动的营长，还进行了一些应急的军事训练等，提高了部队的战斗力。

1945年12月，东北人民自治军牡丹江军区第三支队在宁安组建警卫团。全团战士是来自宁安军政干校的大批青年学生，多数为林业工人、矿工，部分是伪满时的劳工和当地的贫苦农民。连职以上的干部，三分之一是从老根据地派来的干部和抗联干部。警卫团全团2 000人，下设参谋处、政治处、后勤处。编制为"三、四制"，设3个营（其中第三营的指战员都是朝鲜族），每个营设4个连。团直属有炮兵连、重机枪连、侦通连（骑兵）。该团并配有平射炮2门、迫击炮4门、重机枪6挺，装甲车2辆。同时，在宁安组建了牡丹江军区第十七团。十七团设有参谋处、政治处和后勤处。该团团编制为"三三制"，下辖3个营，每个营下辖3个连。第三支队司令员肖荣华，政委谭文帮（亦称肖谭支队），政治部主任颜江童，三支队司令部机关驻宁安。

1946年2月，在张闻天急电下，东北民主联军吉黑军区，派所属主力部队海军支队近3 000名指战员到达牡丹江地区，编为第二支队。司令员田松（亦称田松支队），政委李伟。

驻宁安的剿匪部队除牡丹江军区第四团、肖谭支队、田松支队外，还有牡丹江军区十八团三营及教导队。

宁安的剿匪斗争大体经历了清剿土匪主力（1945年12月至1946年3月）和清理残匪（1946年4月至1947年2月）两个阶段。

1946年初，根据张闻天的指示和中共牡丹江地委的剿匪战略部署，我军打响了南攻北守的第一战役。

1946年1月22日，牡丹江军区第四团在刘贤权、陈恩普、邹世环指挥下，在马莲河与马喜山匪部展开激战，经过一天的战斗，消灭敌人300余人，俘敌百余名，逃跑之敌又遭四团三营伏击，马匪又死伤百余人。当晚，我大部队返回营地。

遭到重创的马喜山匪部不甘失败，伺机报复，于1月23日凌晨，率领匪一、二团以"机车碉堡"（在火车的车板上围砌枕木、沙袋等做成掩体）为掩护向马莲河车站和村子发起正面进攻，匪三团在刘德胜指挥下，从侧面进行夹击。当时驻守在马莲河的四团剿匪部队只有二营的一个排，时任牡丹江军分区宁安四团政治委员的邹世环（邹世环，江西省瑞金人，1933年，参加工农红军经历过长征，1935年，加入中国共产党，历任政治指导员、组织干事、政治教导员、股长等职务。1945年，"八一五"光复后，由延安被派往东北，任牡丹江军分区宁安四团政治委员）就在该部队，他指挥战士们凭借城墙进行了1个多小时的英勇抗击，打退了土匪多次进攻，终因寡不敌众而撤出马莲河。在这次斗争中，邹世环和十余名战士壮烈牺牲，战斗中也击毙了一些土匪，匪二团一营营长董启贵被击伤后死在鹿道（为了纪念邹世环烈士，宁安县于1946年8月12日，将东京城镇改为世环镇）。

侵占马莲河子车站后，马喜山又于当天午夜率100名匪徒偷袭了光明村。当时，驻守光明村的剿匪部队是牡丹江军区第四团三营，教导员李成根和陈营长带领三营指战员在光明村南山阻击马匪，多次将铁道东侧小树林子的马匪击退，战斗持续了两个小时左右。黎明时，在三营一连叛变分子的策应下，马匪进了北门，抢占了中心炮台，将四团三营营部和连部包围，副连长李双发英勇牺牲，教导员李成根、警卫员吴连贵惨遭杀害。马匪在光明村得手后，更加利令智昏，决定马上进攻中马河村，然后夺取东京城，后被我军一一击退。

27日，被击退回到鹿道的马喜山奉郑云峰之命，率部由鹿道出发，妄图攻占东京城，实现在东京城过春节的美梦。马匪以一、二团和郑云峰的守卫营担任正面（南面）主攻，西面是白荣祥的匪队,三团在东京城东南的苇子沟设伏,企图切断四团后路。得到消息后,刘贤权立即进行了周密部署,把部队埋伏在马莲河与大荒地之间的日本开拓团旧房框里。当匪军刚一接近有效射程的前沿阵地时,四团各种火力一起射向敌人,打得敌人抱头鼠窜,几股顽匪在马喜山的指挥下虽然发起了几次强攻,都遭迎头痛击,战斗进行3个多小时,打退了敌人的多次进攻。狡猾的马匪怕吃大亏,下令匪徒撤到小三家子一带,天黑后,马匪逃到鹿道老巢。马莲河之战狠狠地打击了土匪的嚣张气焰,肃清了东京城附近的土匪武装,稳定了东京城的局势。

1946年2月15日,田松支队二支队一团、二团三营、支队警卫营和牡丹江军区第四团一部,在谭文帮率领的三支队宁安警卫团的配合下,从宁安出发,向盘踞在宁安南部的鹿道、老庙、春阳、镜泊湖一带的郑云峰、马喜山和王清、孟昭志匪部进剿。

出征剿匪的指战员冒着零下三四十摄氏度的严寒,踏着没膝的积雪,攀登于崇山峻岭之间,步履艰辛迤逦前进,帽沿渗出的汗水结成冰凌,眉毛胡子挂满白霜,经过10小时行军,于16日拂晓抵达匪巢鹿道,参战部队部署完毕。

这是一次关键性的战斗。战前经过周密的侦察和认真的研究,支队首长决定采取"声东击西"和"猛虎掏心"的战术,配合二支队作战的宁安警卫团和军区第四团各一部沿牡图铁路线正面佯攻,把敌人的注意力吸引到东京城一带,并在通往老松岭的铁路两侧设伏。主力部队则穿越原始森林,从侧面迂回,直捣敌人的老巢——鹿道。

二支队一团的任务是切断敌人与春阳的联系,出其不意实施突击,从背后直插鹿道。由一营担任主攻,三营和其他部队担任打援和预备队。

进攻的命令刚一发出,一营担任一梯队的一连和二连在营长季忠明、教导员李高升指挥下像两把锋利的钢刀,飞快地向鹿道插去,很快占领了前沿阵地。此时,一团三营和二团三营以及宁安警卫团的两个连迅速占领了东山、南山阵地,做好了掩护和打援准备,宁安警卫团的两个连也从西面和北面做好了战斗准备。

当一营一、二连刚接近敌人营房时,碰上个披着大衣出来解手的匪徒,他一抬头猛然看见战士们端着明晃晃的刺刀冲到眼前,吓得扔掉大衣往回跑,大喊:"不好了,共军来了!共军来了!"几个战士立即举枪将其击毙,枪声一响,敌人顿时乱了营。这时,在山头上掩护的轻、重机枪火力齐发射向敌人,整个鹿道枪声大作,杀声震天。一个拿十四式手枪的敌人刚一露头,一连副连长周天林手疾眼快,立即端起九九步枪,一颗子弹击中那个家伙的脑袋。由于天气太冷,有的战士的步枪打不响,有的战士手指冻得勾不动扳机,他们就用牙齿咬开手榴弹盖,把一颗颗手榴弹扔进敌人屋里,炸得敌人鬼哭狼嚎,血肉横飞。残存的敌人,有的从后门逃跑,有的举手投降。战斗不到半小时,战士们就占领了敌人的一大片房子,到屋里一看,敌人准备正月十五早晨吃的饺子还原封未动的摆在那里。

战斗展开时,南面宁安警卫团先头小分队派人冒充马喜山匪部送信人员,因而顺利地接近了车站区敌人哨兵,缴了敌哨的械,熟睡的敌人大部分被堵在屋里,李匪遭到突如其来的袭击,无力抵抗,在险遭被俘的情况下,仅带10多人夺路向西南逃窜,其余土匪大部分就擒。

当二支队一团一营一、三连继续向纵深发展时,遭到敌人的顽强抵抗,密集的子弹像冰雹一样向战士们打来,封锁了一、二连前进的道路。季忠明营长令一、二连各用一个排从正面牵制敌人,其他排从左侧的河道和右侧的凹地向敌人冲击。突然,东山上一个事先未侦察到的敌碉堡开了火,几个战士倒下去了,季营长急令二连长张世藩立即派人去炸碉堡。这时，肖永志副团长和王茂才副政委也带重机枪连上来了，可是一挺重机枪刚打了个点射，射手就牺牲了，接替的副射手又负了伤。跋在地上的掷弹筒射手小刘支起小炮就向敌人发射，刚打了一发，被一颗敌弹击中头部。一连副指导员李绍喜举起步枪刚要射击，右臂便负了伤。李高升愤怒地一跃而起率战士们向前冲去，但敌人又从红房子射击出的子弹像雨点一样落在十几个战士的身上，前进再次受阻。肖永志命令部队暂停攻击。从俘虏口中得知，前面的红房子是郑云峰的司令部，里面尽是些狡猾顽固的惯匪。团部仔细研究了一下敌情和地形，遂命令二连从正面进攻，吸引住敌人的火力，一连从右侧上去爆破。

李高升命令二连长张世藩把全连的机枪都集中到正面，一齐向红房子猛烈射击，让战士们大喊："冲啊！杀呀！"这招果然很灵，敌人把所有的火力都射向二连。这时，周天林乘机抱起炸药包，从侧翼飞快地向红房子跑去，当快接近墙角时，被敌人发现，子弹立即向他射来，周天林一下子扑倒在地。战士们准备第二次爆破时，只见周天林身子一动，一跃而起，几步蹿到红房子脚下，右手一拉，炸药包"嗤"的一声冒出了黑烟。周天林就地一滚，栽在旁边的水沟。只听"轰"的一声巨响，震得整个山谷都颤抖起来，部队趁势冲了上去。红房子被炸开一角，房盖塌落下来。匪徒们有的被埋在碎砖瓦下面，有的遍身血污躺在地上，有的哆哆嗦嗦举起双手投降。这时，一个身穿黑棉衣、头戴狗皮帽子，满脸灰尘的老土匪弯着腰，耷拉着脑袋，举起双手，跟着一串土匪从红房子里走出来。一个专门用来辨认郑云峰的俘虏对肖副团长说："他就是郑云峰。"肖永志走上前去，用驳壳枪狠狠地敲了一下郑云峰的脑壳说："你这个罪大恶极的家伙，末日到了！"随即命令战士们把他押了下去。

战斗接近尾声时,季忠明营长指挥肃清残匪,在穿过一条街道时,被残存在东山(北方向)碉堡中的匪徒冷枪击中颈部,负了重伤(后转到东京城医院救治时不幸牺牲)。我军用四门山炮只发射了两发炮弹,山顶上的残匪便狼狈逃窜。

鹿道大捷,取得了讨郑、马战役的决定性胜利。5月30日,宁安县军民召开万人公审大会,经公审判处宁安地方匪首、国民党滨绥图佳先遣军少将司令郑云峰极刑,立即枪决。

至1946年3月4日,南下剿匪部队共进行大小战斗21次,歼敌2 000多人,解放了23个村屯、5万群众,基本剿灭了南部匪队。3月16日,宁安南面剿匪胜利结束,地方部队自3月14日起进行北面战斗,于27日胜利结束。从1946年4月开始进入肃清残匪的阶段。6月至7月间,残存的马喜山匪部先后血洗沙兰镇,制造了骇人听闻的"阿堡河子事件"。偷袭芦家屯,惨杀我军指战员40余人。为彻底肃清这股残匪,二支队在马匪流窜的三块石、杨胖子沟、芦家屯、三陵屯等地先后与其展开激战,给予其重大杀伤。同时,我军采取分片包干的办法,先后派出精悍的小分队在宁安虎头山、簸箕掌等地进山搜剿其余残匪。至1947年2月,经历了一年多时间,在中共宁安县委领导下,在全县人民的支持下,军民团结一致,彻底消灭了宁安境内的大小股匪队。匪首马喜山于1950年6月被汪清县公安局捕获。1951年1月7日,转押宁安县公安局。3月15日,在宁安县朝中广场举行万人公审大会,将马喜山验明正身,押赴刑场,执行枪决。

宁安剿匪斗争的全面胜利,为全县开展反奸清算土地改革运动、建党建政、组织群众武装、建立巩固的革命根据地创造了条件,稳定了宁安局势。

第五节 分配敌伪土地，进行土地改革

一、反奸清算，分配敌伪土地

1945年12月25日，在张闻天领导下，成立了宁安县"反奸清算工作团"，有70多名机关干部、革命青年参加。张闻天对他们进行了集中短期培训。1946年1月4日，分成3个工作团，分别到江南、石头站、平安、兴隆、兰岗等村屯。主要任务：宣传国共两党的性质和主张，宣传减租减息和无偿分配敌伪土地政策，宣传保护日伪遗留的财物，了解土地占有状态和日伪残余及封建势力的动态等。

1946年1月18日，张闻天针对宁安的情况，提出《关于处理满拓地、开拓地的意见》，并向中共中央东北局和北满分局发了电报。之后，在充分调查研究、摸清情况的基础上，张闻天亲自拟订了宁安县《敌伪土地没收分配条例》，并在1946年1月29日的宁安县临时参议会通过，由宁安县民主政府颁发实施。《条例》明确规定："没收日本侵略者强占的一切土地（包括开拓地、满拓地、军用地），没收罪大恶极的汉奸、韩奸的土地，凡属汉族的私有地、朝鲜族自由买卖所得的土地均承认其所有权，敌伪土地占用地没收后，全部按人口统一分配给贫苦农民。"

1946年1月下旬，宁安驻石头站十七团三营内出现叛徒，扣押了我土改工作团第二团团员2人，时任二团副团长的杨思严前往石头站解救被扣工作团员时，被叛徒冯振铎枪杀，遇害时年仅27岁。当地人民为了纪念杨思严烈士，将石头站改名为石岩村和石岩镇，一直保持至今。杨思严被害后，张闻天即改变计划，决定工作团于1月底暂时撤回宁安县城总结。

1946年2月初，张闻天在宁安又组织了250多人的"反奸清算分配敌伪土地工作团"。张闻天亲自任总团长，下设6个工作团，于2月10日第二次下乡，主要任务是建立区、乡政府，开展反奸清算、减租减息、无偿分配敌伪土地。到1946年3月底，宁安全县共分配敌伪土地67 404垧，分配到土地人口102 100人，平均每人分地6.6亩，满足了贫雇农的要求，胜利完成了分配敌伪土地的任务。

张闻天提出的关于没收满拓地、开拓地分配给无地少地的农民的政策主张，在1946年3月20日，中共中央东北局《关于处理日伪土地的指示》中作了正式规定。宁安县分配敌伪土地经验，由延安新华总社于1946年4月26日向全国解放区播发。新华社还转发了《牡丹江日报》3月21日关于宁安县分配敌伪土地工作的报道。

二、开展土地改革运动

1946年5月4日，中共中央发出《关于清算减租减息及土地问题的指示》，强调："土地问题是我党目前最基本的历史任务，是目前一切工作的最基本环节。"

宁安在完成分配敌伪土地后，从5月开始至6月间成立清算委员会，组织工作队开始反奸清算运动。7月，中共合江省绥宁分省委派土改工作团进入宁安，以现今渤海镇为基点，在东片发动群众，掀起土改运动的高潮，至1946年12月中旬基本结束。从8月中旬开始，宁安工作团开始在三区的双庙子、白庙子村进行分地试验。9月，工作团先后在南大庙、博力哈达、东和屯、太平沟、大荒地、上马河等地发动群众，清算分地。11月，宁安清算分地斗争扩大到其他地区，工作团重新调整划分了工作区域，全县未开展清算分地斗争村屯也迅速开展起来。

1946年11月，中共中央东北局发出《关于半生不熟的问题》的指示。12月，宁安工作团组织力量在宁安的中片和北片开展了煮"夹生饭"运动。1947年7月，中共中央东北局发出《关于挖财宝运动》的指示。中共宁安县委部署开展了砍倒大树深挖底财的工作（群众叫"砍挖"运动）。20日，宁安县"砍挖"运动开始，1947年10月，中共中央公布《中国土地大纲》后，土改进入平分土地阶段，宁安县土地改革运动到1948年3月结束。全县共斗地主、富农、恶霸845人，全县80%以上的农户参加了农会，587人参加了民兵自卫队，广大贫苦农民获得了1 351间房子、38 335件衣服、856 900多斤粮食、3 729 256元东北币，分得大牲畜1 597头、农具1 802件、大车2 012辆，分得土地28 276垧。

1948年2月，中共中央东北局发布了《关于平分土地运动中几个问题》的指示。4月，中共宁安县委召开会议，部署土改后的纠偏工作。到1948年秋全县纠偏工作结束，共纠正错划错斗的中农384户，同时将侵犯的财物退还原主，使土改运动中造成的打击面过宽的问题得到了解决。

宁安县的"土改"运动历时两年多的时间，彻底废除了封建、半封建的土地制度和剥削制度，推翻了封建地主阶级及日伪残余势力的统治，使农村社会制度、政治制度发生了根本的变革。广大贫苦农民群众在政治上、经济上真正彻底翻了身，掌握了印把子。广大农村普遍建立了基层党的组织和政权组织，中共宁安县委和县民主政府在土改运动后引导广大农民走上了互助合作的社会主义道路。广大农民在党的领导下积极投入生产，为支援全国解放战争做出了重要贡献。

第六节 巩固根据地,支援全国解放战争

一、党领导下的群团组织的建立

在中共宁安县委的领导下,经过宁安东北民主大同盟的发起和筹备,1946年1月16日,召开宁安县第一次工人代表大会,全县各业工人包括印刷、铁工、泥工、靴工、理发、制革、成衣、杂工、店员及失业工人代表300多人出席大会。会议选举产生了宁安县总工会(当时称宁安县城总工会)执行委员会,选出执行委员21人,柳长青当选为执行委员会委员长。1948年1月,委员长改称主席。中共宁安县委副书记林纳兼任县总工会主席,李振任副主席。

1946年1月,在中共宁安县委领导下,选举产生了宁安县民主妇女联合会,孙平任宁安县民主妇女联合会主任,张坚任县妇女联合会副主任。1949年7月宁安县委副书记安善平(男)兼任宁安县民主妇女联合会主任。

1946年1月,宁安县总工会成立不久,在宁安东北人民民主大同盟青年联合会的基础上成立了宁安县青年联合会。1949年4月23日,根据中共中央关于建立中国新民主主义青年团的建议,在中共宁安县委领导下,成立了中国新民主主义青年团宁安县筹备委员会,县委组织部长李黎任筹备委员会主任委员,宁安联合中学校长邓桂生任副主任委员。9月,中国新民主主义青年团宁安县筹备委员会改为工作委员会,青年团宁安县委员会下辖第八中学(由原宁安县联合中学改为松江省立第八中学)团总支和25个团支部。

二、培养输送干部

1945年10月,中共牡丹江地委委员张静之在宁安组建了东北合江军政大学宁安分校(后改为宁安军政干校),张静之任校长,胡成梁任教务长,杨殿基任政治部主任。由宁安东北人民民主大同盟出榜招生,1945年10月10日开学,招收的290多名学员全部实行供给制,按军事编制分为两个区队。学员们学习3个月毕业,全部被分配到部队当班、排、连长和县、区政府干部。1946年初,宁安军政干校改为牡丹江军区教导队。第二期学员从军队选拔,根据需要随时充实到部队、工作团或政府部门。1946年9月,宁安军政干校合并于绥宁省军区干部学校,校长田松,政委李伟。

1945年12月,张闻天到达宁安后提出:学延安的办法,举办行政干部训练班,并确定以有文化的爱国青年为主要培养对象。根据张闻天的指示,在东京城创办了牡南军分区军政干校,闫玉森任校长,刘贤权任政委。当时招收五六十人,男女兼收,女学员有五分之三,后因形势紧张,该校仅办了3个多月便停办,学员都充实到部队。

1945年12月,张闻天刚到宁安时,发现中小学校校舍全部遭到破坏,仅有几家私学馆。为了教育失学儿童和青年,张闻天积极领导筹备学校复课,办起了临时两级中学、女子中学等。在学校复课前,他组织各校教师办短期训练班,并亲自辅导,对恢复和发展宁安教育事业起到了有力的推动作用。

1946年3月4日,由张闻天提议创办的新型学校——宁安学院举行了开学典礼,学院由县民主政府县长王树本兼任院长,杨锦山任副院长,谢志一任学院主任。宁安学院共设高中5个班、初中6个班、文史专修部1个班,共有学员500人左右。学校开设文化课、政治课、历史课、音乐课。每周党政军领导都到校作报告。张闻天也亲自到校讲课。1946年夏季，形势紧张，城里学校接收伤员，宁安学院大部分学员参加了党政军工作，1946年6月学院停办。

三、开展农业大生产运动

1946年4月3日，中共宁安县委、县民主政府组织召开第一次农民代表大会，县委书记富振声向大会作了开展春耕生产的动员报告，号召农民多种地、多打粮，支援解放战争。县委、县民主政府还为积极促进春耕、发展生产发放了春耕贷款。

1947年2月，东北行政委员会"关于开展农村生产运动的指示"发布后，宁安县农业大生产运动进一步开展起来。6月初，中共宁安县委、县民主政府隆重召开了由500余人参加的劳模表彰大会。9月，县委向各区、村发出通知，要求认真组织秋收，耙秋地，开秋荒。年末，全县胜利完成了公粮任务。

1948年4月，中共宁安县委召开会议，部署了土改后的农村工作，提出土改后农村的中心任务是教育广大农民走大家共同富裕的社会主义道路，组织农业生产互助组（即以自愿互利为原则，以插犋换工的形式组织起来，共同劳动，土地和其他生产资料仍归农民个人所有）发展农业生产，为解放全中国在人力物力上继续支援人民解放战争。

1949年8月，中共宁安县委认真贯彻中共中央七届二中全会精神，集中力量抓经济建设，以农业为基础，加强互助组，发展合作社，掀起了农业大生产运动的新高潮。当年全县农业人口为11.8万人，148个村共有农户27 783户，参加临时互助组的2 077户。全县耕地面积为107.3万亩，有大牲畜20 101头，粮食总产量10 836万斤。

四、恢复和发展私营工商业

抗战胜利后,日伪时期在宁安形成的财阀巨商垄断和外商渗透控制市场的局面被彻底打破。1945年9月15日,宁安苏联红军司令部重新组织宁安县商会,宁安商会成立后,各手工作坊开始营业。11月,宁安县革命民主政府成立后,一些较大的企业和商号组合被接收变为公有,开始建立了国营工业。

1945年12月,张闻天来到宁安后,成立了由宁安县革命民主政府管辖的地方银行,印发只在宁安县境内使用的地方流通券(1946年3月停止使用),对恢复和发展宁安经济起到了积极的作用。

1946年,按照党在解放区的"发展生产、繁荣经济、公私兼顾、劳资两利"的方针,宁安县革命民主政府采取动员、贷款扶持、定额税收等措施,促进了私营工商业的发展。组建了宁安县贸易公司,掌握着人民生活必需品的粮油、棉布以及日用百货等重要工农商业资源,发挥了主渠道作用,保证了物价的稳定。

此间,不仅原有的私营工商业户扩大了生产经营规模,而且有些居民和旧社会机构解体后的浮动人员也加入了私营工商业行列,使得私营手工业也迅速发展起来,对繁荣市场,满足城乡人民生产和生活需要起到了积极的作用。

在解放战争时期发展起来的宁安工商业,为发展宁安经济,改善人民生活,支援全国解放战争做出了重要贡献。据统计,1948年9月,在军鞋代金征收工作中,宁安私营工商业总户数有1 035户(其中商业666户,工业369户),实际负担该任务的户数为853户(商业549户,工业304户),纳税额达131 864 000元(东北地方流通券),有力支援了全国的解放战争。

五、参军参战，支援前线

分得土地翻身作主的宁安县农民为保卫胜利果实，踊跃参军参战。据不完全统计，在1946年至1953年的解放战争和抗美援朝战争中，宁安有8 000多名英雄儿女参军参战。1947年，随着土改运动的深入和东北战争形势的变化，宁安参军参战工作形成了群众性运动。不少干部带头参军，送子送夫参军的佳话不胜枚举。8月13日，各区干部会议上提出征1 000名新兵的任务，结果在短短的18天里，报名参军者达1 700人，经过几次筛选，最后入伍者960人，其中干部带头参军者就有65人之多。有一位农民把自己的5个儿子全部送部队参军。据不完全统计，1947年到1948年间，宁安县先后有3 348名青年参加了中国人民解放军。

为支援前线战争，1947年宁安县委、县政府先后3次组成战勤大队去辽宁支前。同年夏，组成的西丰战勤大队800人，共出80副担架、18辆大车，副县长王鸣村任大队长，秋天返回宁安。1948年，为支援辽沈战役，宁安组成1 100人的战勤大队，徐波任大队长，出动担架100副、大车110辆。据不完全统计，1947年和1948年两年，宁安共有2 400人出战勤，宁安战勤人员一直士气高昂，情绪饱满，多次受到上级表彰。东北全境解放后，曾获锦旗多面。宁安人民在县委、县政府的领导下，为解放战争的胜利做出了应有的贡献。

第五篇 ★ 建党、建政，宁安各项事业得到恢复与发展

第十二章　建立党政机构，经济社会得到恢复与发展

（1949-1956）

第一节　党政机构的建设及其工作的开展

中华人民共和国成立不久，中共宁安县委领导全县人民开展了抗美援朝运动，开展了"三反""五反"运动。遵照过渡时期的总路线，在发展互助合作、实行粮食统购基础上，贯彻落实党和国家大政方针，推动了"一化三改"工作任务的开展，于1956年1月全面完成对农业、手工业和资本主义工商业的社会主义改造任务，也向逐步实现国家社会主义工业化进军，工农业生产有了很大发展。1956年，工农业总产值5 180万元，为1949年的2.09倍。

一、党组织的建立与发展

1949年10月，中共宁安县委下设县机关、供销社2个直属党委、9个区委。1950年，撤销县委秘书室，成立县委机关。1954年，成立县委监察委员会。1956年5月，县委下设：县委办公室、组织部、宣传部、农工部、财贸部、监委。下属有2个党

组，20个党委。

二、党员代表会议

中国共产党宁安县第一次党员代表大会于1951年11月20日至11月23日召开。会议选举第一届委员会委员11人、常务委员5人，选举安善平为书记，关慈为副书记。通过了《贯彻整建党方针的决议》和《保证完成国防生产和经济建设任务的决议》。

三、党员

1948年11月，党中央对东北地区建党问题作了指示，要求已建立支部的地方，发展党员改为个人向党支部申请，支部大会通过，报上级党委批准。1951年11月，中共宁安县第一届党员代表大会召开期间，全县已发展党员1 539人。

四、党领导下群团组织制度的建设及其工作开展

妇女团体：1945年8月宁安解放，成立宁安县妇女协会。1950年1月召开全县第一届妇女代表大会，选举产生县民主妇女联合会，下辖9个区民主妇女联合会。1956年11月，遵照中国妇女第三次代表大会决议，县、乡民主妇女联合会改名为妇女联合会。1950年第一届妇女代表大会后，举办了第一次妇女培训班，提高了农村妇女工作者的思想与工作水平。1951年宁安县民主妇女联合会组织全县妇女参加战勤支援抗美援朝，写慰问信46 100封，做军衣2 166套，106名女青年参军，捐款170万元。

共青团：1949年4月23日成立新民主主义青年团宁安县筹委会，9月，筹委会改为工委会。1950年，工委会改称中国新民主主义青年团宁安县委员会，在9个行政区设9个团委。1955年，将

区委工作委员会名称统一按地名称之。1956年7月1日在宁安、世环镇等4个镇设团委会,在江南乡、沙兰中心乡等48个单位设总支委。1950年团组织动员团员青年积极参加抗美援朝,参军参战837人,出担架队832人。1952年参加"三反""五反"运动的团员388人、青年751人。1955年,农村青年积极参加扫盲工作,有青年7 500人、团员2 250人参加。1956年,全县团员青年开展植树活动,共植青年林12 459公顷。

六、政府的建政建制及职能建立

1949年10月1日,宁安县民主政府改为宁安县人民政府。下设秘书室、民政科、财粮科、公安局、教育科、农业科、武装科、商业科、税务局、工商科、贸易公司、林政科、交通科。1951年增设水利科、广播站。1952年增设统计科、卫生科、国民经济计划委员会、监察委员会,林政科改称林业科。1953年,交通科改为公路科,撤销教育科改建文教科,撤销财粮科分建为财政科和粮食科。1955年4月3日,县人民政府改为县人民委员会,增设人事科、地方工业科,公路科改为交通科。1956年,增设劳动科,粮食科改为粮食局,地方工业科改称工业科。

七、"三反""五反"运动的开展

1951年末和1952年初,党中央指示在国家工作人员中开展"反贪污、反浪费、反官僚主义"和在资本主义工商业者中开展"反行贿、反偷税漏税、反盗骗国家财产、反偷工减料、反盗窃国家经济情报"的"三反""五反"运动。县里成立了"打虎队""爆炸队"作为运动骨干。县委、县政府抽调110名干部,分小组深入各区、村进行宣传发动工作,运动中共有115名干部受到纪律处分,16名干部受到刑事处分。

第二节 经济关系的理顺与生产的恢复

一、"一化三改"任务顺利完成

（一）农业社会主义改造

互助组的建立。1948年2月，宁安县在蛟龙洼子屯建立起全县第一个农业互助组，之后逐步向全县农村推广。到1951年，全县共有互助组2 298个。其中，常年三大季节组1 379个，临时互助组919个，参加互助组的农户13 863户，形成了农业生产作业互助的大气候。

初级农业生产合作社的建立和发展。1952年春，宁安县在东京城于家村建立起第一个初级农业生产合作社，称"镜升合作社"。当年全县初级合作社发展到5个，入社农户182户。本年12月，省、县在团山子（今团山子村）试办集体农庄，成为省内第一个集体农庄。前提就是因为团山子在建立农业互助组后农民发展生产的热情高涨，为了推进大面积的机耕作业，请示县委提出整合土地和互助组，适应引进大型农业机械化作业。适逢省委下派干部、剧作家李悦之（南方人）到宁安县和团山子体验生活之际（李悦之被省委任命为中共宁安县委副书记和团山子党支部副书记），李悦之代表宁安县委报请省委批准后，组建成立了"团山子集体农庄"，成为当时农村农业发展生产的先导和一面旗帜，还拍摄专题片在各地播放（李悦之由于对在团山子村工作这段经历的留恋，后来在他病危期间向组织提出自己心愿是死后葬于团山子的请求，得到组织批准，死后葬于团山子南山，团山子村百姓为其修筑了高规格的墓地，至今团山子村委会仍安排人对该墓地进行经常性的维护，保持其完整）。

农村初级农业合作社快速发展。1955年冬，全县初级农业合作社发展到337个，而且还发展了1个高级农业生产合作社，入社的农户26 824户，在全县宣布了农业实现半社会合作化。

高级农业合作社的建立。在初级社的基础上快速向高级社进军。1956年3月末，全县除团山子集体农庄外，又在初级社的基础上，建立起284个高级农业生产合作社，入社农户29 066户，全县累计入社农户比例达90%以上，农业合作化生产全面普及。此阶段的农业生产主要是以粮食为主的传统农业生产，并且限于当时生产力水平，粮食产量多数品种每亩仅为几十公斤。

（二）工商业的社会主义改造

手工业社会主义改造。1956年1月在原来的私人工业和手工业中，改造为公私合营工厂的有新生印刷厂等5个厂，后过渡为国营工业，余者组成28个手工生产合作社。

工商业社会主义改造。1956年1月完成对资本主义所有制的改造任务。全县城乡813户1 157人的私人商业中，应参加公私合营的261家，477人全部参加了公私合营，私营商业公私合营后共建立23个公私合营企业。

二、公有制工业的兴起拉动商贸事业发展

1946年，宁安有私人企业、手工业193户，到1956年初，除粉厂、酒厂、油米加工厂等大型工厂变为国企外，私人工业发展到428户，从业人员797人，在社会主义改造高潮中，全部走上了合作化道路。国营工业在社会主义改造后增加了酱菜厂、制缸厂、被服厂3个国营企业，有5个公私合营企业也隶属于国营工业领导。工业产品由1949年的10余种发展到20多种，产品实施有计划的内供外销。

东北解放后，宁安县城有商业铺户557户，新华、裕东、增

兴三大企业和义发源、大德永、大同新等巨商、酒局、粮栈、大杂货店以及外商商号、金泽号等洋行、会社、组合被没收为公有。1953年开始对私营商业进行社会主义改造，逐步将资本主义所有制转变为社会主义全民所有制，私营商业公私合营后共建立23个公私合营企业。国营商业解放后在没收敌伪官僚资产经营的大德永烧锅基础上，组建了宁安县贸易公司。1952年宁安国营商业企业有百货、烟酒专卖、煤建、土产等4个专业公司，4个批发企业、4个零售商店和2个农副土特产品收购企业，分布20个经营网点，共有职工762人。1956年设立县商业科，专门负责全县商业工作，经过几次变革，于1984年改称商业局。

第三节　文化教育事业的普及和发展

　　宁安的教育事业历史久远，教学质量高，宁安出去的学生曾有"塔牌学生"之称。建国初期，宁安有小学290所，学生23 740名；中学有联合中学和朝鲜族中学2所，设初中、高中共15个班。1956年，海林并入宁安，全县小学298所，教师队伍1 171人，学生36 728名，中学增加到6所。1951年2月创建成立宁安师范学校，设初级师资班4个，教职员工13人，招收学员200人。

　　新中国成立初期，全县中、小学开展了爱祖国、爱人民、爱劳动、爱科学、爱公共财物的"五爱"教育。1952年开展了"因材施教""全面发展"的教育教学活动。1953年，中小学开展学习苏联综合技术教育，学习凯洛夫教育学，实行五级评分法。为加快普及农民文化知识，1949年全县80%的村屯办冬学，13 000多名文盲参加了冬季学习。1952年，县成立了扫盲委员会。1955年，随着农业合作化运动高潮的到来，农民向文化进军也形成了高潮，学习人数达到19 000人。1958年3月，全县扫盲达到脱盲标准，经国务院批准，荣获全国第一个扫除文盲的"文化县"称号。

解放初期，在党的领导下掀起新文化运动。新中国成立后，宁安文化事业已有初具现代规模的文化馆、图书馆、俱乐部、影剧院、电影公司、新华书店、文物保护单位和广播站等文化设施。形成了一支戏曲艺术、文学创作、美术摄影、民间文学、群众文艺、报刊通讯等创作队伍。1950年至1965年期间，配合抗美援朝、社会主义改造、合作化运动及总路线、"大跃进"、人民公社等中心工作，创作出歌剧、话剧、评剧、曲艺等文艺作品40余部。1953年至1956年，文化馆挖掘和整理出《龙灯舞》《小鼓舞》《长袖舞》等优秀的民间舞蹈，曾三次参加全国和省文艺会演，并获得演出奖和个人表演奖。

第四节　群策群力支援抗美援朝

1950年6月朝鲜战争爆发后，毛主席提出援助朝鲜解放战争的决定后，举国上下兴起了轰轰烈烈的"抗美援朝，保家卫国"运动。因为宁安县临近朝鲜半岛，在县委、县政府的领导下，举全县之力支援抗美援朝战争。

1950年，县委组织党员干部带头参军参战，11月4日，全县动员了第一批参军参战人员出国赴朝，有650人参加志愿军，1 601人组成战勤担架队，其中有党员26名，干部108名。全县支援抗美援朝捐献飞机大炮款400多万元。

1951年11月，全县派出第二批赴朝抗美援朝队伍824人，其中新兵252人、翻译172人、担架队329人、汽车司机（含助手、学员）和大车夫等71人。全县人民捐献"陈翰章号"飞机一架。是年，全县九个区成立卫生所，县城修建可容纳900人的医院，接收志愿军战地伤病员的休养和治疗，先后共接收伤病员1 200多人。12月28日，全县第一批抗美援朝战勤队胜利归来，荣获各种锦旗、奖旗118面。

  1953年5月，全县第三批抗美援朝战勤队650人，赴朝鲜修建机场和仓库。7月，全县抗美援朝战勤队全部凯旋。

  抗美援朝战争期间，全县团员青年积极参加抗美援朝，共计参加志愿军人数1 180人，出动战勤队、担架队2 651人。其中有106名女青年参加了志愿军。

  自抗美援朝开始至1958年，宁安县实施国际主义救援工作。1951年11月，全县接收安置近7 000多名朝鲜难民到农村各朝鲜族村屯参加生产，大屯安置40户，小屯安置15至16户。建立中、初等两个学院，安置800多名朝鲜孤儿就学。朝鲜战争停战协定签订后，这7 000多名朝鲜难民全部回国。1958年，朝鲜孤儿学院的孤儿返回朝鲜，他们在宁安居住学习长达8年之久。

第十三章 宁安社会主义建设全面铺开

（1957-1966）

第一节 生产建设"大跃进"

经过过渡时期的调整，宁安县在政治、经济、文化教育和社会事业等方面取得了一定的恢复与进步。随着我国进入到社会主义建设初期，全县掀起了生产建设"大跃进"高潮，各方面都出现许多发展生产的奇迹。

工业方面全县动员掀起了钢铁齐上的态势。1958年在"大炼钢铁"精神指导下，全县动员组成采矿、炼焦、炼铁等突击队和学生拣废钢铁队伍，形成了所谓的"钢铁大军"。工业遍地开花，全县建成4处炼铁厂，9个炼钢炉，48个高炉，25个土炉，厂矿21处，乡镇工业529处。4 811名钢铁大军为之而战，大跃进步伐加快了，但也造成很大的资源浪费和经济损失。1961年根据国家"调整、巩固、充实、提高"的经济方针，对在"大跃进"中建立起来的一些效率低、消耗大、质量次、成本高的企业进行了关停整顿。

农业生产战线较快发展，粮食产量不断创造高产。由于在农业生产方面采取了多项措施：开辟粪源扩大施肥量，耕地的施肥面积达70%以上；兴修水利设施增加水浇地面积。到1958年粮谷单产每公顷6 234斤，平均每人有粮1 300斤，提前九年完成了农业发展纲要的指标，光荣地被批准为"进京县"。大豆单产是全地区的冠军，送粮任务提前40天完成。水产和养蜂业放了"卫星"。1959年，中共宁安县委从思想上、组织上、经济上、技术上入手，把少种、高产、多收作为农业生产的方向，按照粮薯面积57%、经济作物面积43%的比例下达计划指标任务（当时将大豆视为经济作物类），生产环节上贯彻落实毛主席提出的"土、肥、水、种、密、保、管、工"农业八字宪法，重点抓了水、肥、管等项措施。

1951年至1966年在水的利用方面，宁安县委带领全县人民以"一江两湖五十四条河流"的水资源优势，抓水资源利用，建设农业水利工程，勤劳节俭，以出民工的形式，修建渤海、江南两大灌区，修建干、支渠127公里。其中永久性工程33.5公里，半永久性工程93.5公里，拦河坝、进水闸、渡槽桥涵等建筑物141处，造福农业。20世纪50年代中后期至70年代前期，宁安县委带领全县在宁安境内先后建起了以"红卫兵水库"（今桦树川水库）、"卧龙河水库"、"大唐水库"为代表的大、中、小型水库15座，服务农业生产；在肥利用方面，抓多施肥和扩大施肥面积，在农家肥不足的情况下，1953年全县较早地使用了化肥，1959年施肥面积达70%以上；在抓管方面，突出把握各种作物生长的不同环节，因势利导，加强管护。1960年之后，县委对落实"八字宪法"中的其他几项被忽视环节进行了弥补，使农业各项措施均衡发展。这也为之后宁安成为农业大县、强县奠定了基础。

第二节　成立人民公社

人民公社的建立,是当时社会变革的结果。在这次变革中绝大多数党员得到了锻炼提高,党的组织战斗力更加坚强,带头和引领作用得到发挥。公社建立之后,普遍实行了组织军事化、行动战斗化、生活集体化、管理民主化。

在当时全面跃进的情况下,宁安县于1958年春,在渤海乡试办第一个人民公社即东风人民公社,后改名为东京城人民公社。9月,有江南、宁安、海浪、石岩、沙兰、镜泊、海林、长汀、横道河子、新安、石河、海南等乡镇建立了人民公社,全县实现了人民公社化。农村的食堂、托儿所等集体福利事业遍地开花。

第三节　社会主义教育运动

1963年起,根据中央指示和省、地委部署,全县有计划、有步骤、有领导地开展了农村社会主义教育运动。通过学习党的八届十中全会文件和《中共中央关于目前农村工作中若干问题的决定》,先在平安公社进行试点,后又抽调县、社干部988名,和省、地组成的工作团一起,在全县14个公社的231个大队中分两批开展了社会主义教育运动。深入贯彻执行以农村人民公社"六十条"为中心的党的各项政策,并开展了"四清"活动,一开始在农村中是"清工分,清账目,清仓库和清财物",后期在城乡中表现为"清思想,清政治,清组织和清经济"。

第四节　发展文化教育

在"教育与生产劳动相结合"的方针指导下,到1958年全县教育大普及,共有1所业余大学、8所中学、25所专业学校、363所小学,(其中民办38所),有1 400个班,教师1 600人,学生49 663名。到1965年末,全县共有中学19所(其中朝鲜族中学4所)。在校生5 405名,其中高中生650余名。

新中国成立后,宁安县开始组织扫盲,到1958年提前9年扫除文盲,成为全国第一个扫除文盲县,为此,长春电影制片厂专门来宁安,深入农村扫盲现场,拍摄了《文化还家》纪录片。此时,全县共有文化馆、站28处,1个专业剧团,326个业余剧团,书店17处,影院3处,5个放映队。文化教育事业的发展,提升了全民的文化水平,丰富了群众文化娱乐生活。

第五节　自然灾害严重

1960年8月5日,牡丹江、蛤蟆河、马莲河洪水泛滥,淹没村屯42个,受灾农户3 242户13 191人,淹没土地7万亩。1963年4月25日,八级以上大风刮了15天,春旱持续到6月中旬,毁种小麦43 500亩,毁种大田25 500亩。1964年8月19日至21日,连续降雨3天,降水量158.8毫米,造成洪涝灾害,受灾耕地面积162 720亩,淹死7人,冲走小麦15 000捆,房屋倒塌493间,冲坏管道桥涵27座,冲毁县内铁路3处。严重的自然灾害事造成巨大损失,受灾地区粮食产量大幅减少,基础设施破坏严重,交通道路受阻，给人民的生产生活带来极大困难。灾害发生后，在县委、县政府的领导下，全县人民积极行动起来，自力更生，艰苦奋斗，全面开展生产生活自救，最大程度地减少灾害造成的损失。

第六节　在十年"文化大革命"中的曲折发展
（1966-1976）

一、文化大革命教训深刻

"文化大革命"开始的1966年5月下旬，中共宁安县委成立"文化大革命"领导核心小组。6月17日宁安一中学生贴出"造反"大字报，8月下旬学校学生开始走上街头"破四旧"，把一切旧名称、旧牌号、旧装饰物等统统毁掉，还砸掉了火车站附近革命烈士纪念碑上的题词。1967年1月15日，"红卫兵"串联工农兵群众和干部召开"火烧县委炮打司令部"大会。9月1日宁安县革命委员会成立，9月7日县革委会核心小组成立，年底之前有17个公社建立了革委会，预示着全县"文化大革命"全面开始。

二、重大工程项目实施

尽管受到"文化大革命"的冲击和影响，但在这一时期涉及国计民生一些重大工程仍在实施，为国民经济的发展奠定了基础。

1966年7月，红卫兵水库（今桦树川水库）开始动工建设，至1971年水库竣工（总库容1.19亿立方米，是一个以灌溉为主，结合防洪、发电、养鱼和其他农副业生产等综合利用的水利枢纽工程，是全县最大的水库，至今仍为下游卧龙、江南、石岩、兰岗4个乡镇几万亩水田供水和防洪发挥重要作用）。1967年石岩至老松岭国防公路动工兴建。1968年开始建设工农兵大桥,这座12拱石桥基本是由县里自筹资金、自力更生、艰苦奋斗、自行设计、自行建造的,全县从干部到群众,从大人到小学生都为建桥出工出力,建桥期间在抗洪抢险中还牺牲一名同志。该桥于1970年10月1日正式竣工通车,结束了宁安县城到江南乡靠船摆渡的历史,为两岸经济的繁荣发挥了巨大作用。1971年三陵大桥动工修建,年内竣工通车。1972年改建牡丹江至宁安路面为油渣路面。此间,宁安县由于充分利用了水资源优势,开发建设了多处小型发电厂,1968年10月1日宁安县在全国第一个实现了全县电气化(《宁安县志》1989年版记载)。

三、工业企业发展脚步没有停滞

在"文化大革命"的进程中,宁安县工业建设并没有完全停滞不前,而是渐进地发展。

1966年重建的小水泥厂当年投入生产;公私合营新生印刷厂转为国营性质,改称宁安印刷厂;新生粮谷加工厂转为国营性质,改称立新米厂,两年后并入了粉厂。

1967年重建糖厂,第二年投产;1967年5月,动工兴建化肥厂,属于宁安较大的工厂,1970年正式投产,当年生产出化肥1 800吨。

1968年12月5日,县制粉厂发生火灾,烧毁整个厂房和整套面粉加工机械设备(德国造),救火期间死亡一人。灾后随之复建,在各地积极支持下,两个月后就恢复了生产。

1969年,宁安铁木工厂和拖拉机大修厂两厂合并,成立宁安县农机修造厂,成为一个实力较强的机械加工企业。

1970年,新建制药厂、电子仪器厂、火工器材厂、机床厂;复建了钢铁厂。

1971年，新建灯泡厂；渤海农具厂移交给农机系统后扩建为宁安县农机修造二厂。

1972年，新建芦苇场；宁安轮胎翻修厂改建为宁安橡胶厂。截至该年末，全县国营工业企业发展到24个，其中隶属于工业系统的工厂有：酒厂、酱菜厂、陶瓷厂、造纸厂、糖厂、皮革厂、印刷厂、砖厂、水泥厂（小厂）、钢铁厂、机床厂、橡胶厂、芦苇场、制药厂、火工器材厂、电子仪器厂、化肥厂、灯泡厂，共计18家；隶属于粮食系统的有：制粉厂、制油厂、东京城油米厂3家；隶属于农机系统的有：县农机修造厂和县农机修造二厂2家；隶属于商业系统的有：工农食品加工厂1家。这时期，宁安工业产品达到30多个品种。

1973年，宁安县针织厂建成并开始投产。

1975年，建成第二陶瓷厂，增加生产精细陶瓷产品，使宁安的陶瓷产品多样化。

1976年6月，开工建设宁安县水泥厂，1979年9月，水泥厂正式投入生产。

1966年至1976年的十年间，宁安县年均有一个新建国有企业竣工投入生产。

到1976年底，宁安县国营工业产值达4 335.1万元，有职工6 200余人。

四、农业学大寨活动全面铺开

"文化大革命"期间，在毛主席提出的"抓革命，促生产"和"以粮为纲、多种经营、全面发展"战略方针指引下，以贯彻落实农业"八字宪法"为动力，以粮食"上纲要""过黄河""跨长江"为目标，广泛深入地开展了农业学大寨运动。1966年至1969年，宁安县农业连续四年获得丰收。发扬自力更生、艰苦奋斗精神，采用科学种田，苦干实干，战天斗地大搞农田基本建设，修建水库54座、电灌站64处，建大中小型石拱桥9座，完成土石方量超过建国至1965年的17年总和的3.5倍，以小土群为主、大中小结合的水利灌溉网已经在全县初步形成，实现农业基础设施配套快上。农业创造双杂、双肥、双行、双株和全良种、全施肥、全插秧、全方田的先进模式。

1970年2月，全县开始下放干部到农村插队落户。10月，宣传贯彻全国北方地区农业会议精神，进一步开展"农业学大寨"运动，在生产队开始推行"大寨记工法"，把政治表现作为评工记分的首要条件。1973年2月13日召开全县"农业学大寨"先进集体劳动模范表彰大会。1974年春耕期间，全县农村推广范家公社劳动大队第一生产队的"一条扁担两（水、肥）上山的愚公精神"。当年8月，省政府投资50万元开发渤海公社莲花大队北石岗子，实施农田水利工程建设。年内还组织开展了学习小靳庄的"文化活动经验"活动。1975年11月，全县传达贯彻第一次全国"农业学大寨"会议精神。1976年1月10日召开全县"农业学大寨"四级干部大会，讨论三年建成"大寨县"规划和当年农村工作任务。

第六篇 ★ 坚持改革开放，宁安实现由站起来向富起来转变

第十五章　各项事业步入加快发展阶段

党的十一届三中全会召开后,宁安县在党的路线、方针、政策的指引下,经历了拨乱反正的伟大变革,胜利地实现了伟大的历史转变,走上了以经济建设为中心的正确道路。宁安的国民经济持续快速发展,社会事业全面进步,综合实力明显增强,1993年和2004年两次跨入全省十强县市行列。

第一节　党的建设得到巩固和加强

党的十一届三中全会后,党的工作重心转移到社会主义现代化建设上来。1981年,县委组织党员干部认真学习了《关于建国以来党的若干历史问题的决议》,对毛泽东同志在中国革命中的历史地位和毛泽东思想作为党的指导思想的伟大意义,有了实事求是的了解和正确认识,统一了思想。

1984年分四批开展了全面整党,查处585起案件,处分和处理了275名党员,党风进一步好转。1999年开展纪检监察信访"三下乡"活动,变群众"上访"为干部"下访"。2000年,"三讲"教育取得成果,推动干部整体素质提高。2001年,深入开展的"三个代表"学教活动，各级领导班子和领导干部大兴学习之风、务实之风，提高了领导班子的凝聚力、号召力和战斗力，党员干部的党性觉悟得到锻炼，自身素质有较大提高。2006年，扎实开展保持共产党员先进性教育活动，基本实现"五新"目标。

1990年，落实党建工作目标责任制，开展党建责任区活动，为党员发挥作用创造了条件。大力开展"整、建、树"、发扬"五种精神"、争做"改革先锋"和"三位一体"等活动。1998年开展农村基层组织建设"五个好"及创建小康村党支部活动。2003年，开展"三民一树"和"建争带"活动，基层组织建设得到加强。

2009年，认真学习实践科学发展观活动，实施"先锋工程"，创新基层组织设置方式，活化党建活动载体，扎实推进区域党建一体化，基层党组织和党员队伍建设水平全面提升，中共宁安市委员会被授予全省农村基层组织建设先进市委称号。宁安市作为全省县级层面的唯一代表，向时任中央政治局常委、国家副主席习近平同志和中央书记处书记、中组部部长李源潮同志作了《加强基层党的建设，促进县域经济加快发展》的汇报，得到中央领导的充分肯定。

按照干部"四化"方针，先后实行选聘制、干部回避制、干部考核制、领导干部谈话制、岗位交流制、任前公示制、经济审计制、考察预告制、工作实效考核制等制度，调整充实各级领导班子，一大批优秀中青年干部走上领导岗位。

注重发展生产一线、农民和知识分子中的优秀分子入党，创建"一会双卡五制一书"发展党员模式，1986年至2011年共发展党员9 604人。

宣传工作紧扣时代发展主题，凝聚发展力量，宁安影响力不断扩大，文明创建工作成果突出。1999年，宁安市被国家文明委命名为"全国文明村镇建设创建工作先进市"，渤海镇荣获"国家级文明乡镇"称号，江西村荣获"国家级文明村"称号。涌现出扎根农村法庭，荣获"全国先进工作者""全国优秀共产党员""全国巾帼建功标兵""全国三八红旗手""全国模范法官"称号的基层法官金桂兰；勇拦惊牛舍身救儿童，获得"感动龙江人物"的农民老人燕奎昌；根植黑土、情系百姓，荣获"全国优秀乡村医生"称号的乡村医生王福宝等先进人物，成为宁安的榜样和旗帜。

第二节 农村经济快速发展

党的十一届三中全会以后，1983年，全县农村全面实现了家庭联产承包责任制，克服了多年来吃"大锅饭"的平均主义弊端，极大地调动了广大农民的积极性，促进了生产的发展。

随着农村经济体制改革的不断深化和种植结构、产业结构的不断调整，全市农、林、水、机、牧、渔各业俱兴。渤海石岗子灌渠修筑，高产、高效、优质农业的发展给人民带来了福祉。2011年全市农村经济总收入61.1亿元，是改革开放初期1983年的47倍，农民人均收入11 206元，是改革开放初期1983年的37.7倍。

农村实行家庭联产承包责任制和统分结合的双层经营体制，调动了农民的生产积极性，以种植业为主的农业生产得到快速、高效发展。到2011年全市播种面积238.4万亩，粮食总产84.76万吨，播种面积和产量分别是1981年的2.3倍和5倍，是黑龙江省闻名的粮食生产基地，被授予"全国粮食生产先进县"称号。

蔬菜生产方式经历由裸地到覆膜、由庭院棚室到田间棚室的转变，又向生产规模化、集约化、节能化、高效化发展，产量逐年提高，产业发展势头强劲。1997年开始，红城村引进以色列微喷滴灌先进灌溉技术，建立节能环保农业发展种植圆葱，连续三年先后共投资2 400余万元，使全村4 800亩耕地全部实现了节能环保型灌溉农业，带动了宁安农业一次突破性的变革。自此，各乡镇村屯也都逐步学习实施该项技术，为农业的增产增收和产业化进程推进发挥了积极作用。2000年，蔬菜种植面积16万亩，产量388 877吨。2003年，宁安市被联合国发展组织中国投资贸易与技术促进处确认为"全国绿色产业示范区"，被国家评为第二批"无公害蔬菜基地市"，打造成俄罗斯远东蔬菜商品基地。2011年，全市蔬菜种植面积17.7万亩，宁安市的蔬菜生产基地被确认为"全国绿色产业示范区"，被国家评为"无公害蔬菜基地县市"，全国绿色食品生产原料基地，成为俄罗斯远东蔬菜商品基地。全市寒地果树面积发展到10万亩，产量11.6万吨。全市12个乡镇有11个乡镇、71个村屯、830户农民从事养蚕业，是黑龙江省柞蚕产业化基地市；养蜂达到30 339箱，产蜜2 070吨。

宁安市特色农业经济作物及主要农产品有响水大米、烟叶、甜菜、西瓜、大蒜、洋葱、麻、白瓜子、甜葫芦、甜叶菊、万寿菊、向日葵、花生、香瓜、药材、草莓等。产于熔岩台地的响水大米"米质清白如玉，质密量重如砂，蒸煮浆汁如乳，米饭油亮溢香"，是宁安市名牌产品，多次获得国家农业博览会金奖和名牌奖，畅销全国各地，被选为人民大会堂国宴用米，被誉为"中华第一米"，2002年被中国绿色食品中心认定为绿色食品；生产的烟叶以燃烧性好、亲和性强、杂气少、农药残留低享誉黑龙江省内外，畅销上海、武汉等36家全国重点卷烟生产厂家，2002年，宁安市成为上海烟草（集团）公司和武汉烟草（集团）公司的原料生产基地；宁安西瓜远近闻名，不仅远销广州、南京、上海、北京、沈阳、长春等地，而且销售到俄罗斯、中国香港、中国澳门等国家或地区；宁安大蒜头大、瓣匀、甜辣香脆、品味深厚，独具特色，是蒜中佳品，味感是其他地区大蒜所不具备的，它以宁安特产礼品、馈赠品形式走向全国。

宁安市辖区内林业资源丰富，林业在改革后焕发勃勃生机。林业林地总面积127 802.3公顷，活林森木蓄积9 870 870立方米，森林覆盖率34.3%，是国家、黑龙江省林业重点县（市），市内森工总局管辖的东京城林业局和本市林业局，担负着营林抚育、造林绿化任务。由于多年不懈的努力，宁安市曾多次荣获国家、黑龙江省"造林绿化百佳县（市）""造林绿化先进县（市）""森林防火先进县（市）"称号。

畜牧业是宁安市的传统产业，2008年通过大力实施科技兴牧工程，加大投入力度，投入资金3.8亿元，畜牧产业化迅猛发展。新建规模化生猪养殖小区45个，场25个；新建肉鸡养殖小区25个，场15个。2011年全市生猪饲养量76.38万头，家禽饲养量535万羽，肉牛饲养量7.83万头，羊饲养量15.14万只，畜牧业成为宁安市的支柱产业之一。

渔业生产稳步发展。1986年，在钻心湖水域建设黑龙江省内最大的虹鳟鱼良种场。全市水产养殖水面40 000亩，2011年水产品产量7 400吨，无公害水产品养殖面积34 000亩，驯化养鱼面积8 500亩，名特优养殖面积11 000亩，渔业总产值6 350万元。

农业生产条件明显改善。1978年以后的20年间，水利建设先后完成了桦树川大型水库除险加固、卧龙河中型水库与10座小型水库及37座塘坝的维修加固工程，新建、改扩建抽水站63座。先后建成红城村、卧龙村国家级旱田节水增效灌溉示范区2处。共完成水土流失治理面积174.7万亩。全市有堤防42处，堤长81公里，保护地栽培面积9.57万亩。共设计万亩灌区11处，万亩以下灌区36处，实灌面积31.58万亩。被评为全国基本农田保护先进单位。

1982年初开始建设农村自来水工程，全县农村共完成自来水工程68处；1983年共完成30处；1984年完成30处。1985年完成农村自来水工程42个村屯。1986—2000年，总投资1 761.8万元，到2000年底，全市农村饮用自来水村屯256个，占全市387个村屯的66.15%，新增吃自来水人数81 165人，到2000年底已饮用自来水人数204 101人，占农村人口的66.15%，实现了农村自来水化（县）市。2001年至2015年总投资12 602.79万元，解决饮水安全村屯339个，人口27.91万人。

农业机械化水平大幅提升。综合机械化程度达86.6%，农业机械化程度处于黑龙江省内领先水平。

第三节 工业实力明显增强

经过新中国成立以来的创业与发展，宁安县工业初具规模。工业门类有电力、煤炭、建材、采矿、冶金、食品、农机、金属制品、造纸、皮革、化工、陶瓷、电子、木材、印刷、火柴、锅炉、医药、橡胶制品、缝纫、纺织等。1986年共有地方国营企业53户，城市集体企业39户，乡镇企业165户，工业总产值35 135万元。"天姿牌"皮鞋、"古塔牌"民用缸、"古塔牌"红砖、"镜泊湖牌"绵白糖、"古塔牌"水泥等多种产品多次获黑龙江省名优产品。1987年起，"泼雪泉牌"白酒蝉联三届黑龙江省名优产品奖，1987年，角钢系列产品被评为黑龙江省优质产品。1988年，"芳醇凤牌"北凤酒获国家驰名白酒精品奖和首届中国食品博览会金奖。同年开始，以国有企业为重点，工业企业先后进行经营体制、管理用工制度和产权制度改革。1990年后，股份制企业作为一种新的产权形式出现，并逐步发展成为工业经济的重要组成部分。1992年，全县国有工业总产值为43 089万元，占全部工业总产值的70.7%。1995年，乡镇企业工业总产值达到120 192万元，占全部工业总产值的57.2%，成为宁安市工业经济的半壁江山。2000年，乡镇工业总产值达到178 163万元，占全部工业总产值的58.4%。2001年后，乡镇企业开始向规模经营发展。2005年，全市新兴工业企业发展到1 689户。原国有工业企业和城市集体企业基本消亡，股份制企业和个体经营企业成为主体，具有较强的经济实力。2005年，全市工业门类有食品、建材、水电、医药化工、陶瓷、印刷、工艺美术制品、煤炭制品、纸制品等25个行业，重点为食品加工业、医药化工业、木材加工业、建材采矿业、冶金机械业、水能电力业6个行业。有"润宝牌"口服葡萄糖、"倍丰牌"复合肥、"响水牌"大米、"镜泊湖牌"绵白糖、"森江牌"酱油5个黑龙江省级名牌产品，"高山牌"角钢、"泼雪泉牌"白酒等15个牡丹江市名牌产品。镜泊湖农业开发股份有限公司、英标建材厂、水泥有限公司等19户企业获得ISO质量认证。2006年至2011年全市招商引资到位资金150亿元，争取国家、省投资金30亿元，开工建设项目294个，其中鑫鹏肉业、正大食品、益昕钢铁、中加铁矿、源丰物流、风力发电等投资亿元以上项目55个，设立了全省唯一一家内陆口岸。2011年完成固定资产投资14.7亿元，规模以上工业增加值14.5亿元。

第四节　城市建设步伐加快

20世纪80年代开始，加快旧城改造步伐，规范化住宅建设悄然兴起。"七五"时期的1988年新建房屋竣工面积14.1万平方米，其中住宅面积10.1万平方米，是历史上住宅建设第一个高峰年。"八五"时期的1992年，新建房屋竣工面积22.7万平方米，其中住宅面积16.7万平方米，是历史上第二个住宅建设高峰年。"九五"时期的2000年，新建房屋竣工面积26万平方米，其中住宅面积20万平方米，是历史上第三个住宅建设高峰年。1986—2005年，新建房屋总面积324.45万平方米，其中住宅面积200余万平方米，人均居住面积从1986年的4.86平方米提高到10.67平方米。2006年至2011年是城市建设步入加快发展的阶段，完成城市总体规划和土地修编，多元投资22亿元，实施城市基础设施建设项目30个，房地产累计开发面积282.84万平方米。破解房屋征收难题，为全省树立了样板，仅2011年开发面积就达到150万平方米，完成12条市政道路综合改造、城市供水改造、旧桥改造等工程。被评为省级文明城市和省级卫生城市。

第五节　交通运输业得到长足发展

改革开放前，大部分通乡通村公路为五级以下的砂石路面和土路。1986年后，打破了交通运输业独家经营的单一局面，形成了国有、集体、民营的全民办交通大格局，公路建设逐年提档升级，形成以国道为主线、县道为干线、乡道为支线、村道为辐射的四通八达的公路网。至2005年末，宁安市行政辖区内公路总里程达到1 371公里。国道鹤大公路在宁安境内全长127.94公里，县级公路发展到7条164.23公里，乡级公路10条186.68公里，村级公路160条427.23公里。全市农村公路建设连续15年荣获黑龙江省、牡丹江市"地方道路建设先进县"称号。2008年起，全市公路建设进入快速发展阶段。201国道建设，2008年牡宁段开工建设，201国道宁杏段改扩建工程竣工通车。2009年，完成宁古塔大桥至兰岗外环公路路基及桥涵主体施工，鹤大线上的G11国道宁安至牡丹江段竣工。2011年G11国道宁安至复兴段93.5公里建设项目竣工通车；全长121.66公里鹤大高速公路宁安至复兴段辅道工程竣工通车。2006年至2011年投入资金5.2亿元建设通村公路1 470公里，在全省率先实现通村道路硬质化。国道养护，1997年至2011年连续14年在黑龙江省同行业评比荣获"金牌段"殊荣，2009—2011年地方道养护被黑龙江省交通厅连续授予"农村公路养护管理先进示范县"称号。2006—2011年连续被黑龙江省公路局授予"农村公路建设先进单位"称号。

第六节　邮电业发展迅速

1986年，全县固定电话装机总户数1 172户。1992年，开通无线寻呼业务（2003年废业）。1994年，开通移动通讯业务。1998年，邮电大厦落成。2000年6月，全市实现普及农村入户电话。同年，全市开办特快专递业务。2002年，开通互联网ADSL宽带数据业务。2005年，全市邮政网络和移动通讯覆盖城乡每个角落。全市共有中国网络集团公司黑龙江省通信公司宁安市分公司、黑龙江移动责任有限公司宁安市分公司、中国电信集团公司黑龙江省宁安市电信分公司、中国铁道集团有限公司宁安市分公司4家通信企业，全市固定电话总户数10.1万户，移动电话总户数65 555户，小灵通总户数25 000户，宽带数据业务11 100户。2011年，邮政局支局网点建设7个"三农服务站"、8个"助农取款点"、7个报刊亭、7所"职工之家"。中国移动宁安分公司中高端客户10 932户，战略数据业务规模72 125户。联通公司累计用户6万户，宽带用户4万户，固定电话用户8万户。中国电信宁安分公司在网用户14 200户，固网业务在网用户3 800户。3G用户发展1 100户。

第七节　商贸业日渐繁荣

　　1986年，宁安县国有商业机构网点3 533个，从业人员11 226人；集体商业机构网点428个，从业人员3 569人。1993年，宁安市国有商业经济法人单位71个，网点140个，从业人员3 342人；集体经济商业法人机构10个，网点42个，从业人员859人；个体经济商业网点85个，从业人员119人。同年，商业大厦在宁安镇落成。1995年，全市国有商业机构下降为135个，从业人员3 099人；集体商业机构网点12个，停业整顿待业人员782人；个体商业机构网点6 148个，从业人员6 851人。21世纪初，饮食服务业日渐繁荣，有50余家饭店。2005年，在商业系统的流通领域和饮食服务行业中，国有经济全部退出，转化为股份制、民营制和个体经济，在宁安城区建起以商业大厦、渤海城商场、宁古塔商都、鑫街、新世纪商城为代表的门市购物网点，形成以通江路两侧为核心的商业网点布局。全市商业流通网点6 036个，从业人员21 600人，零售贸易机构网点5 236个，从业人员18 100人，饮食服务机构网点700个，从业人员3 500人，商业流通领域出现前所未有的繁荣景象。各种经济类型社会商品零售总额120 943万元。2003—2005年，是宁安市外向型经济跨越式发展的三年，自营进出口总额累计实现1 598万美元，年均递增40%，边贸过货额累计实现3 500万美元。2005年，国有外贸企业全部改制，代之而起的民营企业积极参与国际市场竞争，全市有进出口经营权的民营企业发展到23家，从业人员1 796人，对外贸易逐步形成多元化的出口创汇基地。1986年，宁安县对外贸易属于单纯依赖自然资源的零散收购和小批量出口局面。出口商品主要是粮油食品、土畜产品及轻工业产品。1992年后，宁安县出口产品转变为大批出口，主要出口工业硅、颗粒粕、小杂粮、农副产品等，是宁安历史上的外贸高峰时期。2001年后，形成多元化集团式的出口创业基地，出口品种扩大到洋葱、西红柿、刨花板、玄武岩、石材、带锯、冷冻猪肉、糙米、日式酱油、响水大米等。2011年进出口总额达13 633万美元。消费品市场稳定增长，2011年社会消费品零售总额32.1亿元。

第八节　旅游业方兴未艾

宁安旅游业兴起于20世纪80年代。1993年，市委、市政府把旅游业作为新兴支柱产业之一和国民经济新的增长点，将市旅游局从文化局分离，成为独立机构。翌年，市人民政府出台《宁安市旅游行业管理暂行办法》，以资源开发为重点，先后建成马骏纪念馆、翰章园、桦树川水库景区、卧龙湖度假村、渤海风情园等自然、人文景观。21世纪初，旅游业步入健康发展轨道，编制全市旅游业总体发展规划，景区内形成一批各具特色的景观。自然风光：镜泊湖景区、火山口国家级森林公园、镜泊峡谷、三道亮子、泼雪泉；名胜古迹：上京龙泉府、兴隆寺、大石桥、望江楼；红色旅游景观：马骏纪念馆、张闻天工作室、墙缝战斗遗址、翰章园、于洪仁烈士墓、莲花泡42烈士纪念碑；新建景点：

钻心湖虹鳟鱼观光园、渤海风情园、桦树川水库风景区；特色旅游村：小朱家村、江西村、瀑布村等。2011年共接待游客57万人次，创收1.86亿元。

第九节　教育事业稳步推进

积极推进教育体制、办学模式、校长竞选、教师竞岗等一系列教育改革，加大教育投入，完善基础设施和加强教师队伍建设，在基础教育、职业技术教育方面成效显著。1993年，经黑龙江省验收达到省定普及九年义务教育标准，在黑龙江省率先实现九年义务教育。1994年，被评为全国165个特殊教育先进县市之一。同年，市第一中学高考升学率达83%，市朝鲜族中学升学总人数列全省同类学校之首。1996年，通过全国首批"两基"（基本普及九年义务教育、基本扫除青壮年文盲）先进市验收，荣获全国首届"中华扫盲奖"。1999年，被国家农业部、教育部评为"绿色证书"教育先进市。同年，北方十五省职教工作会议在宁安市召开。2000年，全市考入北京大学、清华大学的考生7人，享誉牡丹江市乃至全省。2001年，被确定为全国首批38个课程改革实验区之一。同时被国家教育部、财政部、发展计划委员会评为全国基础教育工作先进地区。2004年，黑龙江省人民政府督导室评估组对"双高普九"（高水平、高质量普及九年义务教育）复检，宁安市达到省定标准。2007年荣获全国成人教育先进单位称号。2009年荣获全国推进义务教育均衡发展工作先进地区称号。2010年8月全国扫盲工作会议在宁安召开。2012年被国务院授予"全国两基工作先进地区"称号。

第十节　文化事业日益繁荣

宁安历史悠久，文化底蕴丰厚，是黑龙江省历史文化名城。从新石器时代满族先祖肃慎人的莺歌岭文化开始，经历了渤海国文化、金源文化、宁古塔流人文化、宁古塔满族文化等不同时期的历史积淀，形成了闻名遐迩的宁古塔历史文化。1958年，荣获全国第一个扫除文盲的"文化县"称号。1998年，被国家文化部命名为"全国文化先进县"，再次获得殊荣。经济的发展促进了文化事业的繁荣，文化活动多样化。1986—2005年在省级以上媒体出版、发表并获奖的作品超过60篇，部分作品收录于日本、朝鲜等国。专业艺术团体坚持活跃在城乡，创作和演出的作品多次在国家、省、牡丹江市各类文艺会演中获奖。企业文化、农村文化、校园文化、社会文化日趋繁荣。书法、美术、摄影、戏剧、曲艺、音乐、舞蹈等业余文艺群体面向群众，为社会服务。业余文学创作队伍不断壮大，作品越来越多。农民业余演出队、秧歌队遍布乡村。文化事业、文化产业发展日益兴旺。20世纪80年代，城乡文化生活以放映电影、有线广播、转播电视节目和组织文艺小分队巡回演出为主。20世纪80年代中后期《宁安民间故事集成》《宁安民间歌谣集成》《宁安民间谚语集成》三套集成，《民间舞蹈集成》四卷，杨锡春著《满族风俗考》，新中国成立后第一部地方志书《宁安县志》等先后出版。1986年，宁安县广播电视局设电视台、电台、无线转播台、微波站。1991年，宁安有线广播站被调频广播电台代替，9月正式播音，呼叫为"宁安人民广播电台"，设备是1 000瓦调频发射机，调频频率为100.2兆赫，收听半径为40公里，除镜泊乡之外的全县其他乡镇实现全覆盖。同年，按照全国体育先进县标准，建成宁安体育馆，总面3 612平方米，馆内设有千人看台的篮球馆1个、200平方米训练大厅1个、80平方米的训练室4个和8个办公室。1995年，各方捐资兴建的马骏纪念馆落成开馆。1996年，市档案馆晋升为黑龙江省一级档案馆。1997年，改建之后的新华书店营业大楼落成。1998年，被国家文化部命名为"全国文化县"。1999年，市人民政府投资360万元新建2 236平方米的现代化图书馆。2004年，成立宁古塔文化研究会。2005年，首卷《中共宁安县组织史资料》《宁安公安志》《红城村志》等史志书籍先后出版发行。同年，全市共有文化经营场所227家。2004年，市政府投资3 800万元，开工新建文化艺术中心，总面积7 604平方米，2008年5月竣工投入使用。2007年和2008年两年在乡镇建设15个农家书屋、40个篮球场，2008年宁安市荣获"中国民间文化艺术之乡"荣誉称号。2009年新建宁安历史博物馆，建设5个乡镇综合文化站；申报省级非物质文化遗产项目11项；张闻天工作室被命名为省级爱国主义教育基地称号。2010年建设4个乡镇综合文化站，新增农家书屋34个；向省申报非物质文化遗产项目12个。2011年全市建成乡镇文化站12个，农家书屋128个，完成申报第三批省级"非遗"项目传承人和增补第一、第二省级"非遗"项目传承人工作。全市6个项目被列入省级名录。

体育事业成绩斐然。1990年8月，被国家体委授予"全国体育先进县"称号。1994年经国家体委复检，保持了"全国体育先进县（市）"荣誉。1997年，被评为黑龙江省实施《国家体育锻炼标准》工作先进集体。2005年，被授予"黑龙江省2001—2005年群众体育先进单位"称号。2008年举办全市第一届运动会。2009年市体育中心被授予"全国群众体育先进单位"。

第十一节　卫生事业快速发展

　　1986年起，开展为期十年的世界银行贷款农村卫生项目，在县级医院、县卫生防疫、妇幼保健、结核病防治、药品检验、卫生学校等部门先后引进一批高科技设备，医疗条件大为改观，被国家计生委授予"全国计划生育双先县"称号。1992年，国家卫生和计划生育委员会、环保总局、全国爱卫会授予宁安县"初级卫生保健基本达标县"称号。1994年，市妇幼保健站被世界卫生组织联合国儿童基金会和国家卫生部授予"爱婴医院"称号。1995年，市中医院被国家中医药管理局授予"国家示范中医院"称号。1998年，被国家计划生育委员会宣教司授予"全国建设新型社区生育文明网络市"称号。1999年，被中央文明委授予"国家级文明村镇建设先进市"称号。2002年、2004年、2005年分别被国家计生委授予"婚育新风进万家网络工程示范县""婚育新风进万家基层工作示范县"和"全国婚育新风进万家先进市"称号。2005年，全市共有3所县级医院，10所乡镇卫生院，2个镇预防保健部，429个村卫生所，42个企事业单位卫生所，45个城镇个体诊所。共有医药卫生管理和从业人员1 090人，其中卫生技术人员918人。基本实现"小病不出村、中病不出乡（镇）、大病不出市"。2003年春夏之交抗击非典型肺炎取得决定性胜利，得到省、市表彰。新型农村合作医疗工作全面铺开。1997年开始启动，1998年19个乡镇中223个村参加合作医疗，全市参加农村合作医疗137 286人，2005被省政府确定为新型农村合作医疗试点县，全市已参合农民达200 817人，参合率88.21%。2011年，农民参合人数235 898人。

第十二节 电力供应保障有力

宁安城镇供电始于1946年,当时建立的宁安供电所隶属牡丹江供电局。初建宁安供电所供电范围只有宁安镇内、东京城、渤海、石头站、兰岗火车站等地,电源由镜泊湖发电厂供应。工业用电户有火车站、东火磨、北火磨、裕民纸厂、草袋厂等,用电户1 350余户。1957年以前宁安农村只有三镇近郊的少数自然屯用电照明。1957年至1960年间,农村用电有了大的发展,1960年末,全县199个生产大队中,有120个生产大队用上了电灯,占60%。1964年底,沙兰、三陵、兴华3个公社的边远大队开始通电。1967年末,镜泊公社通电。至此,全县251个生产大队通了电,占80%。1968年全县农村19个公社,247个生产大队、699个生产小队全部通电。到1985年,农村供电线路总长1 770.5公里,年用电量2 486万千瓦时。

20世纪70年代,宁安供电所改为宁安县供电局。1986年后,经多方筹资和国家投资,先后两次对农村电网进行较大规模改造。第一次是全面进行农村电力化县建设,在全省率先实现农村电力化达标,户通电率达到100%,被国家电力部授予"农村电力化先进县"称号。第二次是1999—2004年实施农村电网改造工程,供电设备得到更新和完善。2005年末,全市境内共有高低输电线路2 786公里,比1985年的2 232公里增加554公里,其中高压线路1 782公里,低压线路1 004公里。共有变电所14座,总容量35 000千伏安;共有配电变压器1 354台,总容量138 098千伏安,比1985年的59 615千伏安增加78 483千伏安。

宁安市有供电企业2家,分别是宁安市供电公司和宁安市农电公司。宁安市供电公司承担宁安市城区及东京城、渤海、石岩、鹿道、镜泊湖等区域的供电任务。辖区营业户数7.8万户，共有配电线路23条，243.68公里，设备总容量118 545千伏安，2016年供电量完成25 911万千瓦时，售电量完成24 256万千瓦时。宁安市农电公司下设宁安、江南、兰岗、海浪、平安、卧龙、杏山、三陵、马河、沙兰、镜泊11个供电所，辖区营业户数9万余户，配电线路29条，184.3公里，设备总容量20 900千伏安，2016年售电量11 270万千瓦时。

宁安水力发电发展较快。1968—1983年，利用丰富的水能资源先后在镜泊湖下游和牡丹江干支流上兴建起10个水电厂（站），其中属于国办的有石头发电厂、阿堡水电站、青年水电站、英山水电站、桦树川水电站、尔站水电站；乡镇办的有渤海发电厂、红农水电站；村办的有红卫一电站、红卫二电站。

1985年，发电厂（站）总装机容量16 190千瓦，年小水电发电量4 928万千瓦时（不包括镜泊湖发电厂）。1987年尔站电站解体剩余9个发电厂（站）。到2005年，总装机容量增加到16 850千瓦，年发电量为5 434万千瓦时，共有职工488人。在9个县属发电厂（站）中，规模较大的为石头发电厂和渤海发电厂，这两户企业的装机容量占总量的64.7%，发电量占总量的76%。其中，石头发电厂建于1979年，装机容量为7 000千瓦，设计年发电量4 050万千瓦时；渤海发电厂建于1975年，装机容量为3 600千瓦，年平均发电量366.9万千瓦时。

第十三节　老区建设卓有成效

宁安市属于革命老区县（市）。1922年，宁安就建立了东北最早的中共党组织——宁安党小组。1929年夏,组建了中共宁安特别支部,1930年9月成立了中共宁安县委。"九一八"事变后,日军侵占了东北。1932年3月镜泊湖"墙缝战斗"打响了宁安抗击日寇侵略的第一枪,宁安人民在党的领导下积极加入抗战行列,军民抗战热潮十分高涨。此后,东北抗日联军第四军、第五军相继在宁安诞生和发展。坚持抗战14年,形成了东北重要的抗日革命游击区。1980年宁安被国家民政部认定为老区县,其中把镜泊、沙兰、江东三个乡镇定为整体老区乡镇以及将82个村(原生产大队)认定为老区村。2007年,省民政厅又将宁安市的16个村补划为老区村,全市共有98个老区村。

1996年10月,组建成立了宁安市老区建设促进会,由30个市直单位及部门作为委员单位。成立了市老区工作领导小组,组长由一名市委常委担任,副组长由一名副市长和市老促会会长担任。

宁安市老区建设促进会成立以来,认真学习贯彻党和国家领导关于老区方面的指示精神,贯彻落实中办〔2015〕64号文件精神和上级老区工作会议精神,紧紧围绕宁安市委、市政府确定的总体工作目标,充分发挥老促会联络、协调、督促、推进职能,全力推进宁安市老区建设工作,为老区的经济发展、农民增收、民生改善和扶贫攻坚做了大量卓有成效的工作,为老区全面建成小康社会做出了积极贡献。

弘扬老区精神,开展老区宣传。把开展好老区宣传作为老促会的重点工作来抓。一是宣传主题鲜明。宣传中央领导有关老区方面的讲话精神、党和政府对老区方面的政策、老区的历史史实及当时的历史地位与作用、支持老区建设的典型经验和好做法、老区乡村的发展变化等,以此来激发各级党委、政府职能部门勿忘老区,发挥部门职能作用,积极主动地向老区倾斜,最大限度地为老区乡村提供支持与援助，激励老区人民继承发扬老区传统，自力更生，艰苦奋斗，建设家园的自觉性，凝心聚力，推动宁安市老区大发展、快发展。二是拓宽宣传领域。在搞好老促会自身开展老区宣传教育的基础上，不断探索扩大老区宣传领域，逐步把老区宣传向市直党政机关、市委党校、市老年大学、市内各中小学校、社区、企业和各乡镇等单位和部门延伸，形成了多渠道、多领域的广泛宣传，为营造老区发展建设舆论氛围开辟了多条社会宣传通道。三是宣传形式多样。自办了老区宣传刊物《老区建设》和《老区之声》简报，已经编辑了一百余期，及时宣传本市的老区建设工作动态；积极主动向《中国老区建设》和省《开发研究与老区建设》《黑龙江革命老区》杂志投稿，投稿量达70余篇，被采纳利用的有40余篇；利用《牡丹江日报》（宁安专版）大力宣传宁安革命老区史实、老区建设成果和典型经验与人物事迹，刊登稿件达60余篇；在德信宁安微信平台上连载声音书场，播放《不屈的宁古塔》，讲述发生在宁安的抗战历史，连载《英雄谱》，登载陈翰章、于洪仁、宫焕卿等抗联英雄的事迹；撰写老区宣传书籍，先后组织编撰出版了《革命老区宁安》《英雄血染湖山壮》《不屈的宁古塔》《中国共产党宁安历史》《中共宁安党史人物传》《抗日民族英雄金佐镇》《宁古塔历史概述》《韩福英和她的战友们》《镜泊抗日英雄宫焕卿》等十余部反映宁安革命历史的书籍，累计达200余万字；成立老区文艺宣传队、抗联合唱团，深入老区乡村开展文艺宣传教育活动。

积极协调联络，运作老区项目。主动出击，对上与省、市老促会经常保持联系，对下与市老促会委员单位紧密配合，互通信息，交流工作，为老区乡村谋划发展建设项目。通过老区渠道曾经成功运作了马河乡肉牛养殖建设项目、卧龙革命老区路建设项目等10余个项目，促进建设项目落户老区，累计争取资金2 300多万元，大大扶持和拉动了老区的经济发展和社会进步。

深入开展调研，当好参谋助手。老促会能够准确把握部门职能，摆正自身位置，选好工作角度，全力开展工作。紧紧围绕市委、市政府部署的中心工作，推进老区建设工作。采取了主动出击，深入老区，针对问题，开展调研。深入老区乡村组织开展了数十次的调研，撰写提供了几十篇老区调研报告，得到了上级的认可，调研中的多数建议被党委和政府采纳，有些已经转化为政府行为，使老区乡、村百姓受益。

协调社会力量，支持老区建设。把动员社会力量支持老区建设作为促进老区加快发展建设的重要途径并抓好落实。采取抓老促会市直委员单位帮扶老区和联络动员非委员单位和社会企事业为之提供支持的办法，推进老区乡村建设和发展，收到良好的效果。形成了委员单位与其他社会力量给力老区的大好局面，据初步统计，委员单位帮扶老区累计投入的资金和物资折合人民币达近亿元。其他社会力量支持老区建设的资金数额达4 000余万元，促进老区农民增收达1亿元以上。在社会力量的支持下，使宁安市老区乡村通村公路实现硬质化路面，老区饮水安全、危房改造全面推进，村屯面貌、人居环境大大提升，民生问题逐步改善。2016年，老区农民人均纯收入实现16 526元，省级老区贫困村联合村、宝山村摘帽脱贫，2018年全市所有贫困户实现整体脱贫。

2007年，宁安市老区建设促进会荣获省老区建设促进会颁发的"先进集体"荣誉称号；2011年，被中国老区建设促进会评为"老区宣传工作三等奖"，荣获"全省革命老区发展建设工作先进集体"荣誉称号；2018年，市老区建设促进会会长王宗有被国家老区建设促进会授予"全国革命老区建设特殊贡献奖"。

第七篇 ★ 进入新时代，宁安实现由富起来向强起来转变

第十六章　开启宁安全面建成小康社会新征程

党的十八大以来，宁安市深入贯彻落实党的十八大、十九大精神和习近平新时代中国特色社会主义思想，全市上下凝神聚力，攻坚克难，埋头苦干，宁安进入了持续发展的快车道。

第一节　经济实力显著提升

2012年宁安市在全省县域经济社会综合评价中再铸辉煌，重返十强。2013年至2017年保持第五、第六位，连续五年被评为"全国最具投资潜力中小城市百强"，荣获"全国粮食生产先进县"称号，出口食品农产品质量示范区建设、现代农业示范区建设、绿色食品水稻农业标准化示范区建设、绿色低碳小城镇建设等工作被确定为国家级试点县（市）。

2018年，地区生产总值实现194.45亿元，是2011年的1.5倍；固定资产投资完成244亿元，是2011年的2.9倍；规模以上工业增加值实现46.17亿元，是2011年的3.18倍；社会消费品零售总额实现71.2亿元，是2011年的2.2倍；全口径财政收入完成5.3亿元，是2011年的0.71倍；公共预算收入完成3.5亿元，是

2011年的1.13倍。

一、二、三产业增加值所占比重由2012年的31.1∶35.6∶33.3调整为2018年的25.2∶36.0∶38.8。

1.现代农业快速发展。按照"安全、高端、多功、外向"四型农业定位和庄园经济模式,大力推进农业结构调整、农村配套改革。以"两头两尾"为抓手,强力推进"百公里东北亚高端食品农产品产业走廊"和精品示范项目建设。国家现代农业产业园正式挂牌,投资24.6亿元启动实施庆雨产业园、农科大厦、数字农业试点等34个项目。重点打造"一核两带六沟十二园"。"一核"即百公里东北亚高端食品农产品和文化生态产业走廊;"两带"即在G11、201国道沿线,发展瓜果蔬菜、北药、食用菌等经济作物,打造百里现代农业示范带和景观农业展示带;"六沟"即重点发展江南健康饮品、东安寒地果、花脸沟蜂蜜、宝山小杂粮、卧龙松茸、马河食用菌等六条特色沟域,形成特色产业基地和品牌;"十二园"即重点建设宁安共和、小唐、联合、江南明星、兰岗古塔田源、石岩嘉泰、东京城光明、渤海响水、杏山、镜泊后渔、马河后斗、海浪盘岭等十二个特色突出、三产融合的农业综合体和产业园,引领精品农业发展,推进生态农业建设。

设施农业、对俄果蔬出口取得重大突破。全市棚室总数达到4.2万栋,蔬菜种植面积53.2万亩,寒地果面积达到10.5万亩,成为全省"北菜南销"基地县,树立了中国寒地果蔬基地、东北菜园子品牌,果蔬出口量占全省的三分之二。

积极推进农业品牌化、集约化建设。培育出阿妈牧场等一批优秀新型农业经营主体,新型农业主体达到1 594个,成立了宁安农产品品牌管理公司,注册了宁安原产、镜泊湖关东大厨房、唐·渤海贡3个区域品牌,初步形成地标品牌、企业品牌、区域公共品牌体系。打造出响水大米、兰岗西瓜等国家地标产品

7个、知名商标27个，"三品一标"认证156个，创建全国绿色食品原料标准化生产基地4个、面积140万亩，占牡丹江1/4，宁安响水大米荣获中国初级农产品类地理标志品第二十三名，区域品牌价值81.36亿元。

出资2 000万元建立"政银担"信贷风险分担机制，投入4 000万元资产设立脱贫贷款基金，初步建成农业标准化、质量、科技、金融等服务体系。

陆续实施渤海灌区优质米基地工程、桦树川灌区骨干工程、响水灌区续建配套与节水改造、响水灌区水田末级渠系节水改造、农业综合开发、小型农田水利建设重点县等项目，灌溉工程渠系水的利用系数明显提高。

2011年民安小流域水土流失综合治理工程启动实施，完成治理面积417公顷。2012年实施了中央预算内专项资金水土保持重点工程宁安市九梁子小流域综合治理，完成治理面积210公顷。2013—2014年实施了省财政专项资金水土保持重点工程红土村小流域水土流失综合治理，完成治理面积325公顷。2015年启动实施了江南乡富强、东兴和沙兰镇和盛小流域水土保持工程，完成治理面积1 863公顷。2016年启动实施了渤海镇杏山小流域水土保持工程，完成治理面积860公顷。2017年实施了小海浪河治理项目，总投资3 302万元。

农业服务体系建设成为全省典型，整合检验检测资源，投资5 800万元，建设全国先进的农产品可追溯体系、检验检测中心和农业标准化体系，建立宁安时空云平台，全市可追溯面积达到160万亩体系，开创全省先河。坚持藏粮于地、藏粮于技，实施黑土地保护和"三减一提高"工程，化肥、农药用量下降15%和3%；农业机械化程度进一步提高。2011年以来累计争取国家补贴专项资金4 000多万元，补贴各类拖拉机3 000多台，大型农机具增至416台套，综合机械化率97.8%。农业机械化、农田可控灌溉和测土配方施肥面积均居牡丹江首位，粮食总产实现"十三连增"。

畜牧产业增长较快。畜牧业总产值达25.5亿元，占农业总产值比重的23.9%。全市共有各种规模养殖场918个，其中生猪标准化规模养殖小区57个、大场38个，万头猪场3个；肉鸡标准化规模养殖小区20个，大场14个。生猪和肉鸡规模化养殖比重达72%。猪禽出栏总量分别占牡丹江地区的52%和37%，养殖规模居全区各市县之首，主要畜禽饲养量居牡丹江地区首位，生猪和肉鸡出栏量更是占据了地区总量的40%以上，占牡丹江市近半壁江山。

全市水产养殖面积4.6万亩，水产品产量8 000吨，无公害养殖面积7 020亩，驯化养鱼面积8 800亩，名特优养殖面积2.9万亩，渔业总产值9 900万元。另外推广实施稻田养鱼初具规模，面积达到20 000亩。宁安市水产技术推广站被授予"全国基层水产技术推广示范站"称号，钻心湖虹鳟渔场被农业部授予"农业部水产健康养殖示范场"称号。

食用菌成为农民致富增收的一项产业。全市食用菌种植面积1 600公顷，2.4亿袋，年产值7亿元。主要品种有：黑木耳、蘑菇（香菇、平菇、金针菇、元蘑）等，其中黑木耳2.35亿袋、蘑菇500万袋。百万袋以上专业村48个，主要分布在林业资源较丰富的镜泊镇、马河乡两个乡镇。

农村改革扎实推进。基本完成土地确权登记颁证、集体产权制度改革。

宁安市先后荣获全国粮食生产先进县（市）、全国休闲农业与乡村旅游示范县、全国绿色食品生产原料基地县（市）、国家农产品质量安全县、国家现代农业示范区、国家级出口食品农产品质量安全示范区、国家绿色食品原料标准化生产基地、中国优质亚麻汉麻基地、农村一二三产融合试点县、全国农村创业创新典型县范例,响水稻作文化系统列入中国农业重要文化遗产体系。特别是2017年,一年内先后获得"国家现代农业产业园、国家级种子生产基地、国家数字农业建设试点",创宁安历史纪录。响水"两化"建设成为全国新型城镇化建设试点,渤海镇荣获全国"三农优化实验区"、全国农业产业强镇示范建设试点等多张"国字号"名片。东安村被确定为全国一村一品示范村镇,小朱家村入选全国"100个特色村庄"。宁安市是全省新农村建设先进单位、全省对俄果蔬出口基地县、全省"四化同步"城乡统筹发展先行区。

2.项目建设取得重大突破。坚持抓招商、上项目、打基础,产业项目建设取得重大突破。占地4.5平方公里的工业园区启动区基础设施全面竣工,并晋升为省级园区,结束了宁安没有园区的历史。先后投资5.39亿元实施了"三路一桥""两路两街"等路网工程和集中供热、绿化美化、污水处理等基础设施配套工程。

同步推进了中韩合作园、"互联网+"创业园建设,三年建设三园,创造"宁安速度"。工业园区新落户项目23个,完成投资16.5亿元,入园企业达到62户,园区土地利用率达到70%;中韩合作园落户项目12个;"互联网+"创业园落户电商企业、服务机构和服务商39户。在园区拉动下,产业项目短板正在补长,新开工、新竣工、新投产项目数量跃居牡丹江前列。2013—2017年五年累计新上投资3 000万元以上产业项目1 045个,完成投资436亿元;规模以上工业企业增加23户,达到93户。投资5亿元的老爷岭风电、投资5亿元的生物质发电、投资1.6亿元的华翠木业等一批立市项目竣工投产。引进新上投资22亿元的农食互联、投资10亿元的镜泊湖关东大厨房、投资10亿元的爱诺威药业、投资

1.6亿元的玉米马铃薯全粉、投资1.6亿元的鲜食玉米加工等食药产业项目,食药企业总数达到57个,果蔬加工能力由3.2万吨增至100万吨,粮食加工能力达到100万吨,"两头两尾"产业体系初步形成。此外,新上投资1.1亿元的鹏盛钢构、投资1.1亿元的履带式拖拉机项目,引进山东省国有全资公司、世界500强企业山东能源集团投资的益昕钢铁轧钢项目已投入生产。装配式建筑产业和农机食品装备产业正在形成集聚。引进广东瀚维集团采用BOO模式建设总投资3.6亿元的生活垃圾焚烧发电项目投产。

3.第三产业实现较快增长。自2011年起,交通运输、仓储和邮政业实现较快增长,到2018年完成增加值5亿元,年均增长2.5%,各种运输方式完成总周转量年均增长速度为3.3%。2018年全年社会消费品零售总额71.2亿元,年均增长13%。居民消费价格年均增长3.1%,商品零售价格年均增长1.87%。2018年进出口总额达7 184万美元,年均增长2.6%。实际利用域外资金103.6亿元,年均增长16%。旅游业稳步发展,2018年共接待游客211.6万人次,年均增长23%,实现旅游收入8.8亿元,年均增长25.1%。

构建"一廊三区"旅游产业发展格局。启动宁安市全域旅游规划编制,按照"大景区+特色小镇+特色文化+民俗旅游"的发展模式,通过集中攻坚,2018年"一廊三区"实现全面贯通,雪峰岭生态经济集合区赏雪亲雪乐雪项目、渤海文化旅游经济集合区的全省最大IEC智慧工程中心项目正式投入运营。同时,成功举办了宁古塔文化节、赏花节、渔猎节、流头节、农民丰收节,搅热了市场、圈来了粉丝,实现串点成线,全域性要素齐备的精品旅游线路已然形成。

电子商务产业发展迅猛。成立了天猫"响水大米官方旗舰店",开通了阳光农业365等本地电商平台、城市菜园微商平台、东京城"互联网+德诚农民工匠创业园",电商企业达到900

家，网上销售农产品以大米、杂粮、山产品、蜂蜜、蛋类为主，还有食用菌、农资、农药、农业机械、手工艺品等，商品种类达百余种，网络年销售额达3亿多元，出口包裹量居全省前列。

第二节　城乡面貌日新月异

城市建设加快发展。按照"保护一个老宁安，改造一个旧宁安，建设一个新宁安，构建一个大宁安"的思路和目标，围绕城市建设的短板和群众反映强烈的问题，累计实施项目184个，完成投资124.5亿元。完成了城市总体规划和土地利用总体规划修编，城市框架由12平方公里扩大到49平方公里。建成了城市规划展示馆。城市开发项目强势推进，有效破解了房屋征收难题，工作经验在牡丹江市推广，为全省树立了样板。

实施棚户区改造项目，稳步推进房地产开发，累计完成投资71.5亿元，建筑面积245万平方米。两个新区开发步伐加快，完成投资2.7亿元，向阳新区拉开骨架，建设了向阳街、向阳一街、向阳安置区、瑞合二期、地中海二期等项目；城东新区正式启动，完成投资1.6亿元，实施上京御河畔等项目。

多元投入23亿元，实施了宁古塔大桥、宁古塔大道、污水处理等30项市政工程。完成老城区市政道路和地下管网修建，综合改造市政道路53条50余公里，改造地下管网总长50余公里。投资9 200万元进行了供热设备和供热管网改造，收购换热站，并网供热面积达到236万平方米；投资1 200万元进行供水泵站和设备管网改造，市区实现24小时持续供水，群众反映强烈的供热供水问题基本得到解决；建成两个大型集中供热中心，完成城区二次供水、"两镇"供水和污水处理等群众多年期盼的市政工程25项，基础设施达到全省县级城市最好水平。

　　投资2亿元对通江路、中心街五条街路楼体综合整饬工程，改造楼体198栋、110万平方米，更换牌匾432块。投资817万元的望江楼修缮、宁安一中综合改造、东大街西牌楼新建等项目主体工程完工。完成13栋楼体亮化和5条街路的亮化升级改造。围绕把历史文化符号植入城市建设，实施了既有建筑改造和"935"文化工程。不断强化城市管理，投资近千万元购置了大型清扫、清雪、消防设备，城市管理硬件水平跃居牡丹江前列；实施了网格化城市管理机制，组建了公安执法分局，有效治理"十乱"行为。提升城市功能和品位的十大工程，向阳休闲运动中心、烈士陵园主体完工，外环路、沿江公园东段正在建设，星级酒店及商业综合体、文化中心完成招商，体育场、湿地公园正在完善规划设计。方便群众的工程，完成22个项目，新建停车场5个、水冲公厕6个、道路6条。"三优"文明城市创建深入推进，被评为省级文明城市和省级卫生先进县（市）。

　　美丽乡村建设亮点纷呈。以公园经济模式统筹城乡发展，启动实施了农田整理项目，"两路两桥"、安置区和社区服务中心等重点项目38个，完成投资44.6亿元，被列入全省城乡统筹示范项目、现代农业综合配套改革的试点项目和国家重大土地综合治理项目。

　　高标准建设了具有浓郁民俗风情的明星朝鲜族小镇，2009年正式开工建设。小镇主要以原明星村为基础，着眼于全市36个朝鲜族村屯，分期将周边22个朝鲜族村屯进行合并，通过并村入镇、土地复垦，实现农民向城镇集中，土地向集约经营集中，小企业向园区集中。建设体现宁安小城镇发展水平，集现代农业发展、生产加工、民俗风情于一体的最佳朝鲜族聚居区，打造"中国最美朝乡，休闲度假天堂"。

明星小镇建设按照"基础设施先行,功能分区整体推进"的原则,全面推进小镇建设工作,小镇建设累计完成投资1.3亿元。实施路网建设工程。修建镇内主次干路和通村路13公里,新建污水管网主干线4公里、供水管线2公里、水井2眼。实施电力改造工程。完成通信线路入地工程1.5公里,新建垃圾中转站1座、供热站1座、安装路灯300盏。实施绿化工程。移载大树500余棵,灌木、花卉2万多株。新建3 000平方米民族敬老院、720平方米社区服务中心、360平方米民族幼儿园、1 200平方米韩式宾馆、15 000平方米休闲广场和观礼台以及景观门等设施。投资400万元,建设供水、污水处理部分项目工程;启动了"穿衣戴帽"工程,投资450万元对小镇内86户约7 400平方米房屋、围墙进行全面改造;为改善公共服务设施,投资150万元,新建一处400平方米高档室内门球场和两个室外门球场;新修了两条1 800米硬质化水泥道路;完成职教中心主体建设工程,该项目投资5 000万元,占地面积21 100平方米,现已投入使用;新建安置房33栋、多层住宅楼2栋6 000平方米,已投入使用。

高质量完成渤海镇环境综合整治工程,累计投入5 000余万元,打造特色古镇。完成了城区"一街两路"建设,对街路两侧建筑物立面进行仿古式改造,街路整体风格为"黑白灰淡素雅",改造房屋371处,铺装玄武岩路面14 000平方米,铺装彩砖7 000平方米,柏油路4公里,对镇内6公里主要巷路进行了硬质化改造,新建3个休闲广场,建设完成了渤海大街西节点的标志性雕塑墙。投入140万元购置现代化的清扫车和铲车等卫生车辆,建设绿地2万余平方米,种植各种花草树木万余株。2014年渤海镇荣获"国家级重点乡镇""省级科普教育基地"等称号,2016年被国家建设部等三部委评为全国首批特色小镇。

实施美丽乡村建设,建设公园式美丽新农村。完成了东京城、兰岗等重点乡镇总体规划，启动16个全省重点村、20个特色村和10个中心村的规划设计。投资1.1亿元打造美丽乡村33个，在G11沿线打造美丽乡村6个。投资5 154万元完成67个村的环境综合整治。累计投资9 340万元，完成33个村整村改造升级，大力开展"百日攻坚"行动，"十乱"行为得到有效治理。在海浪镇盘岭村、东京城镇作为试点实施了农村垃圾分类和厕所革命。全市农村主路硬化率达100%，安全饮水达100%，医疗卫生所建有率达100%，农家超市建有率达100%，住房砖瓦化率达到99.7%，文化服务基本实现乡乡（街道）有公共文化服务场所、综合文化站，村村有文化活动室、文化广场、农家书屋。投资5.2亿元建设通村公路1 470公里，在全省率先实现通村公路硬质化。涌现出明星、瀑布、盘岭、于家、小朱家和梁家等一批美丽乡村典型，这些美丽乡村建设的典型形成牡丹江市样板，成为全省展示美丽乡村建设的窗口。

第三节　民生建设扎实推进

紧紧围绕群众最关心的热点和难点，在切实改善民生上务实发力，真心诚意为群众办实事、解难事，坚持实实在在想民生，克勤克俭为民生，集中力量保民生，人民自豪感、幸福感倍增。2012年以来，实施利民实事139件，累计民生支出43.2亿元，年均增长3%。千方百计促进群众增收，城镇和农村常住居民人均可支配收入五年分别增长66.5%和58.2%，达到26 105元和16 777元；城乡低保标准分别提高到6 360元/年和3 720元/年。财政供养人口工资实现翻番，工资待遇实现应涨尽涨。解决了供热、医保、住房公积金等历史欠账；城市低保标准人均增长76%，农村低保标准实现翻番。

投资7.2亿元实施了集中供热、第二热源、二次供水、东京城和渤海两镇供水、污水处理、农村饮水安全"三供两治"项目，群众反映强烈的供热供水问题基本解决，21万农民喝上放心水。改造棚户区74.3万平方米，建设保障性住房11 584户，改造农村泥草（危）房9 288户。城郊25委45户有搬迁安置诉求的居民全部迁入新居。投资2.5亿元实施向阳安置区建设，彻底解决铁西等居住环境恶劣区块居民搬迁问题。购建廉租房643套，发放廉租房补贴330万元。实施"整脏治乱"工程，完成169个小区305栋楼内环境整治及改造。

新增公交线路3条，总数达到14条，新上95台公交车辆，线路网长达到228.5公里，实现城区步行5分钟之内就有公交站点。投入1 500万元购置消防救援、清雪清扫、电视录播等城市服务设备。

高标准建设了省内县级一流的文化艺术中心、宁古塔历史文化博物馆，深入实施"935"文化工程，东大街西牌楼、张闻天工作室、望江楼修建等5个项目已完工，完成义发源店铺、马骏纪念馆布展。文化服务实现乡乡有公共文化服务场所、综合文化站，村村有文化活动室、文化广场、农家书屋。

实施校安工程和标准化学校建设项目102个，累计支出27.1亿元。完成了职教园区、第四小学、特殊教育学校、二中教学楼、一中学生公寓、海浪中学、镜泊学校等学校新建工程和幼儿园的改扩建工程。安装校园监控和警示标识等设备。购置26辆校车保障学生交通安全。公开招聘教师280名，义务教育基本实现均衡发展，职业教育成为全国示范，学前教育、特殊教育成为全省典型。2013年被确定为国家农村职业教育改革试验区试点县（市），2015年被教育部确定为全国中小学生艺术素质测评试验区。2016年11月29日，被教育部、科技部、水利部、农业部、国家林业局、国家粮食局授予"全国农村职业教育和成人教育示范县"称号。2017年10月16日—17日迎接国务院义务教育发展基本均衡检查，在全省受检的65个县区中名列第一，被国务院教育督导委员会授予"全国义务教育发展基本均衡县"称号。

完成市乡村三级医改，公立医疗机构全部实施药品零差价销售。社会救助、社会保障、社会扶持等各项政策措施全部落实到位，被列入全省农村新型养老保险试点县（市）。投资3 700万元完成了人民医院、中医院、镜泊湖医院、妇幼保健院和12个乡镇卫生院的新建或改扩建工程，群众就医条件明显改善。2016年"五项保险"参保人数新增59 919人，城市、农村低保标准分别提高126.24%和191.66%；实施城乡医保整合、社保大病救助、异地就医直结、取消药品加成和分级诊疗等惠民举措，城乡居民医保参保率98%以上；城镇登记失业率控制在2.5%以内。

第四节　社会治理成效显著

深入开展平安宁安、法治宁安建设，社会和谐稳定，人民安全感进一步增强。

公安局构建"三个全覆盖"，实现了"宁安大安宁"。一是构建和完善县、乡、村三级全覆盖的社区（农村）警务格局。组建了覆盖全市240个行政村的第一支农村专业化辅警队伍"村警"，构建起四项机制为核心的科学规范和系统成熟的"村警"工作体系。在城区，社区警务工作全部融入社区基层社会治理之中，先后组建了纳入政府公益性岗位40人的社区专职辅警队伍和132人公安"片长"队伍，全面实行由社区民警、辅警、社区干部和4至5名公安"片长"为基本警务单元"1+1+1+n"的网格化警务管理模式。二是构建和完善县、乡、村三级全覆盖的消防工作网络。公安局按照"政府统筹、公安主导、多元建设、网格管理"的工作思路，构建和完善了现役专业、乡镇专职、村级志愿"三结合"的县、乡、村全覆盖的消防工作网络。配备97辆农村自制式消防车，实现了"一村一队一车一加水点"的农村消防格局。通过发展多元化消防力量，弥补了基层消防基础薄弱的短板，全面提升了管控消防公共安全风险的能力。三是构建和完善县、乡、村三级覆盖的视频监控天网。市公安局针对制约县级视频监控规模建设发展的关键问题，坚持"质量、效益和速度并重"的原则。打破传统建设模式，采取市场化运作和自建视频光线链路"双管齐下"的创新方式，构建和完善了县乡村三级全覆盖的高视清、高密度的视频天网网络，在"平安城市"建设中发挥了重要的作用，提升了打击犯罪的效能。全市共建成了1 423处高清视频监控公益点，视频监控治安卡口47个。通过建设城乡全覆盖的视频天网体系，全面提升了社会治安防控能力和水平。仅2015年，通过视频侦查破获刑事案件246起，其中在案发24小时内破获的案件198起。

市公安局"三个全覆盖"的警务工作实践，带动了多领域基层社会治理工作创新发展，基层社会治理能力提升，走出了一条符合县级公安工作实际、适应基层社会治理需求、顺应现代警务发展方向的创新之路。据统计，全市刑事案件发案数由2013年的776起，下降到2017年的315起，火灾事故由2013年的289起，下降到2017年的77起。

2014年公安局"两张工作网让宁安农村更安宁"的典型经验，荣获了全国创新社会治理优秀案例奖；2016年"构建三个全覆盖"，实现了"宁安大安宁"的创新经验，赢得了全国创新社会治理优秀城市荣誉称号。2017年初，市公安局被省公安厅授予集体二等功；农村社会治安防控体系建设、农村"多元化"消防模式、"村警"模式三个创新项目，荣获全省首届"公安工作创新奖"暨"六大工程"建设示范专项奖。

市政府法律顾问工作、特色人民调解工作和公共法律服务体系建设都走在了全省前列。"六五"普法任务圆满完成，获全国创新社会治理优秀奖和全国法治县（市、区）创建活动先进单位称号。2014年4月，被省依法治省领导小组办公室授予"全省'六五'普法中期先进集体"称号；2014年12月，被省司法厅授予"全省社区矫正工作示范区"称号；2015年3月，被全国普及法律常识办公室授予"全国法治县（市、区）创建活动先进单位"称号；2016年5月，被中共中央宣传部、国家司法部授予"全国'六五'普法先进集体"称号。

强化了安全生产基础性、专业化建设。在全省率先建立了安全隐患台账、安全生产网格化管理机制。组建了水上搜救、矿山救援等7支专业化救援队伍，创下连续三年安全事故零死亡纪录。打造了牡丹江市首条省级餐饮服务食品安全示范街。

开展"十大平安创建""无邪教社区创建"和安全"大排查大整治"等活动，有效促进了社会和谐稳定。高度重视群众诉求，市级领导主动接访、下访，建立了"阳光信访"系统，畅通诉求渠道，化解了一大批信访积案，集体访总量下降30%。

第五节　党的建设全面加强

开展以"树立军魂思维、发扬亮剑精神"为主题的钢铁团队建设。以打造全省最优市级领导班子、全市最佳科级班子、全系统最强基层班子为目标，扎实开展"领导班子建设年"和学习型党组织建设活动。通过开办"宁古塔讲堂"，聘请国防大学和省委党校专家开展钢铁团队建设系列讲座，开阔了广大党员干部的视野；通过财源建设、项目建设和城乡统筹工作的实践，抽调527名干部参加全市房屋征收、棚户区普查、G11国道绿化、三优文明城创建和渤海重点工程等中心工作，打造了一支政治坚定、敢打敢拼、高效执行的钢铁团队。

严格按照"20字好干部标准"和干部选拔任用工作条例选人用人，创新干部初始提名办法，一批成绩突出、群众认可的优秀干部走上领导岗位。开展公开选拔后备干部工作，204名干部补充到全市科级后备干部队伍。加大干部监督工作力度，完成了全市67个党政群机关和参公单位超职数配备干部问题的专项清查。扎实推进"千名干部下基层活动"，156名干部深入农村、社区进行锻炼。引进人才147人，3 258名人才入选人才信息库。

探索实践社区"大党委"工作机制，构建"城区工委—社区党委—小区党委—楼群党总支—楼栋党支部"五级党建网络管理体制。与响水小镇、房屋征收、城市交通网建设项目指挥部同步建立项目党组织，成立项目指挥部党总支3个，党支部26个，项目攻坚党小组45个，培养树立党员项目尖兵15名。同时，推行党组织建在农产品加工企业、专业合作社、示范基地、产业链上的工作模式，建立145个产业党支部。

深入开展"三实两创"和创先争优活动，基层党建活力不断增强。建立"六六"对接机制，工作运行进一步规范和提升。启动新一轮城乡基层党组织结对共建，解决各类问题210个，创建基层党建品牌180个。开展在职党员网上签名承诺活动、党建品牌创建活动、党员亮身份活动，推行基层党组织"星级评定，梯级管理"和基层党建项目化管理，党员先锋模范作用更加突出。

2011年宁安市委被评为全省农村基层组织建设先进市委。

2014年开展40个软弱涣散基层党组织专项整顿活动，村干部"走读"、村屯环境"脏、乱、差"等问题得到有效整治。实施村党组织换届"两推一选"，稳步开展村级"两委"换届工作，村级党组织换届工作全面完成。2015年整顿软弱涣散党组织73个。市乡村三级投入4 000万元，完成69个村和9个社区办公活动场所建设，实现了村（社区）活动场所软硬件全覆盖、全达标。

2013年和2014年分别开展了第一批、第二批党的群众路线教育实践活动，全市91个参学单位和619个基层党组织教育实践活动取得成效。

2015年开展"三严三实"专题教育，整改"不严不实"问题368个，解决涉及群众切身利益问题93个。

2016年开展"两学一做"学习教育活动。全市各级党组织累计集中学习研讨6 770次，党员干部讲党课435次，查摆问题40 800个，帮助群众解决实际困难500余个，违法违纪党员处理257人次。

2011年、2016年分别召开了中国共产党宁安市第五次代表大会和中国共产党宁安市第六次代表大会，选举产生新一届市委委员、纪委委员和出席牡丹江市代表大会的代表。

截至2016年12月31日，全市共有党员18 508人，其中在岗职工4 962人，农牧渔民8 386人，离退休3 626人，其他1 534人。共有基层党组织878个，其中：机关154个，事业单位174个，企业179个，其他371个。

思想文化建设蓬勃发展。发挥"宁古塔讲堂"学习品牌的示范引领作用，2011年以来举办讲堂150余次，受训人数达3万余人次；组织开展"十团五进百讲"等宣讲活动，开展宣讲活动1 300余场次，参加学习人数达15万人次。

实施理论先导、德信宁安、舆论引导、文明创建、文化振兴、人才培育六大工程，为美丽宁安建设提供了强有力的思想保证、精神动力、舆论支持和文化条件。坚持正确舆论导向，"六项引领行动"内聚人心、外树形象，人民日报、央视等主流媒体竞相聚焦，宁安的知名度、美誉度大幅提升。开设"中国宁安"网站、"德信宁安"微信平台发布信息。2011年以来，在中央、省、市级主流媒体发稿2万余篇。

大力弘扬"文明开明、求实务实、创新创业、争先图强"的宁安精神。涌现出一批以金桂兰、王福宝、燕奎昌、刘国瑞、孙新功、陈荣峰、王克纯、关强为代表的立得住、叫得响的先进个人典型。

党风廉政建设深入推进。深化党风廉政建设载体活动，推进市委权力公开透明运行和党务公开工作，成功经验得到中纪委的充分肯定。认真落实中央"八项规定"、省委"九项规定"和牡丹江市委"十项规定"，工作作风有所改进。对党政办公用房和干部因私出国进行整改规范，严格落实党风廉政建设主体责任和监督责任，坚定不移惩治腐败，2012年至2016年，立案查处违纪案件397起，414人受到党政纪处分，反"四风"、反腐败形成高压态势。

第十七章　建设美好宁安

展望未来，中国进入新时代，宁安市将以习近平新时代中国特色社会主义思想为引领，统筹推进"五位一体"总体布局，协调推进"四个全面"战略布局，积极适应经济发展新常态，坚持以发展为第一要务，以"创业创新"为根本动力，以产业项目建设为主攻方向，以全面改善民生为根本目标，以全面从严治党为根本保障，突出绿色产业基地、特色旅游胜地、最佳宜居城市三大定位，全力拉开"四个框架"、提升"两个水平"、筑牢"两道防线"，决胜全面建成小康社会，开启建设美好宁安新征程！

第一节　城市定位

以习近平新时代中国特色社会主义思想为指导，全面贯彻落实党的十九大精神、习近平总书记在深入推进东北振兴座谈会上的重要讲话和考察黑龙江的重要指示精神，按照省委、牡丹江市委决策部署，统筹推进"五位一体"总体布局，协调推进"四个全面"战略布局。坚持以发展为第一要务，以"创业创新"为根本动力，以产业项目建设为主攻方向，以全面改善民生为根本目标，以全面从严治党为根本保障，突出绿色产业基地、特色旅游胜地、最佳宜居城市三大定位，着力提高经济发展质量和效益，确保如期实现全面建设小康目标，全力开创美丽宁安建设新局面。

按照"功能引导发展"的思路，推动城市空间由单中心向组团式转变，由城乡二元模式向城乡统筹发展模式转变，构筑联动发展的新格局。

1.提升宁安城市核心功能。按照"东扩""西调""北拓""中优"的空间发展战略。逐步建设"山水交融、社会和谐、充满活力、拥有历史底蕴与独特时代风貌、现代化宜居生态城市"。加强配套基础设施、公共服务设施以及立体交通网络建设，完善城市功能，强化城市建设，提升城市竞争力，营造最佳生活环境和工作环境，塑造宁古塔文化独特的区域形象，把宁安市逐步建成具有一定知名度和竞争力的"省级名城"；具有良好人居环境竞争力的"宜居城市"。

2.建设功能互补的城镇体系。依据国家和省主体功能区规划和国家新型城镇化综合试点任务，按照"城乡一体、两化互动、城融合、三个集中"的要求，倾力打造响水"两化"、明星小镇、江南滨水、红城社区、农垦新城5个亿级项目集群，引领全市城乡统筹的不断深入，争当全省乃至全国城乡统筹的典范，赢得更大的发展，打造整村推进城乡统筹新模式。"十三五"期间建设2到3个规模较大、承载功能齐全的农机、农贸市场。

3.优化城乡产业发展布局。优化三产结构，促进工农关系由"以农育工"向"以工促农"转变；重点发展特色工业，提升发展质量，依靠生产的联动效应带动农业和第三产业发展；积极发展特色农业和农业产业化经营；大力发展旅游、商贸、流通等服务业，建立一体化要素市场，增加就业岗位；促进农业与非农产相互选择、相互融合、相互影响、相互促进，促使三次产业公平发展、联动推进和一体化发展。

4.突出国土空间管制和集约利用土地。按照"产业集中人口集聚、土地集约"的原则，适度扩大中心城区、新城、新区用地规模，鼓励城镇发展优先兼并近郊区，加大农村居民点整理复垦力度。加强建设项目选址引导，严格落实基本农田保护制度，确保基本农田数量不减少。统筹城乡建设用地，建立农民宅基地退出机制，积极开展城乡建设用地增减挂钩工作，建设用地规范有序流转，促进农村建设用地节约集约利用。

5.推进民族村镇加快发展。全面贯彻落实国家和省的少数民族政策，重视和支持民族事业、民族经济发展，建设多民族和谐相处、团结友爱的社会环境，各民族共享改革发展成果。

第二节　发展目标

一、经济发展指标 经济稳步健康增长

经济稳步健康增长。到2020年，地区生产总值年均增长6.5%，达到282亿元；固定资产投资年均增长10%，达到302亿元；公共财政预算收入年均增长5%，按可比口径计算达到10亿元；规模以上工业增加值年均增长8%，达到63亿元；进出口额年均增长2%，达到3亿美元；招商引资到位资金年均增长10%，达到150亿元；社会消费品零售总额年均增长12.5%，达到98亿元。经济总量在"十二五"的基础上实现再翻番，经济社会发展水平保持全省"十强"。

二、结构调整指标 项目层次不断提高

项目层次不断提高。到2020年，三项产业结构比例调整为25∶40∶35。战略性新兴产业增加值占GDP比重增加10%，公共财政收入占GDP的比重增加5%，税收占财政收入的比重增加15%，现代服务业占服务业增加值比重增加20%以上。

三、社会民生指标 社会事业全面发展

社会事业全面发展。城镇居民人均可支配收入和农民人均纯收入年均增长10%以上，到2020年，分别达到38 700元和25 300元；城乡就业水平提高，城镇登记失业率控制在4%以内，5年实现城镇新增就业3万人；社会保障体系进一步完善，城镇常住人口基本养老保险参保率达到96%，城镇常住人口基本医疗保险参保率达到95%，新型农村社会养老保险覆盖（参合）率达到96%，新型农村合作医疗保险覆盖（参合）率达到99.9%；教育、卫生、计生、文化、体育事业继续保持全省领先水平。

四、资源利用指标 资源利用效率提高

资源利用效率提高。可持续发展能力增强，万元GDP能耗年均降低3.2%，万元工业增加值新鲜水耗降低到18立方米以下，农田灌溉水有效利用系数达到0.57以上，非化石能源占一次能源消费比重达到6.5%左右，主要污染物排放总量消减5%，城镇污水集中处理率达到85%，耕地面积保有量和基本农田保护面积分别达到213.33万亩和181.99万亩，森林覆盖率达到65.38%，空气质量达到国家标准。

第三节 重点任务

一、拉开产业框架，夯实发展基础

坚持质量第一、效益优先，按照"一产抓融合、二产抓提升、三产抓拓展"的要求，以供给侧结构性改革为方向，以打造"百公里东北亚高端食品农产品和文化生态产业走廊"为主线，以产业项目为抓手，以实体经济为根基，以创新驱动为动力，以产城融合、三产融合为路径，从一产切入，驱动二、三产业联动，推动经济发展质量变革、效率变革、动力变革，构建具有供给优势、生态优势、竞争优势的美好产业体系。

1.按照"一核两带六沟十二园"布局，拉开农业产业框架。力争投资100亿元，实施100个项目，果蔬面积达到100万亩，北药面积达到5万亩，产量达到350万吨，成为中国寒地果蔬基地、道地药材基地，实现由特色农业向精品农业、品牌农业升级，远东菜篮子向生态大庄园、大厨房升级，种得好向卖得好、卖得贵升级。推进示范项目建设。利用国家级现代农业产业园的政策，高标准推进共和食药产业园、明星科技示范园、石岩生态厨房田园综合体、光明现代农业产业园、渤海韭菜产业园等项目，做大产业规模，形成4个万栋棚室区，提升产业走廊建设水平。完善农业服务体系。建立宁安农产品销售联盟，共同打造宁安原产、镜泊湖关东大厨房、唐·渤海贡三大地域品牌。与中果协、易捷、粤港澳厨师联盟建立合作，创新订制、众筹、网红、厨师代理等新营销模式和商业模式，支持本地电商平台发展，探索适应宁安的电商模式。完善农产品质量增信体系，保证宁安农产品品牌质量和形象。补齐基础设施短板，加强农业基础设施建设管护，推进可持续发展农业试验示范区建设，实现藏粮于地、藏粮于技。

2.按照"一柱两特"结构，拉开工业产业框架。力争三年实现工业总资产150亿元，把食药产业培育成加工能力150万吨、产值100亿元的支柱产业，农机食品装备和装配式建筑两个产业形成特色优势。强化平台建设。启动园区二期征地、盘活存量土地，园区规模再扩大2平方公里；健全园区管理体制和服务功能。创新园区建设模式，探索"政府政策引导、主导企业操盘、金融资本支撑、配套项目跟进"等专业化园区建设模式；按照"一区多园"，重点谋划建设农食互联产业园、农机装备产业园、韩国食品产业园、关东大厨房产业综合体、光伏产业园等专业园区，振兴实体经济。扎实做好"三篇大文章"，推动"老字号"焕发新活力、"原字号"延长产业链、"新字号"形成增长点。打好"规模以上工业提质扩张攻坚战"，实施领导包扶、嫁接重组、转型升级等措施，盘活益昕钢铁、金龙玻璃等停产企业，做活响水米业、金达农化等要素短缺企业，做优镜农股份、南洋塑编等稳定型企业，做大鹏盛钢构、安暖建材等新上企业。加快项目生成落地。加快韩国农机、韩式食品、大宏农业、龙穆黑牛等在建项目建设。促成中央厨房、江苏亿金沼气发电、首农粮食加工、倍丰饲料加工、瑞康北药加工、无人机生产等项目落地。抓住京津冀、山东半岛产业转移机遇，再招引一批"一柱两特"产业项目。围绕做优做强产业走廊、"一柱两特"产业集群，立足肉蛋、果蔬、冷水鱼、林特产品、农业废弃物等资源，再生成一批项目，形成完备的"两头两尾"产业链、供应链、服务链，打造中央厨房集合区。

3.按照"一廊三区"的布局，拉开商贸旅游产业框架。力争三年投资100亿元，实施50个项目，把宁安打造成东北亚文化地标、冰雪旅游目的地、户外运动和休闲康养基地，旅游接待人数和旅游业总收入年均增长20%。全面启动三大旅游经济区建设。投资100亿元建设雪峰岭生态旅游经济区，建设森林小镇、冰雪运动、主题酒店等项目集群，带动发展周边区域。投资100亿元建设渤海文化旅游经济区，开发数字皇城、VR体验馆、萨满公园、沿江驿站等项目，带动渤海、东京城一线。投资30亿元建设镜泊运动康养旅游经济区，开发温泉、民宿、体验农业等项目集群，带动南湖、杏山一线。同时，按照"大景区+特色小镇+特色文化+民宿旅游"发展模式，跨界、跨区、跨行融合互动理念，依托三大旅游经济区，开发一批适应各方游客需求的旅游项目，形成特色旅游线路，构建全景宁安、全时旅游格局。强化旅游营销，制作以吃、住、行、娱乐和体验在宁安的主题旅游宣传片；开发"宁安+"公众号、APP、主题网站，制作AR和VR影片，实现旅游名片电子化；与去哪儿网、携程等在线旅游企业，以及旅行社、知名网红、航空公司合作，开展品牌宣传；举办手机摄影大赛、游记大赛、主题演出、主题赛事、客源地推介会等活动，提升黏合度、美誉度。

二、拉开城镇框架，塑造魅力之城

坚持"人民至上、历史至上、生态至上"的城市发展理念，复兴古城文化、再造生态优势、完善宜居功能，把历史与自然留给我们的基因转化成城市功能、特质和气场，打造具有古城之貌、江南之秀、生态之美、鱼米之饶、风韵别致、有品有味的美好城市和塞北名镇。

1.高标准、大手笔规划设计城市。拓展城市空间。按照"多规合一"的要求，聘请国内顶级团队启动新一轮城市总规修编。以外环路和城市北出口为骨架，划定城市发展线，把城市空间扩大到45平方公里，形成东依岱王山、西傍鸡鸣山、南望永安山、北接牡丹江的"一江环绕、群山相拥、万顷绿带做屏风"的空间布局；树立"紧凑城市"理念，框定总量、限定容量。按照城市功能定位，加强城市设计，把历史风貌、文化基因、山水灵气注入城市空间与建筑之中，以精致的特色街区、经典建筑、景观小品，构建出历史与现代融合、文化与生态共生的城市风格。

2.强力推进"2+30"工程，尽快展现名镇风貌与功能。加快新区开发，拉开城市骨架。向阳新区突出青年友好主题，完成基础设施建设，启动占地35万平方米的双创大厦、青年公寓、宁古塔文化街、城市综合体、三中新建等项目，力争3年基本建成。城东新区要突出商业、休闲、旅游主题，引进战略投资者，启动一级开发，加快上京御河畔建设，力争10年形成规模。加快"十大工程"建设，提升城市功能品位。向阳休闲运动中心、烈士陵园、沿江公园东段建成使用，外环路主体完工；医疗中心加快推进；城市北出口、体育场、文化中心、湿地公园、中心西街跨线桥、污水处理二期、星级酒店及商业综合体全面开工。以"十大工程"落成为标志，一座有品有味的美好宁安将展现于白山黑土之间。加快"十小便民工程"建设，让百姓生活更方便。围绕打造5分钟生活圈，再新建一批小绿地、小广场、小停车场、水冲公厕。加快"十个特色小镇"建设。于家农民工匠创业园完善设施，引进更多创客；东京城毕业季主题文创小镇与牡师院合作，丰富项目内容；江南明星小镇建设韩式商业街、康养休闲区等项目；南湖温泉小镇、盘岭玫瑰小镇加快建设。

3.实施乡村振兴战略。按照"产业兴旺、生态宜居、乡风文明、治理有效、生活富裕"的总要求，全面启动乡村振兴。再造生态循环体系。开展农村人居环境综合整治三年行动，推进厕所革命、庭院革命、厨房革命，改善农村生产生活方式、习惯、条件，推广农村垃圾分类，探索污水处理模式和生活垃圾、养殖废弃物的循环处理办法。再造集体经济体系，稳步推进农村集体产权制度改革，盘活集体资产资源，探索村社合一发展模式，通过壮大集体经济，解决乡村困境。再造乡村治理体系，启动高标准示范村建设中长期规划，鼓励开展乡村文体活动、文明评选，形成健康的乡风民俗；完善村规民约，健全自治、法治、德治相结合的乡村治理体系。

三、拉开开放框架，放大发展格局

抓住"一带一路"机遇，以更加开放的姿态、胸怀，打开城门、打开思想、打开眼界，接入"中蒙俄经济走廊"，复兴渤海古国丝路带，融入哈长城市群（哈尔滨—长春），对接发达地区，加快形成大开放格局。

1.构建"朋友圈"。融入牡丹江，承接城市功能、产业辐射，形成半小时工作圈、1小时旅游圈；链接"长吉图"，与毗邻城市在旅游、产业、基础设施等方面实现协同发展；对接珠三角，引入大企业、输出农产品，实现互动发展；借势京津冀、山东半岛，承接产业转移；开辟俄日韩，扩大出口市场，拓展合作领域。

2.提升开放功能。启动运营海关罚没品仓库，开工建设保税仓库、中韩合作园、源丰二期等项目，争取设立海关、检验检疫局宁安办事处，形成较为完备的内陆口岸功能。按照开放城市标准，设立多语种路牌标识，完善开放设施，展现开放文化。

3.完善开放的交通体系。积极推进与周边城市的基础设施互联互通，畅通向南、向东通道，拉近与口岸和省外的距离，争当黑龙江南大门和东边道新驿站，抢夺区位优势、提升战略地位。完成杏山至延吉高速、宁安至穆棱省道前期工作，做好牡丹江至敦化高铁建设准备，迎接高铁时代到来。

四、拉开制度框架，激发社会活力

建设美好宁安必须大刀阔斧推进改革，完善制度。

1.深化"放管服"改革，释放市场活力。重点推进实现"四减少两提高"的改革，服务好法人和自然人两个主体。继续实行行政审批制度改革，完善网上审批中心功能、打造不下班的政府，组建行政审批局，成立项目服务组，再造项目审批流程，取消不合理程序和收费；实施门禁制度、入企报备制度，减少对企业干扰；综合运用好"双随机、一公开"、信用综合监管、大数据监管等手段，依法规范企业运行。推进民事审批向社区下移，建立网上便民服务平台、开通手机APP，实行"一屏妥""一门妥""一窗妥"，取消各种奇葩证明，成立流动审批大厅、审批大集，到老百姓身边服务。

2.深化资源配置改革，放大要素效益。对矿产资源、公共资源采取招投标方式市场化配置。推进农村土地确权颁证，落实土地承包延长30年政策，完善农村宅基地制度，赋予宅基地出让、租赁、交易功能。推进金融改革，盘活政府资产、资金、资源，整合农投、工投、文投等国有平台，组成国有资产运营集团，形成借用管还一体化运营机制，推进政府资源资产资本化、证券化；放大农担公司功能，设立产业导向基金；支持宁安农商行创新金融产品、发展普惠金融、对外建立分行；扶持融兴村镇银行扩大规模。

3.深化政府运行机制改革，再造工作流程。实行"1+2+N"推进机制，即党政联席会谋事议事，统一思想；市委常委会、政府常务会决策定事、督促落实；专题推进会、现场办公会解题落事、协调推进。完善督考制度，形成有会议必有决策、有决策必有任务、有任务必有督查、有督查必有奖罚的工作推进机制。推进综合执法体制改革，强化执法力度。

五、提升法治水平，弘扬公平正义

1.建设法治政府。领导干部带头强化法治意识，提高运用法治思维和方式开展工作、解决问题的能力。制定《法治政府实施方案》，发挥法律顾问团作用，严格执行公众参与、专家论证、风险评估、合法性审查和集体讨论决定的决策程序，自觉接受各层面依法监督，让决策在法律框架内执行、让权力在阳光下运行。规范行政执法，紧盯权力部门、窗口单位，提高执法队伍素质，开展督导检查、专项评议、定期通报，促进严格公正文明执法，让群众感受到公平正义。

2.加强法治教育。深入开展"七五"普法教育，推进法律"六进"，增强全民的法律知识、法律素养，形成全民知法、敬法、守法的良好氛围；引导群众用法律武器维护权益，遇事找法、解决问题靠法。

3.提升治理水平。强化社会网格化管理，构建五级网格管理体制，推进"四社联动"模式，完善社会治理信息网络技术平台，实施公安建设"六大工程"，落实基层综合治理"四个一机制"，充分调动各方力量参与社会治理，打造共建共治共享的社会治理格局。健全立体化社会治安防控体系，严打严防各类违法犯罪，增加群众的安全感。构建信访稳定体系，真心实意地把百姓来信当家书、把百姓事情当家事，落实信访责任，健全社会矛盾纠纷排查化解长效机制。加强社会信用体系建设，制定企业信息公示和信用约束管理"两张清单"，让守信者得益、失信者难行。

六、提升文化实力，推进文化繁荣兴盛

1.牢牢掌握意识形态工作领导权。坚持党管媒体、党管舆论，建立《意识形态工作责任清单》，加强各种意识形态阵地的建设和管理，加大网络管控力度。办好政府门户网站，优化电视栏目，开办调频广播，加强与主流媒体和新兴媒体合作，掌握话语权、宣传正能量、传递好声音。严厉打击邪教组织，严控境外宗教渗透。

2.加强先进思想文化引领。深入开展社会主义核心价值观"六进"活动，强化教育引导、实践养成、制度保障、艺术宣传，使社会主义核心价值观成为百姓美好生活的精神引领。提升文明城市、文明村镇、文明单位创建水平。实施新风引领和素质提升工程，开展"新乡贤""美丽宁安人"等评选活动，用身边的典型激励身边的人；建立不文明行为曝光台，严管各项失范行为；开展"好儿媳""好婆婆""好家庭"等评选活动，推进良好家风家教的形成；开展"公益日"主题志愿者服务活动，倡导凡人善举。让我们的百姓因文明而幸福、因向善而可亲，让我们的城市因文明而美好、因尚德而祥和。

3.繁荣文化事业和文化产业。把文化振兴作为一号工程，大力实施"文化+"行动，打造第一支柱产业。要在文艺创作上实现重大突破，集中力量课题式攻关，组织文艺工作者到伟大时代、深厚沃土、质朴人民中汲取创作养分、创作题材、创作灵感，创作出一批有时代特征、宁安气息、艺术高度、温度筋骨、百姓欢迎的文艺精品，重树宁安的文化品牌；组建宁安的"乌兰牧骑"，把文艺和党的政策带到农村、带到社区、带到人民当中，成为群众贴心的宣传队、工作队、服务队；成立抗联歌曲合唱团，传承红色基因、激励不忘初心。要在文化产业发展上取得

重大突破。谋划文化产业项目、建设发展平台，打造"文化+"产业链条；办好宁古塔文化节、流头节等传统节庆，建设一批村史馆、供销社博物馆，打造宁安"文化视觉""乡愁记忆"。要在公共文化服务发展上实现突破。新建城区、小区要配建广场、文化活动场所，倡导文化下乡、文化大集，开展群众性文化活动，让宁安大地充满欢歌笑语。要在文化保护上加大力度。加强历史文化街区、建筑、村镇等遗产遗迹保护；积极申报国家级"非遗"项目，支持"非遗"传承人开展传习活动，加强文物保护执法。

七、筑牢民生保障体系，提升底线

让群众有更深切的获得感、幸福感是建设美好宁安的核心任务。我们必须始终把人民放在心中最高位置，把带领人民创造美好生活作为始终不渝的奋斗目标，按照尽力而为、量力而行的原则，坚守底线、补齐短板、完善制度、引导预期。

1.坚决打赢精准脱贫攻坚战。要带着党性和感情，下绣花功夫、用钉钉子精神，把脱贫攻坚各项工作做实、做细，提高"两率一度"。一户一策确定产业扶贫项目，建立利益链接机制，把产业扶贫与产业走廊建设、壮大集体经济结合起来，为每一个贫困户设立多个脱贫产业，兜住收入底线；激发贫困户内生动力，鼓励创业脱贫；把"两不愁、三保障""三通三有"基本解决到位；探索建立社会救助基金，为因病致贫家庭签约家庭医生，确保不因病致贫返贫；抓好驻村帮扶工作，高标准组织好内业资料，实施严格督查考核和退出机制，确保高质量完成脱贫任务。

2.提升群众收入水平。把增加城乡居民收入作为头等民生大事，搭建创业平台、创造就业机会、建立增收机制、设立兜底红线，确保居民收入增长高于经济增长，确保财政供养人口待遇应给尽给，最低工资标准提高到1 450元/月，打击拖欠农民工工资行为。

3.提升社会保障水平。全面提高社会保险、社会救助、社会福利保障标准，特别关注困难群体、老年群体、青少年群体，完善助残服务机制，积极发展养老机构和"银发经济"，农村五保户集中供养能力达到60%；新建社区要配建儿童、老年活动和日间照料场所，决不能让老人和孩子因无人照料而病倒家中、流落街头。

4.提升公共服务水平。树立"开明、开放、开发"的办学理念，办好人民满意的教育。设立教师培训基金，实施"名师名校长"培训工程，加强师德师风建设，打造一支德艺双馨的教师队伍。引进优质教育资源，提升基础教育水平，让孩子们赢在起跑线上；打造一中品牌，重塑塔牌形象；放大职教中心功能，将其打造成培养本土人才、对外教育合作、市民终身教育的平台。加强学生综合能力和道德素质培养，引导孩子们扣好人生的"第一粒扣子"；注重中小学阶段公平教育、亲情陪护、心理呵护，保证小学生就近上学、每天回家，学校所有事项必须体现公平，让孩子有一个健康的心智。实施"健康宁安"行动，倡导健康的生活理念和方式，增加公共健身场所和设施；大力发展中医药事业，发挥医联体作用，提升基层医疗水平，实施培树名医名科和引进名医名院计划，让百姓享受到更好的医疗条件。

八.筑牢生态和安全保障体系，严守红线

1.严守生态红线。科学划定生态保护红线、永久基本农田、城镇开发边界三条控制线，筑牢生态安全屏障。坚决打好"蓝天、碧水、青山、黑土"四大保卫战，严格落实"水十条""气十条""土十条"，强化小北湖自然保护区功能，深入开展农业

针对污染源头的治理、退耕还林还草、小锅炉取缔、黄标车淘汰、牡丹江流域垃圾连片治理等专项行动,制定"河长制"工作清单,强力解决秸秆焚烧问题,稳步提高森林覆盖率。大力发展生态产业,加快经济开发区及入区企业循环化、低碳化、节能化改造,推广应用清洁能源。

2.严守生产安全红线。把安全生产工作摆在更加突出的位置,推进安全生产网格化管理,狠抓安全生产隐患排查整治,加强安全生产基础性和专业化建设,健全安全保障设施;强化食品药品、消防、交通运输等重点行业和领域安全监管,坚决防范和遏制各类生产安全事故发生。

3.全面落实主体责任。强化"党政同责、一岗双责""绩效挂钩、责任追究"。运用信息技术和手段加强生态、安全监管;推行领导干部自然资源资产离任审计和生态保护目标考核。

附 录

历史人物
（以姓氏笔画为序）

马骏（1895—1928年）

马骏，送号天安，回族，1895年10月20日生于宁安县。1903年入私塾读书。1910年离开清真小学，考入江沿二等小学读书，1912年考入吉林省立第一中学（今吉林市），在中学读书时，接受了进步思想，参加演剧等反日宣传活动。1915年考入天津南开中学高中部，与周恩来同学。1919年5月，爆发了反帝反封建的"五四"爱国运动。运动一开始，马骏就以其饱满的爱国热情和超众的组织能力，在京津各校广泛活动，成为五四运动的主要青年领导人之一。因其领导青年学生在天安门前示威请愿，得名"天安"。

同年9月，与周恩来等一同考入天津南开大学，为继续广泛开展爱国学生运动，周恩来等发起组织了"觉悟社"，他积极参加，并在觉悟社主办的刊物《觉悟》杂志上发表爱国诗篇。

1920年1月，因马骏积极宣传爱国救国的道理、号召人民抵制日货，在天津被反动当局逮捕，7月出狱。不久，他同周恩来、邓颖超、郭隆真、刘清扬等在北京陶然亭会见了李大钊。冬季,在李大钊的指导下,他回到故乡——宁安,继续从事反帝反封建的革命活动。

1920年,马骏在上海加入共产主义小组,成为早期的共产党员,后到哈尔滨市组织"救国唤醒团",领导哈尔滨铁路工人大罢工。在哈尔滨《晨光报》发表文章,揭露日、俄帝国主义的侵略和封建军阀政府的黑暗统治。

1922年春,又回到了故乡宁安,组织学生排演《一元钱》《一片爱国心》等爱国剧目。

1923年6月,马骏在宁安城里组织"宁安回民崇俭会"。通过这个组织向回民的封建礼教进行斗争,在群众中影响很大,大大减轻了回民的负担。

同年10月,马骏组织教育界的学生和教师召开群众大会,揭露孙彦卿和何光甲出卖祖国森林资源的卖国勾当。孙、何二人勾结宁安县伪政府要抓马骏,他被迫离开了宁安,去吉林市毓文中学教书。任教期间,曾领导吉林人民反对日本帝国主义杀害爱国留学生王希天的斗争,而后经常向学生和各界人民宣传革命思想和党的反帝反封建的政治主张。

1925年,上海发生了五卅惨案。6月,马骏在吉林市组织了"沪案后援会",他任会长,领导全市的示威游行,支援上海工人的反帝爱国斗争。他将《毓文校刊》改为《沪案周刊》。五卅惨案之后,党派马骏去苏联莫斯科中山大学学习。

1926年9月,中山大学学生公社改组,马骏被选为公社书记。他在中大公社的斗争中,根据马克思列宁主义的原则和策略,不仅善于打击敌人的要害,而且能分化和孤立敌人营垒中的最反动势力。

1927年,中共北平地下市委组织遭到破坏。5月,马骏奉调回国，担任北平临时市委副书记兼组织部长。11月底，因北平市委中有一位同志不慎泄密，致使市委多数委员在开会时被捕。马骏被捕后，敌人对他施用各种惨无人道的酷刑，他经住了一切痛苦和折磨，没有泄露半点党的机密。当法官公布他的真实姓名和宣布他的"罪状"时，他义正词严愤怒揭露并指骂奉系军阀祸国殃民的滔天罪恶。审判官被问得哑口无言，判处马骏死刑。

1928年2月15日，马骏被绑赴天桥刑场，英勇就义，时年33岁。

马骏的遗体安葬于北京朝阳门外日坛旁边（日坛公园内），1951年，北京市各界隆重举行公祭仪式，重修了马骏烈士墓。1987年，中共北京市朝阳区委受中共北京市委委托再次重修马骏烈士墓时，邓颖超同志为其题写碑文。1993年5月，马骏故乡宁安市社会各界和广大人民捐资筹建了马骏纪念馆。邓颖超为纪念馆题写了"马骏纪念馆"馆名。

于学堂（？—1934年）

于学堂，山东人。1931年"九一八"事变前，在东北军第十三混成旅九团一营一连当兵。事变后，于学堂跟随部队投降了日军。目睹了日本侵略者到处烧杀抢掠、无恶不作。他满怀强烈的爱国之情，下定了为把日本侵略者赶出中国而战斗到底的决心。

1932年3月，日本侵略军进攻敦化县城，趁日军进军不备之机，他带领20多人拉出了队伍，到安图一带进行抗日活动。到同年10月间，队伍发展到200多人。

1932年11月间，他把队伍带到宁安县南部山区，活动在松乙沟和房身沟一带。后与当地的抗日队伍张祥的炮手队合并，队伍发展到1 000余人。

1933年9月，周保中到南湖头一带开展抗日工作，于学堂被编为第八旅,并被任命为旅长,此后,于学堂率领第八旅经常活动在三道沟、松乙沟和大小加吉河地带。旅部设在三道沟里的李家窝棚,经常到莺歌岭截击敌人。

1933年12月15日,敌人从敦化集结了500多名日伪军,从三面夹攻他的三道沟密营。反被于学堂的部队包围了,敌人陷入被前后夹击的局面。经过几个小时的激烈战斗,敌人死伤30多人,被打得溃散而逃。

1934年2月20日(正月初七),他和部下正在三道沟密营研究部队的转移事宜时,日军又集中500多人的兵力,在汉奸带领下包围了三道沟于学堂旅部。日伪军从三面围攻,伪军已迫近他的指挥部,情况非常危急,于学堂下令部队退往加吉河。在队伍撤退时,他带领两名警卫掩护大部队安全转移,自己却被敌军包围,敌人从三面向于学堂等三人猛烈射击,于学堂和两名警卫员壮烈牺牲,他们用生命保护了大部队。

于洪仁(1908—1934年)

于洪仁,字博安,满族,1908年出生于宁安镇北岗子的农民家庭。童年时在私塾读过三年书,后在宁安街小学、中学读书。1930年23岁时在吉林省立第四中学高中毕业。他在中学读书时,在进步老师的影响下,接受新思想和学习革命理论,积极参加学校里反封建闹学潮的斗争,和同学一起掀起了驱除王校长(王营私舞弊,提倡复古等行为)的学潮,最终,该校长被撤销职务,学潮取得胜利。在斗争中表现机智勇敢,深受同学们的钦佩。在学校地下党团组织的培养和教育下,于1930年初加入中国共产主义青年团,不久又加入了中国共产党。

1930年下半年,他到宁安腰岭子屯当小学教员。在课堂上,他经常向学生进行革命思想和爱国主义教育,假期里,他组织一些进步青年以秘密散发传单的方式，向广大群众宣传革命道理。

1931年"九一八"事变后，于洪仁渴望到斗争第一线去，为挽救民族危亡贡献自己的力量。他经常向家属和周围的人宣传"国家要独立、人民要自强""得先为国，不能先为家，没有国哪会有家"的道理。

1932年初，各地自发的抗日队伍蜂拥而起。党为了有效地组织好这些群众自发的抗日武装，中共宁安县委派于洪仁（县委军事部长）到抗日救国军里去工作。从此，于洪仁肩负起改造抗日队伍的使命，开始了艰苦的戎马生涯。

1931年冬，李荆璞在沙兰驿站组织抗日武装，于洪仁参加了这支队伍，成为李荆璞的得力助手。不久李荆璞的队伍被编为救国军的一个连。由于救国军主要领导没有抗日的决心，于洪仁和李荆璞两人把100多名士兵从救国军中拉出来，并根据李荆璞的提议，将这支队伍改建为"平南洋抗日总队"，李荆璞任总队长，于洪仁任副总队长。后来根据于洪仁的建议将队名改为"吉林工农抗日义务队"。

于洪仁经常给部队战士上政治课，加强思想工作，并协助李荆璞组织练兵活动，他还经常编些歌曲等文艺节目，教给战士们演唱。既活跃了部队文化生活，又提高了部队的政治素质和战斗力。同时还组织大家本着自力更生的精神，自己动手改善伙食。

1934年2月1日，成立反日同盟军，并建立了同盟军党委会和军委会。于洪仁任党委委员和军委委员。

1934年8月21日，李荆璞和于洪仁带领部队在大唐头沟活动。这天他们俩正在炕上吃中午饭，突然有几个叛徒闯进屋里，把枪给他们俩顶上了。李荆璞是坐在炕边上，还没来得及反抗，两个叛徒立即将他两手反扣起来，把枪缴了。于洪仁坐在炕里的窗台上，叛徒难以立即接近缴他的枪。于洪仁平时练了一手好枪法，他只要从身上摸到枪，出手就响，并且是百发百中。在这紧急的瞬间，他迅速地伸手摸枪，还未等他拽出枪，叛徒抢先向他开了枪，于洪仁英勇牺牲，时年26岁。

于洪仁参加革命时间虽然短暂，但经他培养和发展的共产党员，后来都成了民族革命和国内革命战争的骨干，他亲手领导改造过的队伍，成为东北抗日联军第五军的骨干。

王光宇（1911—1938年）

王光宇，原名王堂明，又名王兴，吉林德惠人，1911年生于吉林省德惠县岔路口腰窝堡屯。1932年考入哈尔滨一中，并加入中国共产主义青年团，1933年加入中国共产党。"九一八"事变后，加入当地反日义勇军。1933年6月被派到宁安抗日工农义务队做政治工作。1935年2月任东北反日联合军第五军第一师一团政委，同年底改任该军第二师政治部主任。1936年2月任东北抗日联军第五军第二师师长，率部转战于牡丹江东部及依兰、勃利、林口等地区。1937年3月，任中共吉东省委委员、中共第五军党委委员，同年9月，调任东北抗日联军第四军副军长。1938年5月率第四军主力西征。同年12月，在张广才岭岭东的钓鱼台（今属黑龙江省海林市二道河子镇）附近，与敌遭遇，激战中王光宇壮烈牺牲。时年27岁。

2014年9月1日，被列入民政部公布的第一批300名著名抗日英烈和英雄群体名录。

王汝起（1905—1940年）

王汝起，曾用名王坚，1905年生于山东省黄县王家茧坡。1923年，因家乡发生特大水灾，逃荒来到宁安县，在长岭子屯落户。

1931年，日本帝国主义发动了侵华战争，第二年占领了宁安县。王汝起怀着强烈的爱国热情，决心抗日。他利用传统的农民结社的方法，走亲访友，组织农民。1932年秋，他在宁安西北乡一带，组织了几十人的"红枪会"。1933年，他率领"红枪会"加入了救国军第三旅，编入第八团任团长。他率队活动在以镜泊湖为中心的宁安、敦化、额穆等地。

1934年2月，党领导的绥宁反日同盟军组成，王汝起如鱼得水，率领队伍加入了同盟军。

1934年4月，他率队在庙岭击溃了多己数倍的日伪军，击毙日军7名，打伤12名，获枪7支。

1935年2月，绥宁反日同盟军改建为东北抗日联合军第五军，王汝起所率部队被编为五军第一师第三团，他任团长。从此，他在党的直接领导下，走上了新的抗日救国道路。

1935年冬，王汝起经团政委伊俊山的介绍，加入了中国共产党，他坚定地向党表示，要"为民族解放流尽最后一滴血"。

1936年1月20日，五军党委特别会议决定：五军主力部队向中东铁路道北转移。王汝起率三团同军部一起为策应，掩护一、二师主力部队向道北转移。4月，王汝起率部破坏了宁安卧龙屯集团部落，并将马莲河自卫团缴械，两战获得步枪40余支，枪毙了叛徒苗德才。

1937年2月，他调任五军二师任副师长，同师长王光宇一起，率五军二师四、五团活动在依兰、桦川、富锦、同江等县，与日伪军进行多次战斗。1938年1月，他调到七军任一师师长。1939年8月，七军党委在虎林土顶子召开会议，王汝起被选为军党委候补委员。

王汝起到七军两年多的时间里，率领一师的全体战士，在日伪军残酷的"围剿"面前顽强作战，英勇斗争，转战于饶河、虎林、抚远、同江、富锦、宝清等地，狠狠地打击了敌人。

1940年春，抗联七军改编为东北抗联第二路军，王汝起任第二支队队长。同年6月21日，他率领40余名战士前往大带河袭击日寇伐木场的日伪军。战斗打响，王汝起奋不顾身，率领队伍英勇杀敌。激烈的战斗持续了一天，日伪军死伤惨重，就在战斗接近结束的时候，王汝起不幸中弹牺牲。时年35岁。

2015年8月24日，王汝起被列入民政部公布的第二批600名著名抗日英烈和英雄群体名录。

王润成（1910—1965年）

王润成，别名马英，1910年8月出生于宁安县哈达湾村。1930年10月加入中国共产党。1931年"九一八"事变后，任中共宁安县城区党支部书记。1932年7月被派到救国军王德林部队工作。1933年11月任汪清县委宣传部长。1935年1月任珲春县委书记，同年3月任东北人民革命军第二军独立师第四团政委。1936年3月任东北抗日联军第二军二师政委、五师政委。9月任中共道南特委常委。1937年1月在苏联莫斯科东方大学学习时被软禁审查。1938年10月苏联肃反扩大化以间谍嫌疑被捕入狱，流放到北冰洋瓦尔古达劳动营，时间长达16年之久。

1954年5月获准回国，在北京矿业学院工作。1956年3月恢复了党籍。1957年调到吉林省蛟河矿务局任矿长。1958年10月任舒兰矿务局副局长。1962年改任舒兰矿务局党委副书记。

1965年10月10日病逝。时年55岁。

王毓峰（1897—1938年）

王毓峰，原名王忠庆，1897年生于宁安县东京城镇阿堡河子（今宁安市渤海镇内）。1916年19岁就参加了东北军，先后担任过班长、排长、副连长等职。

"九一八"事变后，在全国日益高涨的抗日怒潮中，他高举抗日旗帜，将自己手下的一个排从东北军中拉出来，到宁安县花脸沟一带开展抗日游击活动。

1932年，抗日救国军从敦化开到宁安活动时，他率队投奔了救国军。1933年1月率200余人参加了李延禄领导的抗日救国游击军，被编为二团任团长。

1月28日，王毓峰率领部队参加了团山子战斗，在他的指挥下打死3名日伪军官，经过两小时的激烈战斗，日军被迫撤退。

1934年2月16日，绥宁反日同盟军组成时，王毓峰坚决拥护我党提出的反日民族统一战线主张，并率领全团战士参加了同盟军。同年4月，率领全团战士与同盟军兄弟部队配合，先进攻小城子，烧了敌伪电报局，后进攻宁安与延吉之间的城子街，收缴了东京城附近农村的地主武装，打击了日伪军，扩大了同盟军的影响。

1934年冬，在粉碎日本侵略者冬季大"讨伐"的战斗中，率领部队与兄弟部队密切合作，同日军进行了多次战斗。

1935年1月猴石一战，打死打伤34名敌人。

1936年2月，同盟军改编为东北反日联合军第五军，王毓峰任第一师第二团团长，同年，加入中国共产党。

1936年1月，五军党委特别会议决定：五军主力部队向中东铁路道北转移。同年2月末，王毓峰的二团和兄弟部队在师长李荆璞率领下进驻到距离东京城（今渤海镇）七八公里的莲花泡屯，在筹集部队给养过程中，突然遭到四倍于我军的日伪军袭击。在十分紧急情况下，为了保存部队，李荆璞师长命令王毓峰率部突围，而王毓峰则决意首先掩护李荆璞和师部突围。于是，他坚决果断、临危不惧，巧妙地指挥二团战士连续冲杀，顶住了敌人的猛烈冲击，使李荆璞和师部得以安全转移。

1937年冬，王毓峰被提升为抗日联军第四军第二师师长。此后离开宁安地区，向宝清、萝北、集贤、富锦等地活动。

1938年2月25日被四军六团的叛徒杀害。时年41岁。

2015年8月24日，王毓峰被列入民政部公布的第二批600名著名抗日英烈和英雄群体名录。

田仲樵（1908—2005年）

田仲樵，女，别名苏维民、李维君、赵树文、姜维颜等。1908年1月20日生于吉林省林甸县，读过二年私塾。1921年在家务农。1933年4月在黑龙江省穆棱县参加革命活动，站岗放哨、跑交通送信。1935年3月在东北抗日同盟军第四军第二团当宣传员，同年7月被调到密山县委任妇女主任，同时加入中国共产党。1937年1月任中共宁安县委书记。1938年6月在中共吉东省委秘书处工作，是执行部成员。1939年2月在哈尔滨养病。1941年2月在牡丹江被捕。1945年"九三"抗日战争胜利后出狱养病。1946年3月在合江军区后勤部被服厂当指导员，恢复了党籍，同年6月任穆棱县妇联主任。1947年6月在合江驻哈办事处养病。1948年在绥东工作团工作。1949年9月调到东北烈士纪念馆任馆员。1957年省文教口定为投敌叛变被开除党籍和公职。1962年省委七人小组定为一般性自首行为。1977年6月28日省委又定为叛徒、特务。1979年4月24日省文教党组建议撤销1977年6月28日结论，恢复党籍，恢复行政18级工资待遇。1980年2月6日省委13次常委会定为自首变节。1986年6月离休，享受副厅级待遇。

2005年3月15日逝世于哈尔滨市。

田孟君（1913— ）

田孟君，女，原名田淑兰，化名女张、卡加、林丽等，1913年生于穆棱县八面通高丽营村，毕业于八面通高级小学。1933年4月，参加反帝大同盟，任穆棱妇女救国会主任，在八面通女子学校当教员，后来和李范五结婚，同年5月加入中国共产党并任县委委员。1934年2月调任宁安县委秘书、妇救会主任。1935年6月任中共吉东特委委员、妇委书记。1936年4月去苏联，在莫斯科东方大学学习。1937年到苏联红军参谋部军事工程学校学习情报工作。1940年初回国在华东和延安等地做情报组副组长。1949年任哈尔滨保育院副院长、党支部书记。1950年调到北京中央调查部，后又到人民大学外交系学习。1955年调到北京经济学院任讲师、人事处副主任、政治部办公室副主任、图书馆长等职。1982年离休。

史忠恒（1906—1936年）

史忠恒，吉林省永吉县人，1933年5月加入中国共产党。

1926年入吉林督军署卫队团第二营八连当兵。1929年转投吉林陆军第十三混成旅七团三营九连当兵。1931年11月，随王德林部队起义，参加抗日救国军，任补充一团三营九连副连长。在攻打敦化、额穆、蛟河及镜泊湖连环战等战斗中，屡立战功。后被提升为第三营营长。1933年救国军溃败后，加入东北抗日救国游击军任第三团团长。1933年6月，任抗日救国游击军第十四旅旅长。1936年1月，任东北人民革命军第二军第二师师长。7月，任抗联第一路军第五师师长，率部活动于宁安、东宁、汪清、敦化等地，取得多次战斗胜利，被誉为"常胜将军"。1936年10月，在老松岭伏击战中牺牲。

当时延安《解放日报》以《打日本鬼子的常胜将军——史忠恒同志》为题，详细报道了史忠恒烈士的事迹，盛赞他是献身东北抗日事业的英雄。

2015年8月24日，史忠恒被列入民政部公布的第二批600名著名抗日英烈和英雄群体名录。

白殿贞（1901—1934年）

白殿贞，1901年3月8日生于河北省峣河县（今并入泊头市），从小移居到宁安县落户。1931年"九一八"事变后，在宁安县新官地村积极参加抗日活动，组织农民成立反日会。1932年夏加入中国共产党。1934年4月6日创立宁安反日游击队，队员有26人，白殿贞被选为宁安反日游击队队长。5月27日率队在小唐头沟进行抗日活动时被日伪军包围，激战了4个多小时后，终因寡不敌众，白殿贞等4名战士壮烈牺牲在宁安县江南小唐头沟（今宁安江南乡小唐村东山），时年33岁。

孙三（1915—1990年）

孙三，原名李志华，1915年12月出生于宁安县南团山子村。1934年2月参加绥宁反日同盟军。1935年赴苏联入莫斯科东方大学和军事技术专科学校学习。1937年回国，1938年2月加入中国共产党。

抗日战争时期，任中国人民抗日军政大学军事教员、大队政治处组织股股长、特种兵研究室主任、军政教员训练队队长、抗大第六分校大队长、中共中央党校军事队区队长、延安炮兵学校队列科科长。

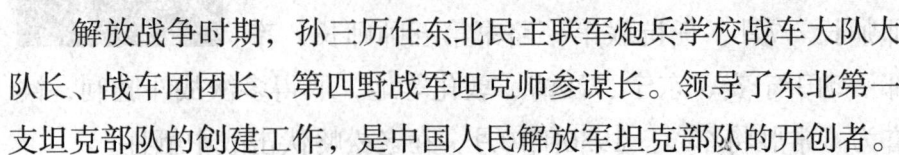

解放战争时期，孙三历任东北民主联军炮兵学校战车大队大队长、战车团团长、第四野战军坦克师参谋长。领导了东北第一支坦克部队的创建工作，是中国人民解放军坦克部队的开创者。

他率领部队参加了三下江南和辽沈战役等重大战事,并渡过长江一直打到海南岛,参加了四川解放战役。

中华人民共和国成立后,历任坦克师师长、中国人民志愿军坦克兵指挥所副主任、中国人民解放军装甲兵技术部部长、装甲兵顾问等职,为人民装甲兵的建设做出了杰出贡献。1955年被授予少将军衔。

1999年9月5日逝世,享年84岁。

孙万贵(1900—1985年)

孙万贵,别名李申,1900年2月生于宁安县卧龙河屯。1933年春参加抗日活动,1935年6月赴苏联学习。1938年8月回国。先后在延安中央组织部二科、中共驻西安办事处交通科任职。新中国成立后随延安东北干部团回东北,在宁安县任东北民主大同盟秘书长、第二自治区区长、县民政科科长、内蒙古扎兰屯林业局局长、东北森工局工具厂(牡丹江林业机械厂前身)厂长、牡丹江林业学校副校长等职。

1985年3月15日病逝,享年85岁。

刘万奎(?—1934年)

刘万奎,别名刘振邦,外号刘快腿。黑龙江省宁安县卧龙河人,农民出身,无文化。1925年任保安大队卧龙河分队队长。1928年任宁安县保安中队长。1931年"九一八"事变后,他从二十一旅哗变出来,拉起抗日队伍,不久部队发展到800余人,刘万奎任东北抗日义勇救国军第四旅旅长。1933年1月,退守到密山后率领300余人退入苏联,同年3月被送往新疆。1934年4月10日攻打并占领了古城子,刘万奎在战斗中身负重伤,因流血过多在当晚牺牲。

全凤来(1907—1973年)

全凤来,化名王杰、金凤三、申春景,朝鲜族。1907年1月5

日生于朝鲜咸镜北道吉州郡雄平面龙南里村。1920年全凤来全家迁到吉林省延吉县，1921年至1929年在校读书，因组织青年运动，曾几次被学校开除。1930年7月加入中国共产党，任宁安反日会主任，1932年2月任穆棱县委书记，同年5月在下城子被捕，20天后被释放，9月任东宁区委书记。1933年1月任宽沟支部书记，1934年8月到黑龙江省珠河县（现尚志）与组织失去联系。1935年至1945年给地主扛活。1949年8月重新入党，1949年至1952年任延吉县县长，1952年10月到延边任自治州卫生处长。"文化大革命"中遭受迫害，1973年11月7日逝世。卒年66岁。

关玉衡（1897—1965年）

关玉衡，原名瑞玑，字玉衡，满族，1897年生于宁古塔城（今黑龙江省宁安县），满洲正黄旗瓜尔佳氏家庭。中学读书时因闹学潮被开除，遂投身于军旅，历任排长、连长、警卫处长、团长等职。

1929年任东北兴安屯垦公署军务处处长兼第三团团长。1931年6月下令处决日军间谍大尉中村震太郎等人，即"中村事件"当事人。"中村事件"发生后，日本军政当局要求处决关玉衡团长未果，日本借机挑起事端，引发了"九一八"事变。事变后，关玉衡进关揭露"中村事件"真相，被国民党政府委任为参议，在北平参加抗日救国会，后来任辽北蒙边义勇军右路军指挥。1933年2月，队伍失散，只身回到北平、上海等地呼吁抗日战争。"西安事变"前去西安，被张学良委任为横山县县长。因与共产党接触被免除县长职务漂流全国各地，在新疆被军阀盛世才抓捕入狱二年，中华人民共和国成立后回到哈尔滨。1953年回到宁安县，任职于宁安县历史博物馆，曾被选为黑龙江省人民代表、省政协委员、宁安县政协委员。

关玉衡的爱国之志，早为中国共产党所知，1944年周恩来副主席就称他是爱国军官、爱国民主人士。

1965年，关玉衡因病逝世，终年68岁。

朱光（1914—2001年）

朱光，原名赵金城，1914年出生在山东省聊城一个农民家庭。1921年，因家乡闹灾荒随父母逃荒来到宁安县马河村西沟。1926年，在马河村小学读书，受班主任中共党员段中和的影响极深。"九一八"事变后，朱光参加了段中和组织的反日会。1932年春，经段中和同意，朱光与王福贤、王永奎、梁家林、张永祥在村西的墩台山小庙处成立了共青团马河支部，朱光被选为团支部书记。不久，朱光参加了王德林的吉林救国军，活动在宁安、汪清、东宁一带。救国军溃散后，几经波折又回到家乡马河，与王汝起发起组织成立反日红枪会，只有几杆红缨枪和几支土造猎枪，而后作为于学堂旅的一个连，活动在宁安北湖头地带。队伍逐渐扩大，北湖头一带的抗日队伍编成一个团，王汝起任团长，朱光任副团长。1934年，该团加入绥宁反日同盟军。1935年，编入东北反日联合军第五军第一师第三团，同年，他受组织派遣赴莫斯科东方大学学习三年。1936年，加入中国共产党。回国后，在新疆专攻炮兵专业。1940年，到太行山八路军总部炮兵团任副营长，参加了百团大战、反扫荡战和关家垴歼灭战。1941年，随炮兵团回延安，炮兵团改为延安炮兵学校，朱光任总务处长。解放战争时期，随炮校挺进东北，任东满军区炮兵团团长、军区炮兵办公室主任兼教育科科长、吉林军区炮兵主任、东北民主联军炮兵团长、第四野战军炮

兵第二指挥所副主任、炮兵第二师特种兵部队炮兵办公室主任，参加了解放长春、四平、辽阳、鞍山、新民、法库、新立屯等多次重大战斗，参加了辽沈、平津战役和南下江南等。中华人民共和国成立后，任中国人民志愿军炮兵第三师师长、炮兵指挥所参谋长，参加并经历了抗美援朝战争的全过程，获朝鲜人民民主主义共和国二级勋章两枚。1955年，回国任中国人民解放军三兵团炮兵司令、旅大警备区炮兵司令员、中国人民解放军炮兵参谋长。同年被授予少将军衔，获二级独立自由勋章和二级解放勋章各一枚。1956年后，任第三机械工业部副部长、第五机修工业部副部长兼西南局三线建设委员会常务委员。1981年1月，任中国人民解放军基建工程兵副主任、党委第一书记。1988年，获一级红星功勋荣誉奖章一枚。曾为中国人民政治协商会议第六届、第七届全国委员会委员。1998年7月离休。

2001年病逝于北京，享年87岁。

朱守一（1905—1934年）

朱守一，原名周子岐，沈阳人。1931年加入中国共产党。"九一八"事变后来到宁安，宣传抗日救国，建立了10多个群众反日组织。1932年6月组建了23人的北满工农义勇队，后被编入东北抗日救国游击军。1933年5月任中共吉东局委员、中共宁安县委书记，期间为加强党内组织建设、发展抗日武装，在宁安县东京城组建起一支70余人的抗日群众武装，为创建抗日游击根据地做了大量工作。1933年12月受中共吉东局派遣，到宁安工农义务队中做整顿工作。1934年春被中共吉东局派到密山任游击队长，活动于密山、哈达河一带。同年8月24日，率游击队在哈达河二段山脚下与日军"讨伐"队激战，不幸牺牲。时年29岁。

2015年8月24日，被列入民政部公布的第二批600名著名抗日英烈和英雄群体名录。

刘英（1905—2002年）

刘英，女，原名郑家慧。1905年10月14日出生在湖南长沙东乡金井镇。1924年改名郑杰，考入徐特立创办的长沙女子师范学校，深受革命思想熏陶，很快成为学生运动的骨干，被吸收加入中国共产主义青年团。1925年3月加入中国共产党。1926年冬，被党组织送往武昌中央两湖党校学习。1927年10月担任中央湖南省委候补委员兼妇女部长。此间，她与省委秘书长林蔚结为伴侣。1928年初，林蔚在醴陵牺牲。1929年春，周恩来、恽代英派郑家慧赴苏联学习。1932年冬被派回中央苏区工作。1933年6月在瑞金改名为刘英，成为少年共
产党苏区中央局的巡视员，曾任福建团省委书记、少共中央局宣传部长。1934年10月16日，刘英从瑞金参加了长征，1935年10月19日到达陕北吴起镇。1935年冬，刘英与张闻天在瓦窑堡结为终身伴侣。1945年4月，刘英作为七大代表参加了中共第七次全国代表大会。10月22日，刘英随张闻天、高岗、李富春、王鹤寿等人赴东北。12月中旬，刘英与张闻天、刘贤权、富振声、孙平、郭洪起、杨思严等人来到宁安开辟革命根据地。来到宁安后，以宁安东北人民民主大同盟和工作团的名义进行活动。1946年1月，成立中共宁安县委，刘英任县委副书记。同月参加了宁安县第一届临时参议会，并当选为大会主席团成员。3月4日，宁安学院举行开学典礼，由刘英负责，在宁安学院以学生为基础，组织青年救国会，进行文艺宣传活动。组织演出《赵一曼》等革命话剧，争取团结青年，并在先进青年中发展党员。孙光（女）、孙岩（女）、高爽、胡淑范（女）等人是抗战胜利后宁安发展的第一批新党员。3月16日，中共宁安县委举行抗战胜利后第一批新党员入党仪式，刘英和张闻天到会并讲话。刘英在宁安学院培养了一批青年知识分子走进革命队伍中来，充实了党的干部队伍。

1946年5月11日，刘英与张闻天离开宁安前往佳木斯。

1948年5月，刘英任哈尔滨市委组织部长。1949年5月，任中共辽东省委常委组织部长。1951年3月，她对外以驻苏大使夫人身份活动，对内是参赞和使馆特委副书记。1954年4月，任外交部部长助理。1956年9月和1959年5月，她作为党的八大代表和全国二届人大代表分别出席了中共第八次全国代表大会和第二届全国人大一次会议。1978年后，刘英先后任全国政协委员、常委、中纪委委员。1985年8月30日，张闻天诞辰八十五周年时，经中央批准《张闻天选集》由人民出版社出版，这时，刘英应邀口述，整理发表了《身处逆境的岁月》一文。在长征胜利五十周年时，她整理发表了《难忘的三百六十九天》，在建党七十周年时，她又整理发表了《在大变动的年代里》，为党和红军的历史留下了宝贵的史料。1991年5月，刘英在中纪委离休，后担任全国关心下一代工作委员会顾问等职。

2002年8月26日，刘英因病在北京医院安然逝世，享年97岁。

朴英山（？—1944年）

朴英山，男，朝鲜族，出生年月不详，中国共产党党员，原东北抗联第五军战士，籍贯不详。

1939年7月，他随抗联第五军部队过境去苏联，后编入东北抗联教导旅，即苏联远东红军独立步兵八十八旅，又称八四六一步兵特别旅（简称国际八十八旅）。朴英山政治上可靠，且对东北原战斗过的吉东地区比较熟悉，并有一定的群众基础和对敌斗争经验。因此，他们受苏联红军远东军事情报部门和抗联教导旅联合派遣，回国担负起对日军进行侦察和情报搜集任务。

朴英山是一名出色的侦察英雄，1943年被派回国后，先后活动在东宁、牡丹江、宁安一带，担负对日军的侦察任务，他曾单独或与同志们配合执行过五六次对日侦察任务，并向总部报告了所得情报，为确保1945年苏联红军和国际八十八旅顺利进军和解放吉东地区提供了具有重要参考价值的情报。

朴英山的不幸遇难事件，发生在1944年，当时，他率领两名战士（他的警卫员）在宁安马场（今卧龙乡英山村）一带活动，遭遇敌人而被捕，另两名战士当场牺牲。事后，当地群众满怀悲痛的心情将两位战士掩埋在村子北侧的山脚下，因不知二位名字，之后以朴英山的名字而立的碑，成为宁安市的一处爱国主义教育基地（根据调查所得，朴英山被捕后被押往哈尔滨日本特务机关，有被送往七三一部队的可能。由于现存档案资料不全，无法查证朴英山被带走之后的下落。根据朴英山被捕地英山村的老支书口诉，也可能被押往大连旅顺口。但因日寇战败撤退前，已将原始档案付之一炬，已无法查询）。光复后，为纪念朴英山等3位抗联烈士，宁安县政府将马场屯改名为英山村。

据有关资料，1985年8月29日，东宁县绥阳林业局工人梁永等4人在寒葱河林场辖区山上采松茸时，在一处石碴子缝隙中发现一个雨布包，打开一看是一部电台，电台上放着密码本和一个日记本，后经公安和文化部门查证为朴英山所藏，此物证明了朴英山烈士生前在这一地区活动的轨迹。

刘贤权（1914—1992年）

刘贤权，原名刘贤耀，1914年出生在江西省吉安县富田乡江背村。1929年11月，加入中国共产党。

1930年8月，刘贤耀参加红军，被编入红十二军三十五师一〇五团，并改名为刘贤权。

从1930年11月至1932年初，他参加了多次反围剿战斗。1932年2月，被任命为红一军团二师六团三连政治指导员，4月任机枪连指导员、代理连长，参加了大雄关、硝石等战斗。1933年10月任红一军团二师六团卫生队队长。1936年1月被调到红一军团二师任民运工作队长。1938年8月，他被调到肖华司令员的纵队，任民运部长兼统战部长，开始了东进历程。1939年2月被任命为东进纵队五支队政治部主任。1940年7月，刘贤权调任冀鲁豫军区第一军分区司令员兼泰西军政委员会书记。1943年7月，刘贤权被任命为三分区司令员。

1945年，刘贤权随张闻天来到牡丹江。亲自率领部队剿灭了宁安境内土匪郑云峰、谢文东、马喜山等部，取得了牡丹江地区剿匪全胜。

1947年7月，调任东北民主联军第一纵队三师政治委员。圆满地完成了东北冬季围歼战，共歼敌匪2 400余人。1948年3月，刘贤权被提升为东北人民解放军一纵队政治部主任。

1949年，三十八军命令驻百色地区的两个师由刘贤权负责。1950年1月，任三十八军副军长。

1951年2月，四十七军奉命入朝鲜抗美援朝，军委决定时任四十七军副军长的刘贤权为该军前总指挥。1955年2月，刘贤权入南京军事学院学习，同年由陈毅元帅到南京军事学院授予刘贤权少将军衔。同时被授予二级八一勋章、一级独立自由勋章、一级解放勋章。

1957年10月刘贤权荣任三十八军军长、党委书记。1960年5月，刘贤权被调任沈阳军区副参谋长，1963年6月任兰州军区副司令兼青海省军区司令员。

1968年，调军委办事组工作，8月任铁道兵政治委员、党委书记。1969年5月改任铁道兵司令员、党委书记，在铁道部工作八年，为新中国铁路事业做出了卓越贡献。1975年4月调任济南军区任副司令员,直到1978年1月退二线,1982年6月离休。

1992年6月15日辞世,享年78岁。

乔树贵(1911—1984年)

乔树贵,别名姜振江、乔书贵,1911年10月10日生于山东省泗水县三家湾村。17岁逃荒到辽宁省本溪湖南芬铁矿当井下工人卖苦力为生6年。1931年"九一八"事变后被抓劳工修吉敦铁路,后参加了姚振山组织的救国军。1933年救国军解散后加入山林队。1935年9月编入反日联合军第五军一师三团三连任排长,不久任五军军长警卫副官。1938年4月加入中国共产党。1941年11月去苏联,参加东北抗联教导旅军训。1942年3月率领小部队到兴安岭、绥化侦察敌情。1943
年初编入教导旅四营当排长。1945年9月东北抗联回国后,任宁安县城防司令部司令。1948年3月,先后任延边专员公署武装科长、民政科长、法院院长。1955年12月至1967年1月任延边朝鲜族自治州副州长。1959年7月至1963年12月任延边政协副主席。"文革"期间下放到敦化,1976年7月平反后任延边朝鲜族自治州视察室主任、革委会副主任。1980年2月任州人大副主任。

1983年3月离休。1984年1月16日在延吉病逝,时年73岁。

孙平(1918—2013年)

孙平,女,1918年5月生于宁安县卧龙河村。1935年,在宁安县卧龙河参加儿童团。1936年1月,参加东北反日联合军第五军,当月25日在家乡加入中国共产党,同年末入苏受训一个月后派到莫斯科东方大学学习二年半。1938年9月底回国到延安中央二机部机要科任机要员。1941年在中央党校和陕北工学院学习一年。1943年2月在中央党校院部

工作。与富振声结为夫妻。1945年8月,日本投降后任宁安县妇联副主任。1946年7月,调任合江育民工厂政治指导员。1949年冬,任沈阳市妇联秘书长。1952年5月调任吉林省机关党委副书记,后任省人事厅副厅长。"文化大革命"中遭受迫害劳动五年,1972年平反后任吉林省民政厅副厅长,1982年离休。2013年去世。

朱德海(1911—1972年)

朱德海,原名吴基涉,曾用名吴东元、金道训、吴秉元、姜道一,朝鲜族,1911年3月5日生于俄罗斯双城子道别河村,1920年2月来到吉林省和龙县水东村,1923年毕业于和龙县小学。1930年2月到宁安县进行革命活动,同年8月加入中国共产主义青年团,任宁安县南湖头共产主义青年团区委书记。1931年5月加入中国共产党,1932年1月任东京城于家屯团特支书记。1933年后历任中共密山县二人班党支部书记、西大林子党支部书记、救国会会长、东北抗日同盟军第四军第二团后方留守处党支部书记。1936年6月去苏联劳动大学学习,1939年3月回国到延安,先后担任三五九旅连指导员、供给处指导员、军政学校总务处长。1945年"八一五"东北光复后到哈尔滨任义勇军第三支队政委,该部队改编为松江军区第八团。1949年3月任延边专员公署专员、中共延边地委书记、延边朝鲜族自治州主席、延边朝鲜族自治州主席兼延边大学校长、中国人民政治协商会议全国委员会委员。1954年7月任吉林省副主席、副省长。1965年11月任中共吉林省委常委。"文化大革命"中被审查疏散到湖北五三农场。

1972年9月3日在武汉医学院逝世。终年61岁。

邱文华(生卒年不详)

邱文华,1925年1月加入共青团,在宁安县乜河镇读书,

1926年转为中共党员。1928年秋赴北京法学院读书,并参加西城区委做组织工作。1931年1月回到宁安县,2月发展庞景仁、关慈、胡成梁3人入党,成立中共宁安特别支部委员会(吉林省立第四中学),邱文华任书记,后又发展于洪仁、徐文祥、徐子洁等人加入中国共产党。1931年末任县委秘书。1932年3月到黑龙江省穆棱县开展地下组织活动,期间发展了多名党员。1934年初与党组织失去联系。1962年7月黑龙江省党史所两次访问邱文华同志,邱文华回忆了当年在宁安县发展党员的情况。

张中华(1912—1937年)

张中华,1912年生于吉林省永吉县乌拉街,中学毕业后考入哈尔滨铁路扶轮专科学校。

1931年"九一八"事变后,他在学校地下党组织的影响下,激发起强烈的爱国热情,积极参加各种抗日救国宣传活动。此时,他积极靠近党的组织,接受组织分配给他的工作,因他在完成各种任务中表现卓著,1932年加入中国共产党。

1934年9月,受中共满洲省委派遣到吉东地区任共青团宁安县委书记。他在做团的工作时,总是生活在群众当中,善于联系群众,关心群众的疾苦,因此,工作开展得很顺利。

1935年5月,中共满洲省委任命张中华为中共宁安县委书记。

1936年初,中共吉东特委遭受破坏,地方党组织的活动也越来越困难,张中华被迫离开了宁安县委,调到抗联五军军部任政治部主任。

1936年4月,建立中共道南特委,时任特委书记。同年9月24日,在五军军长周保中的主持下,召开了吉东、东满党组织和二、五军党委特别会议。会议决定东满各县委归属道南特委领导,书记张中华,并兼任五军军部宁安留守处主任。

1937年4月,成立吉东省委,被选为省委委员。同年冬,五军一师派往道南的部队大部分返回依兰、方正等地。张中华率五军部分留守部队继续坚持道南的游击战争,转战于牡丹江、宁安等地,给敌人以干扰和打击。这时,宁安和牡丹江一带的抗日游击区环境恶化,地方组织的斗争和抗联部队活动非常困难,张中华于初冬率部队转移到桦甸县境内活动。

1937年12月,率领留守部队在桦皮沟一带与敌人作战中右臂受重伤被俘,敌人使用各种手段诱降,但张中华始终坚贞不屈,怒斥敌人,视死如归。当敌人的诱降阴谋彻底破灭、无计可施的之时,便将张中华杀害于狱中。时年25岁。

2014年9月1日,被列入民政部公布的第一批300名著名抗日英烈和英雄群体名录。

李文彬(1902—1939年)

李文彬,黑龙江省双城人。1937年加入中国共产党。1920年,到东北陆军第十八旅一连当兵。"九一八"事变后,李同所在部队第十八旅一起参加了吉林自卫军,抗击日本侵略者。1933年春,所在部队的上层军官投降了日军。李憎恨日本侵略者,离开前部队返回家乡宁安。1935
年春,任宁安县三道河子伪森林警察大队队长。1937年7月,在张镇华、冯淑艳等细致工作下,李文彬率部起义,参加东北抗日联军第五军。后被编为东北抗日联军第五军警卫旅,李文彬任旅长。之后在依兰、宝清等地连续作战。11月,警卫旅改编为第五军第三师,李文彬任师长,活动在牡丹江两岸的依兰、富锦、宝清等地。1939年9月,在宝清遭伪军和警察队包围,壮烈牺牲。时年37岁。周保中感叹道"文彬精忠报国,为民族争生存死而后己之精神，其英威千古不灭。"

2015年8月24日，李文彬被列入民政部公布的第二批600名著名抗日英烈和英雄群体名录。

苏北虹（1915— ）

苏北虹，原名苏岐祥，化名孟少庚、郎青、悲鸿，1915年生于宁安县海林颜家屯。1927年读完高小。1929年考入吉林省立四中（今宁安一中前身）。1930年秋加入共产主义青年团。1931年"九一八"事变后任宁安一区团书记。1932年春，任团县委组织部长，4月加入中国共产党，5月任宁安团县委书记。

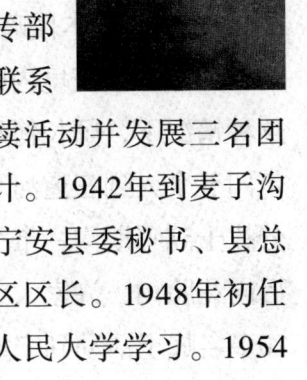

1933年夏任共青团绥宁中心县委宣传部长。1934年4月吉东局被破坏，与组织失掉联系后，到珠河采木组核检尺、看仓库，仍继续活动并发展三名团员。1939年冬到宁安石头河子村公所当司计。1942年到麦子沟村公所当司计。1945年11月恢复党籍，任宁安县委秘书、县总工会副会长、土改工作队中队长、宁安二区区长。1948年初任县政府科长、县委宣传部长，12月去中国人民大学学习。1954年大学毕业后在外交部任科长。1955年11月去新疆巴音楞蒙古自治州任部长、秘书长、党校校长。"文化大革命"中被审查。1970年11月恢复职务。1980年6月，回到北京海淀区居住。

李光林（1910—1935年）

李光林，延边人，朝鲜族，1910年出生在延边的一个贫苦农民家庭里。少年时代他目睹了父辈们深受反动统治阶级的残酷压迫和剥削，心里埋下了仇恨和反抗的火种。在当地党团组织的教育和影响下，他逐渐懂得了一些革命道理，开始参加革命活动。1929年初，他利用随父到汪清亲戚家串门的机会，深入到宁安南湖头一带，发动农民进行抗租斗争。同年，李光林加入了中国共产主义青年团。

1931年，"九一八"事变后，上级党组织任命李光林为宁安县牡丹区团委书记。1932年11月，任共青团宁安县委书记、中共宁安县委委员。

1933年，任吉东局团委常委。1934年，担任吉东局团委书记兼吉东局巡视员。1935年2月，在汪清正式组建了反日联合军第五军第二师，李光林任师政治部主任。4月，五军党委决定，李光林和师长傅显明率三、五、七团随军部留在宁安境内活动。

冬季，日本侵略者加紧了对抗日部队的"讨伐"，妄图剿灭抗日力量，宁安境内的抗日部队处于困难境地，给养发生困难。在这种情况下，师长傅显明和政治部主任李光林商量决定，由傅显明带四五个人到三道河子联系四团三连，李光林带四连和五连的一部分战士到嘎斯沟一带征收给养和服装，他们约定三四天后会合，然后向花脸沟、许家大屯等地活动。按上述决定分手后，李光林即带20多名战士活动到宁安江南山东屯，在征收给养过程中，由于当地一个汉奸告密，敌人于12月24日派伪军一个团，将李光林部重重包围在尤家窝棚后面一个空房子里，这是一栋孤立的房子，四周是一片开阔地，无险可守，无路可退。李光林清楚地意识到，已经到了为国献身的关头了。他临危不惧，从容镇定，率领战士进行了英勇的抵抗。但终因敌众我寡，激战两小时后弹尽，战士牺牲近半，李光林等13名同志不幸被俘。被俘后，他坚贞不屈，大义凛然，怒斥伪军甘当日本侵略者的鹰犬，为虎作伥，残害同胞。伪军官恼羞成怒，当场将李光林杀害，时年25岁。

2015年8月24日，李光林被列入民政部公布的第二批600名著名抗日英烈和英雄群体名录。

李成林（1904—1936年）

李成林，原名金东轼，化名金大伦、孙靖海，朝鲜人。1904年，生于朝鲜咸镜南道咸州郡。

1915年，10岁的李成林随父母离开朝鲜，绕道苏联迁来宁安县磨刀石（现属牡丹江市）。后又迁到宁安街、黄旗屯等地。1919年于磨刀石小学校毕业。1926年考入了广州黄埔军校学习。1927年，蒋介石叛变革命，反动派到处捕杀革命者和进步青年。李成林不能继续学习，于6月离开广州回到宁安县任教。这时，李成林接近了当地地下革命组织，参加一些革命活动。1930年7月加入中国共产党，在中共宁安县委的领导下从事地下工作，组建了"宁安工农义勇队"。1930年10月，他同姜哲山等县委的负责人一起，在花脸沟一带，发动农民举行了10月秋收暴动。

1931年，"九一八"事变后，党组织派李成林到王德林领导的抗日救国军总部工作（这时化名金大伦），任命他担任总部的宣传部长。

1932年秋，被调到密山做区委领导工作。成立密山县委时，他担任县委宣传部长。在密山一带的抗日救国军溃散以后，李成林和县委其他同志共同创立了党领导的密山游击队。

1934年夏，被调到勃利县，担任勃利区委书记。当年10月，改组勃利区委为勃利县委，李成林任县委书记。在勃利县，为了便于革命活动，他结识了共青团员孙靖宇，并与他认作远房兄弟，化名孙靖海。此间，抗联三、四、五军，都曾在勃利、依兰等地活动，李成林积极配合，发动组建反日会、妇女会等组织，支援抗联活动，为抗联提供情报，解决给养和动员群众参加队伍，并在及时传达上级党委指示精神和协调各军之间的关系等方面做了很多工作。

1936年3月,中共中央驻满洲代表决定撤销中共满洲省委,准备成立中共松江省委,并提名李成林为省委书记。

1936年6月,李成林与抗联四军二团副官刘喜,从勃利去依兰的黑背开会,行进途中不幸遭8名土匪暗害而牺牲。其后吉兴河屯抗日会长李清山率3名抗日会员,到其遇害地找到了李成林的遗体,用棺木掩埋于附近。时年32岁。

吴克仁(1894—1937年)

吴克仁,东北军中的爱国高级将领。字静山,1894年(清光绪二十年)生于宁古塔三道湾屯(今属宁安市卧龙乡)的一户正白旗满族农民家庭。童年入乡塾接受启蒙教育,"中华民国"成立后入县城高小和中学肄业。上中学时曾与同学一起参加了宁安抵制日货活动。

1915年考入保定陆军军官学校炮兵科,毕业后入皖系边防军,后转投奉军,任排长、连长、营长。1925年被选派赴日本炮兵学校深造,翌年回国,任东北陆军讲武堂炮兵班主任兼炮兵教导队上校队长。1928年,炮兵教导队改为炮兵教导团任团长,后改任东北炮兵第十八团团长。1930年,赴法考察后升任东北讲武堂炮兵研究班少将教育长。1933年春,任国民革命军第一一七师副师长,编入第六十七军,参加了长城抗战。1934年,任一一七师师长、副军长、中将军长。1937年2月,六十七军所辖五个师合并为一〇七、一〇八两个乙种师。卢沟桥事变后,他率部赴大城防线阻击敌人。10月中旬率军南撤。下旬,淞沪战场形势严峻,他奉命率部开赴战场,作为右翼方面军的总预备队进驻青浦。

1937年11月5日,日军第十军(辖三个师团)从杭州湾登陆,直扑松江县,从西线迂回中国守军的后方,为掩护上海守军撤退,六十七军奉命进入松江县城阻击日军。经过三日激战击毙日军五六百人,六十七军伤亡惨重,至9日凌晨撤退。当日下午吴率部突围至苏州河渡河时不幸身中数弹,壮烈牺牲,时年43岁。

吴克仁是全民族抗战初期最早牺牲在正面战场的高级将领之一,也是东北军整个淞沪战场上牺牲的唯一中将军长。然而该军在战后为吴克仁及各级战死官佐请恤时,军政部竟根据所谓战区情报,污蔑吴克仁为叛变投敌,六十七军番号亦被撤销,吴克仁英勇殉国却蒙受不白之冤。

1980年,在《中外杂志》103期发表了《"八一三"之役——吴克仁军长殉国纪实》;1981年7月,旅美老报人团雨时在台湾《传记文学》第30卷第1期上撰文悼念吴克仁将军。经两位先生为吴克仁将军的殉国蒙冤呼吁,终于使台湾当局于1982年3月20日批准吴克仁将军入祀"国民忠烈祠"。

1987年,中华人民共和国民政部追认吴克仁将军为革命烈士。2014年9月1日,被列入民政部公布的第一批300名著名抗日英烈和英雄群体名录。

李范五(1912—1986年)

李范五,原名李福德,化名张松。1912年生于穆棱县狍子沟屯。1929年,在哈尔滨第一中学读书时,参加了反对日本帝国主义在我国东北修筑铁路的学生运动。在国立北平大学俄文法政学院读书期间,正值"九一八"事变,他投身于学生抗日爱国运动,积极参加了北京学生的  卧轨、南下请愿游行示威、飞行集会、下乡宣传、检查日货等活动。

1932年,参加了中共党的外围组织反帝大同盟。同年加入中国共产党。年底受党的派遣,回东北开展抗日斗争。他回到穆棱后，以小学教员身份作掩护从事抗日活动。先后建立起反帝大同盟和党、团组织，成立了中共穆棱县委员会。

1933年至1936年，先后任中共穆棱、宁安县委书记，吉东特委组织部长。

1936年，吉东特委遭破坏，被派到苏联莫斯科，在共产国际东方殖民地问题研究院（东方大学八分校）学习，并兼任学生临时支部书记。

1938年回到延安。在延安期间，李范五先后任中央组织部地方党务科科员，中央情报部研究员，抗日军政大学东北干部训练队指导员，中共东北工作委员会委员兼秘书长。1945年当选为党的第七次全国代表大会代表。

全国解放后，回到东北先后任中共合江省工委书记、省委副书记兼省政府副主席、省军区政委、松江省政府副主席。

新中国成立后，李范五历任中华人民共和国林业部第一副部长、党组副书记、书记，黑龙江省委第二书记、省长、省军区第二政委，中共东北局委员会委员等职。

他晚年多病，离休后夜以继日地撰写30多万字的党史资料，直到他去世前的几个小时还在修改最后一本革命回忆录，做到了鞠躬尽瘁，死而后已。

1986年5月7日，李范五在北京逝世，终年74岁。

李延禄（1895—1985年）

李延禄，1895年4月生于吉林省延吉县，1929年参加革命，1931年加入中国共产党。

1931年"九一八"事变后，受党组织派遣进入东北军开展抗日救亡工作，被任命为抗日救国军参谋长。

1932年初，他和党派去的其他同志一道，

在抗日救国军中建立了以工农群众为骨干的抗日救国军第一补充团,并兼任该团团长。属于我党在东北地区较早地建立起来的抗日武装,并秘密建立了党的组织,活动在宁安县镜泊湖及南部山区。

1933年,李延禄组织起了党领导的抗日救国游击军,并任军长。这支队伍不断补充扩大,最后扩编成东北抗日联军第四军,李延禄任军长兼中共吉东特委委员。这一时期,他率领四军转战宁安东部、北部的十几个县,领导指挥了大小战斗近百次,给日伪军以沉重打击。

1936年春至1938年秋,李延禄受党的派遣在上海、南京从事党的统一战线工作。

1939年,李延禄任中共中央东北工作委员会副主席,负责组织培训东北工作干部。

1945年,李延禄作为正式代表出席了党的第七次代表大会。

解放后,他曾先后任合江省政府主席、松江省政府副主席、黑龙江省副省长、省委委员、省政协副主席。他还是一至五届全国人大代表,第三、四、五届全国人大常务委员会委员。

晚年,李延禄虽身患重病,但他在病床上仍坚持撰写革命回忆录,为党史提供了很多宝贵资料。

1985年6月18日在北京逝世,享年90岁。

张闻天(1900—1976年)

张闻天,别名洛甫,1900年8月30日出生在江苏省南汇县朱家店北张家宅(现属上海市浦东新区)。曾是我党一个时期主要领导人之一,为党和人民的事业做出了巨大贡献。

1945年9月,他向中央提出到东北从事实际工作的请示得到批准,12月上旬,张闻天在牡丹

江赴佳木斯任合江省委书记途中遭叛匪袭击，张闻天等遂返回牡丹江。中旬，中共牡丹江地委召开会议，决定张闻天去宁安。来到宁安后，大胆发动群众进行了剿匪斗争和解决土地问题，建立起可靠的军队和新政权。他亲自拟定了宁安县《敌伪土地没收分配条例》，并在1946年1月29日的宁安县临时参议会上通过，由宁安县民主政府颁发实施。2月初，在宁安组织了250余人的反奸清算分配敌伪土地工作团，张闻天任总团长，下设6个分团。到3月底，全县共分配敌伪土地67 404响，使102 100名农民分得了土地，平均每人分地6.6亩。张闻天提出的这一政策主张在3月20日东北局《关于处理日伪土地的指示》中作了正式规定。宁安县分配敌伪土地的经验，由延安新华总社于1946年4月26日播发全国解放区。

1946年1月，在张闻天领导下建立中共宁安县委，召开宁安县第一届临时参议会，选举产生县民主政府，成立县总工会和妇女联合会。他亲自组织指导剿匪斗争，亲自组织召开第一次宁安剿匪会议，会议分析了当前对敌斗争形势，决定先打势力最强、对宁安和牡丹江威胁最大的郑云峰、马喜山匪部。2月15日，首战告捷，全歼鹿道匪徒，活捉匪首郑云峰。至3月4日，历时17天组织讨郑、马大小战役21次，毙匪敌2 000余人，解放村屯23个，解救群众5万余人。

3月，为培养更多的青年参加到革命队伍中来，张闻天创办了宁安学院，共收学员450余人。他亲自主讲《中国革命和中国共产党》《社会发展史》等课程。4月初，召开第二次宁安参议会议，决定把部队分散，扩大阵地，开展进一步肃清残余土匪势力工作，发动群众、武装群众和建立根据地。

在短短5个月时间里，领导宁安人民开展了轰轰烈烈的反奸清算分配敌伪土地运动、清剿土匪、建党建政。迅速改变消除了敌伪势力和国民党势力猖獗的局面，亲手将宁安建设成为一个初具规模的革命根据地，并在实践中制定了比较切合东北实际的方针、政策和办法，使宁安成为北满58个县中发动群众最好的五县之一。

1946年5月11日，张闻天离开宁安前往佳木斯，就任合江省委书记、省军区政委。

1976年7月1日，张闻天因心脏病猝发在江苏无锡逝世，终年76岁。

张建东（1902—1965年）

张建东，原名张荣掞、张建平、张庸言，1902年生于河南省鹿邑县。1920年毕业于安徽省立五中。1926年12月加入中国共产党。1921年至1926年当兵。1928年至1930年被捕。1931年"九一八"事变后来到宁安领到抗日工作，活动在卧龙河一带。1932年1月，在宁安县委任军事委员，任抗日救国军王德林部队参谋。1933年1月任抗日救国游击军李延禄部队参谋长。1934年任抗日同盟军办事处周保中部队参谋长。1935年2月任东北反日联合军第五军参谋长。1936年至1937年两次进关为东北抗联募捐。1937年至1939年在延安抗大当炮兵教员、中央党校教员。1939年至1941年任冀中区党委军事部参谋长。1942年至1943年任冀中军区参谋处副处长。1943年至1945年在中央党校学习。1945年至1947年任张家口公安局副局长。1948年至1950年任华北军区工程处处长。1950年至1951年任察哈尔察南分区副司令员。1951年至1954年任中央农村工作部办公厅副主任、宣传局副局长。1955年任农垦部物资供应局局长等职务。

1965年病故，时年63岁。

李荆璞（1908—2000年）

李荆璞，宁安县沙兰镇营城子人。"九一八"事变后，组织"反日自卫队"奋起抗日，后率部加入救国军任连长。1932年10月，将队伍拉出，组建了"平南洋反日游击总队"。1933年5月，加入中国共产党，部队更名为"吉东工农反日义务总队"，并建立了平日坡密营。1934  年，与周保中组建绥宁反日同盟军，后被编入抗联五军任一师师长。先后率部在石门子、莲花泡等地与敌作战，给予日军沉重打击。1937年6月，入莫斯科东方大学学习。抗战胜利后，出任牡丹江军区司令员兼牡丹江市市长，指挥部署牡丹江地区的剿匪斗争，粉碎了国民党反动派的反革命暴乱。

中华人民共和国成立后，李荆璞历任热河省军事部部长、热河省军区司令员、沈阳军区第一文化学校校长、国防部第七科学研究院副院长、中国船舶工业总公司第七研究院副院长等职。

1955年被授予少将军衔，并授予二级八一勋章、二级独立自由勋章、二级解放勋章。

在北京工作后，曾几次回牡丹江，受到家乡人民的热情欢迎。2000年11月3日在北京病逝，享年92岁。

张祥（1903—1935年）

张祥，1903年2月15日生于宁安县石头河子村。12岁给地主扛活，15岁学会打枪，后来就以打猎、打鱼为生。

1931年"九一八"事变后组织一支抗日队伍。1933年11月加入救国军，部队曾发展到300余人。

1934年春加入绥宁反日同盟军（此部队亦称联合队或张祥队）。

1934年5月在庙岭设伏，亲手击毙开拓团头目山田悌一（退役中将)。

1935年春张祥队编入东北反日联合军第五军第一师第二团。2月,张祥率队与日伪军在距离东京城50里的狼窝激战中身负重伤,被抬回荒沟屯的第二天光荣牺牲。牺牲时年仅32岁。

李根淑(1913—1941年)

李根淑,女,原名李槿淑。1913年生于朝鲜庆尚道礼川郡,朝鲜人。1914年搬迁到宁安县东京城镇于家屯。上学时,秘密参加了共产主义少年先锋队,用唱歌、跳舞等形式宣传反对日本等革命道理,还经常在成年人的带领下参加散发传单、张贴标语等反日活动,宣传反日思想。1929年,加入了中国共产主义青年团。同年,到花脸沟开展多种形式的反帝反封建、特别是反抗日本侵略者的宣传。1931年12月,在中共宁安中心县委工作,任中心县委妇运部委员。1932年加入了中国共产党,同年7月,任中共绥宁中心县委委员。1932年9月,与朴凤南等到密山活动。秘密组织成立了中共密山区委,任区委员兼区妇救会主任。1933年12月,任中共密山县委委员、妇运部部长。1934年10月,调任抗日同盟军第四军党委委员兼宣传处处长、妇女主任。通过她的宣传教育,同盟军第四军的政治影响不断扩大,与地方老百姓的关系也不断加强。1935年11月,只身赴险,将准备投降的大部分救国军带回了同盟军第四军。1936年7月至1939年7月,赴苏联莫斯科东方大学学习。回国后在宁安县东京城做地下抗日工作。1940年9月,在沙兰木其村活动时被捕。

1941年4月被敌人杀害。时年28岁。

张静之(39)(1913—1968年)

张静之,别名张昆山,1913年生于宁安县城,在宁安县中学毕业。1930年考入北平大学预科。1930年转入北平大学经济系学习，2月加入中国共产党。1931年"九一八"事变后回到家乡宁安，他积极宣传抗日，后遭敌人追捕离开宁安。1934年去日本攻读研究生。1935年，回国在北平参加反帝同盟，曾在石友三部队做统战工作。1937年到延安历任八路军一二○师政治教员、科长、抗大七分校政治部主任。1945年11月任牡丹江地区司令部政治部主任。1946年4月任绥宁省政府主席、专员；牡丹江省政府副主席、代主席。1948年7月，任松江省政府副主席。1949年5月，随"四野"南下，历任中南军政委员会军政接管部副部长、武汉市副市长等职。1952年，调中央铁道部任新建铁路工程总局局长。

1959年被错定为"右倾"下放，平反后于1964年任援越专家组组长。

1968年11月23日遭受迫害含冤去世。后经党组织平反昭雪，恢复名誉。

张镇华（1909—1940年）

张镇华，原名张德林，又名张学忠、张治中，满族，1904年4月18日生于宁安县头道河子村。读过三年私塾，1927年毕业于宁安中学。1928年到哈尔滨的东北陆军十八旅当兵。1931年"九一八"事变后回到家乡宁安参加抗日活动。1932年加入中国共产党并任中共宁安中心县委委员。1933年6月在穆棱游击队任小队长。1934年2月加入反日同盟军任警卫连连长，同月担任中共道北特委委员。1936年冬至1937年率教导队参加了著名的大小盘道、前刁翎、苇子沟和攻打依兰县城等战斗。1937年底任第五军参谋长，圆满完成宁安县三道河子伪森林警察大队起义接收工作，并将其改编为东北抗日联军第五军警卫旅，张镇华任政治部主任。1937年11月任抗联五军二师副师长，参加了抗联第二路军西征的艰苦斗争。1939年9月任抗联五军第三师师长，率队活动在宝清、富锦等地，打击日伪军。1940年2月在宝清兰棒山区遭到日伪军伏击，负伤被俘，被杀害于佳木斯监狱。

2015年8月24日，张镇华被列入民政部公布的第二批600名著名抗日英烈和英雄群体名录。

邹世环（1915—1946年）

邹世环，1915年7月出生在江西省瑞金县一个贫苦的农民家庭。

1933年1月，在家乡瑞金参加了中国工农红军，先后参加了四次反"围剿"战役。

1933年9月，参加了红军二万五千里长征。1943年，在延安被提升为营长，历任组织干事、股长等职。

1945年冬，随张闻天、刘英、刘贤权、富振声、孙万贵等一批党政军干部来宁安开展工作。

1946年1月22日，他率队在马莲河与马喜山土匪部1 000余匪徒展开激战，战斗中团政委邹世环身先士卒，亲自指挥在阵地前沿，不幸中弹负伤，在送至东京城抢救时，因流血过多，于1月23日壮烈牺牲，时年31岁。

为纪念这位南征北战的红军战士和为解放宁安英勇献身的烈士，1946年8月12日，经中共绥宁省委批准，将宁安县的东京城镇改名为"世环镇"。

陈龙（1910—1958年）

陈龙，原名刘汉兴，辽宁抚顺人，八岁时举家迁居到宁安县。1926年参加东北军。"九一八"事变后，率部起义，参加了吉林自卫军，任二旅三团三营营长。曾率队在中东铁路沿线和镜泊湖畔与日军进行多次战斗，屡立战功。1933年，任东北抗日救国游击军副参谋长。参加并指挥了宁安的团山子战斗和八道河子战斗。1933年8月，加入中国共产党。1935年5月，调任东北反日联军第二军，与东北反日联合军第五军一部会合，以宁安为中心开展游击战争。1936年3月，任东北抗日联军第二军参谋长。1936年至1938年，赴苏联莫斯科东方大学学习。1938年，回国后到延安，任中央党校军事委员、中社部治安科科长、中社部三社主任。1945年后历任北满分局社会部长、吉黑军区保卫部长、哈尔滨市委委员、公安总局局长、东北公安总处副处长、东北公安部副部长等职。在重庆谈判时曾做毛泽东的贴身警卫，被毛泽东称为"忠心耿耿"。新中国成立后任南京市公安局局长、中央公安部政治保卫局局长、中央公安部副部长等职，曾组织破获多起重大敌特案件，被誉为新中国侦查工作奠基者之一。

1958年10月14日在北京病逝。终年48岁。

陈玉华（1916—1941年）

陈玉华，女，原名徐桂芝，宁安县东京城（现渤海镇）人。东北抗日联军第一个女无线电报务员。1934年，秘密参加东京城的抗日救国会组织，开始从事抗日救国活动。不久，加入中国共产主义青年团。1936年，进入抗联第五军妇女团工作。后被派到依兰县山沟里的密营被服厂工作。1937年初，被调到第五军妇女团任班长。与军部教导团转战于牡丹江、宝清、富锦、饶河一带，战斗十分频繁。1937年4月，加入中国共产党，并被誉为"青年妇女之优秀党员"。同年冬，被分配到骑兵师。1938年深秋，受东北抗日联军第二路军总指挥部选派，赴苏联学习军事、政治和无线电通讯技术。1939年夏，到抗联第三路军总指挥部做无线电通讯工作。1940年夏，到北安东面诺敏河沟里第三路军密营任电台台长并兼后方医院的工作。9月，到抗日联军第二路军第二教导队工作，后入苏整训。1941年2月，作为分遣小队成员被派回饶河，沿乌苏里江一带活动。8月，在饶河被敌人包围，壮烈牺牲。时年25岁。周保中在他的日记中写道："惜哉！优秀先进之妇女、革命干部,损折过早矣。"

林贞玉(1914—1934年)

林贞玉,女,朝鲜族。1929年举家搬迁到穆棱县新安屯,1931年参加革命,1932年加入中国共产主义青年团。1933年离开穆棱县新安屯到宁安县小牡丹屯从事抗日活动,同年冬参加中共宁安县委领导的抗日武装工农义务队。与宁安团县委书记李光林结婚后不久,被分配到平日坡密营洗衣队工作,曾任裁缝所负责人。后经本人申请,重回部队。1934年秋绥宁反日同盟军攻打斗沟子车站,林贞玉率妇女队担任阻击敌人援兵的任务,战斗中壮烈牺牲。时年20岁。

林纳(1915—1968年)

林纳,原名关淑兰,满族,1915年11月生于宁安县东京城(现渤海镇)三家子屯。

1931年"九一八"事变后投身革命,加入了中国共产主义青年团,任宁安女中团支部书记。1932年在吉东局工作,曾在牡丹江组织近千人的冰上飞行集会,举行反日游行示威等活动。后调任城市共青团支部书记。4月,调任穆棱县委妇女抗日救国会主任。12月起,调任绥芬河团县委书记。1933年赴苏联学习。回国后先后在中国女子大学、中央妇委工作。1936年转为中共党员。1938年参加抗战活动。1939年初调到延安,先后任中国女子大学政治处主任、中央妇委支部书记。1945年回到东北,参加建立和巩固东北根据地工作。1946年5月,担任宁安县委副书记兼组织部长。7月,兼任土改工作团第三大队长,以世环镇(渤海镇)为基地,先后在周边的大三家子、南大庙、勃力哈达、东和、太平沟、大荒地、上马河村等地发动群众,进行土改。

1949年调中共中央东北局工作。1951年任富拉尔基筹建齐齐哈尔特殊钢厂长,为发展我国钢铁事业做出很大贡献。1958年调北京钢铁研究院任党委书记。1964年,调任湖南中南矿冶学院党委书记。先后当选第一、二、三届全国人大代表及中国共产党第八次全国代表大会代表。1968年5月在"文化大革命"中受迫害含冤去世。1978年得以平反昭雪。

杨松(1907—1942年)

原名吴平,化名杨松、华西里,1907年11月14日出生在湖北省大悟县四姑墩。自幼聪慧好学,6岁入村塾读书,10岁随父亲吴德秀到武昌高师附小读书,1921年考入董必武、陈潭秋创办的武汉中学,在他们影响下投身革命。1925年6月,被推选为湖北学生代表,出席在  上海召开的全国学生联合会。1926年8月,加入中国共产主义青年团,11月,任共青团武汉区委书记。1927年2月,经共青团中央介绍前往莫斯科中山大学学习,1927年10月,在中山大学加入中国共产党。1929年,毕业后继续深造,兼做中山大学教员和俄文翻译。1931年,被共产国际中共代表团(以下简称中共代表团)派往海参崴,在太平洋职工工会秘书处工作,担任中国部主任,并负责编《太平洋工人》杂志,按中共代表团的指示,开始研究和指导吉林省东部地区的工作,同中共满洲省委一起组建中共吉东局。1934年4月,中共满洲省委吉东局遭破坏。7月,吴平以中共满洲省委巡视员的身份到吉东地区从事抗日领导工作,多次踏上宁安的土地。10月成立中共吉东特委,他时任特委书记,在统一战线、武装斗争和党的建设方面做出了不可磨灭的贡献。

1934年12月20日,由吴平主持中共宁安县委在石头河子召开县委扩大会议，会议纠正了在贯彻统一战线策略上存在的"左"倾关门主义错误，通过了《关于"左"倾关门主义错误及目前工作任务问题》的决议案，使党和军队建设工作提高到一个新的水平，宁安各地的抗日烽火越烧越旺。

1935年1月，根据他传达的关于东北反日部队统一编制的指示，为使绥宁地区反日部队成为共产党直接领导下的抗日武装力量，中共宁安县委和绥宁反日同盟军党委决定，将绥宁反日同盟军改为东北反日联合军第五军。

1935年2月，经几个月的努力部队快速发展壮大，仅一师由几十人就扩大到千余人，在宁安开辟了新的游击区。

1935年5月，吴平以中共吉东特委和中共宁安县委名义写信给第五军党委，根据吴平的建议，第五军一部分留在宁安，将主力变为东西两支派遣队，游击区由宁安扩大到整个绥宁地区，第五军成为中国共产党领导下的东北地区抗日部队重要的主力之一。

1935年9月下旬，杨松离开宁安，回莫斯科中共代表团机关工作，指定李范五代理吉东特委书记。

1936年2月，他亲自起草并发表《东北抗日联军统一军队建制宣言》。

1938年2月，杨松从莫斯科回到延安，六届六中全会后，担任中共中央宣传部秘书长兼宣传科科长，主持中宣部日常工作。5月，协助张闻天创办马列学院兼做该校教员，讲授《中国现代革命运动史》《民生问题》《联共（布）党史教程》。1938年3月至1941年9月，他多次出席中央政治局会议，曾任《解放》杂志编委、《解放日报》主编。

1942年11月23日，杨松因积劳成疾、医治无效，在延安中央医院病逝，时年35岁。

杨松是东北抗日斗争的重要领导人之一，是优秀的马列主义理论家和宣传家，毛泽东亲笔为他题写："杨松同志办事认真，有责任心，我们应当记住他，学习他。"

金光侠（1915—1960年）

金光侠，朝鲜人，1915年生于朝鲜咸镜北道镐城。1933年参加山林义勇军。1935年转到东北反日联合军第五军并加入中国共产党。1938年到东北抗联第二路军总部警卫队，历任班长、排长、指导员、四团政治委员。在国际八十八旅任第四营第七连连长、第三营第五连连长，上尉军衔。1945年9月15日，成立牡丹江地区委员会时任书记、牡丹江军分区政治委员。1946年3月任警备旅第一旅旅长，同年7月任吉东军区司令员。1947年2月任延边军区司令员，同年5月回到朝鲜任职。20世纪60年代，病逝于重庆。

孟泾清（1905—1936年）

孟泾清，山东人，中共党员，原哈尔滨工业大学学生，在校期间接受党的培养，参加革命活动，加入中国共产党。

1931年"九一八"事变后，党派他到吉林抗日救国军中工作，在李延禄领导的补充团秘密建立了党支部，孟泾清任支部书记。

1932年3月，抗日救国军转移到宁安境内。为了打击日本侵略军进犯宁安，李延禄率部在镜泊湖墙缝小龙湾伏击日军上田支队，打死日军70余人，孟泾清在这次战斗中起了很大作用。

1932年春，孟泾清从吉东局汇报回来，即着手建立党直接掌握的武装。把中共宁安县委领导农民暴动的30多人组织起来，成立宁安工农义勇队，由周子岐、金根指挥。

1933年1月，李延禄领导的抗日救国军第一补充团在五虎林召开党支部扩大会议,决定脱离救国军,组成中共直接领导的抗日游击总队,孟泾清任总队政委。不久,部队转移至宁安,改编为抗日游击军,李延禄为军长,孟泾清为政委。这是东北抗联四军的少年时代。

1933年4月8日,中共吉东局召开党、政、军干部联席会议,书记童长荣传达中共中央"一·二九"指示信,决定将孟泾清留在吉东局工作。

1935年,调吉东特委任宣传部长、组织部长。领导延吉、宁安以及牡丹江东部各县的抗日活动。

1936年2月,由于罗英叛变,吉东特委遭到破坏,孟泾清被捕。他在狱中坚贞不屈,被敌人杀害。时年31岁。

陈荣久(1904—1937年)

陈荣久,化名王福东,1904年出生在宁安县东京城(今渤海镇)三家子村的雇农家庭里。1931年"九一八"事变前,在东北军第二十一混成旅骑兵二营七连当兵。

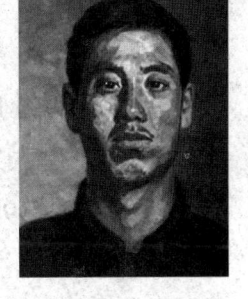

"九一八"事变后,目睹日军烧杀抢掠的残酷罪行,悲愤交加仇恨满腔,缴了连长的枪,举行起义,投奔抗日救国军。不久,救国军整编时大家公举他为新编第五连连长,先后在穆棱、海林、宁安等地活动。

1933年2月,陈荣久率队到宁安参加了共产党人李延禄创建的抗日救国游击军。到游击军后,主动接受党组织的教育和帮助,不久担任了游击军军部副官。曾参加和指挥二道河子、东京城、马莲河等多次战斗。同年5月,根据中共满洲省委和吉东局的指示,为扩大吉东地区的抗日武装力量,建立游击区,抗日救国游击军赴密山地区活动。到密山后曾指挥队伍与敌人进行多次战斗。每次战斗他都抢在前面,冲锋陷阵,不怕危险,带领队伍给敌人以沉重打击，被群众称颂为"岳武将军"。

1934年春，军长李延禄进关到上海向上级组织汇报军队活动情况，陈荣久代理军部政委职务。是年秋，党组织决定派陈荣久去苏联莫斯科东方大学学习。

1936年秋，毕业回国。党组织决定派他去虎林、饶河，以东北人民革命军第二师为基础，组织建立抗日联军第七军。11月，东北抗日联军第七军正式成立，陈荣久任军长兼一师师长。

1937年春，敌人对游击区进行春季"讨伐"，妄图消灭新成立的抗联七军。3月，陈荣久得知敌人进山"讨伐"的消息，分兵几路截击敌人，他亲自率领150余人在饶河县西北小南河天津班活动。这时有日伪军三四百人与七军部队相遇。激烈的战斗持续了三个多小时。这次交战打死日军大穗参事官以下30多名，伪军死伤几十名，在掩护大部队转移时，陈荣久不幸中弹牺牲，时年34岁。

2014年9月1日，陈荣久被列入民政部公布的第一批300名著名抗日英烈和英雄群体名录。

周保中（1902—1964年）

周保中，白族，云南省大理县桥弯村人。原名奚绍黄，字绍黄，曾用名黄中立。云南讲武堂毕业。1925年任黄埔军校区队长。1926年参加北伐战争，任北伐军第六军团长、副师长。1927年7月加入中国共产党，并在上海中共中央军委工作。1928年赴苏联学习。1931年"九一八"事变后回国，被派往东北，任中共满洲省委委员、军委书记，领导抗日斗争工作。

1932年4月上旬，周保中从哈尔滨来到宁安，指导当地建立反日游击队和抗日救国会。5月10日，到宁安县江东花脸沟组织群众进行抗日活动，被抗日自卫队误认为是日本密探而被捕，被抗日救国军中的共产党员解救，后被聘为救国军参谋。8月，又被救国军总司令王德林任命为总参谋长。

10月10日和22日，周保中亲率救国军和各抗日队伍两次攻打宁安县城。

1933年冬，中共满洲省委和吉东局决定让周保中脱离救国军，在宁安建立党直接领导下的抗日武装。

1934年2月16日，周保中和中共宁安县委成员联合召开各抗日队伍代表会议，决定以李荆璞的工农义务队为骨干，组建绥宁反日同盟军。周保中任军长兼军党委书记。年末，根据中共满洲省委的指示，将绥宁反日同盟军改为东北反日联合军第五军，仍任军长兼党委书记。

1935年2月，吉东特委、五军党委和宁安县委在北湖头老黑山密营召开会议，决定将东北反日联合军第五军改为东北抗日联军第五军。周保中任军长兼政委。从4月至10月的半年时间里，他率五军与日伪军进行了大小30多次战斗，消灭敌人数百名。

1935年冬至1936年初，周保中率五军连续打了10多次大仗。共击毙日军400多人、伪满军100多人，俘虏伪军600多人，粉碎了敌人的冬季"大讨伐"。

1936年5月，由于日军对五军的活动中心宁安地区实行残酷的统治和"大讨伐"，军党委决定周保中率部向东部山区转移。途中，周保中指挥队伍袭击了代马沟站的日本军用火车和在刁翎地区大盘道伏击日军，均取得了重大胜利。

1937年9月29日，中共吉东省委决定成立抗联第二路军，10月10日发表成立宣言，二路军由抗联第四、第五、第七、第八、第十军及救国义勇军组成，周保中任总指挥。

1938年1月10日，吉东省委和二路军党委召开扩大会议，因原省委书记宋一夫叛变,决定由周保中担任省委书记。秋,率部回到宁安县南湖头一带开展抗日活动。

1939年至1940年期间,率部在图佳铁路以东松花江左岸,利用夏秋季节打击日军的薄弱据点并攻击日本屯垦军。

1941年,伯力会议后,为保存东北抗联力量,组织抗联部队陆续进入苏联境内整训,成立南北野营,组建抗联教导旅,周保中任旅长。

1945年9月初,周保中率部回到东北,把抗联干部分配到50多个市县开展工作。

占领战略要地后,开展建党、建军、建政工作,曾任中共中央东北局委员、东北人民自卫军总司令兼政治委员、东北民主联军副总司令员兼东满军区司令员、吉林省人民政府主席、东北军区副司令员兼吉林军区司令员等职。

新中国成立后,周保中历任云南省军政委员会副主任、省人民政府副主席、省政协主席、西南行政委员会政法委员会主任等职。从1956年起,相继当选为全国人大代表、全国政协常委、国防委员会委员、中共八大候补中央委员。

1964年2月在北京病逝,终年62岁。

杨思严(1921—1946年)

杨思严,又名杨以廉,北京人。1921年出生。

1938年,在上海侨光中学读书时,参加抗日救亡宣传,曾遭日本宪兵队逮捕,后被营救。1939年3月,加入上海学生流亡团,4月,随流亡团赴香港开展抗日救亡宣传。6月,流亡团步行2 000余里抵达桂林,后被分配文化供应社做地下工作。1941年5月,回到上海,辞别父母后,与弟弟一同奔赴江苏盐城参加新四军。1944年，进入延安抗日军政大学学习。

1945年东北光复后，中央派大批干部进东北。1945年12月，杨思严随中央政治局委员张闻天及刘贤权、富振声、孙万贵等人到宁安开展工作。在张闻天的领导下，成立了"反奸清算工作团"，杨思严任第二分团副团长（团长为孙万贵）兼任石头站（现石岩镇）地方武装十七团三营联络员。

1946年1月4日，工作团开始下乡工作。1月30日，驻石头站的十七团三营叛变，扣押了工作团的两名同志，杨思严前去营救，被叛徒杀害于石头站南侧小楼附近，牺牲时年仅25岁。

杨思严牺牲后，宁安县组织召开追悼会，张闻天在会上讲话。为纪念杨思严烈士，将石头站取其名字谐音改名为石岩村和石岩镇。1965年在石岩镇东岭上为其建造一座纪念碑，后因年久失修，20世纪80年代已经损毁。2008年黑龙江省烈士基金会和宁安市人民政府在红城烈士陵园为其建纪念碑一座。2014年石岩镇人民政府在东岭重建烈士陵园，并建雕像一座。2015年陵园被牡丹江市委、市政府命名为牡丹江市级革命遗址。

金策（1903—1951年）

金策，原名金乐，别名金洪启、金印、金印植、罗东贤，朝鲜人，1903年8月11日生于朝鲜咸镜北道鹤城郡（今金策市）。1925年参加满洲青年运动、农民运动。1926年冬，参加朝鲜共产党。1930年7月27日，在宁安县东京城加入中国共产党，8月，任东京城区委书记，9月10日，开始组织地方暴动，并任宁安行动委员会书记，同年11月被捕。1931年11月，出狱后在哈尔滨特委工作。1932年1月，任宾县特支书记。1933年1月，调到珠河县任河东党支部书记，同年5月，在县委秘书处工作。1934年5月，任珠河县委秘书长、哈东支队军需处长。1935年,先后任东北人民革命军第三军二团、四团政治部主任。1936年春任东北抗联第三军第四师政治部主任。1937年11月,任东北抗日联军第三军政治部主任。1939年4月,任中共北满省委书记。1941年7月,任东北抗联第三路军政委,率领小部队在北满地区活动。1944年1月,过境到苏联任东北抗联教导旅第三营政委。1945年9月,朝鲜解放后,历任朝鲜劳动党中央委员会政治委员、朝鲜人民共和国内阁副首相。在朝鲜解放战争时期,兼任军事委员会委员、前线司令官等职。

1951年1月31日病逝。

陈翰章(1913—1940年)

陈翰章,满族,1913年6月14日生于吉林省敦化敖东半截河屯。他12岁到城里私立宣化学校念书,1929年在敖东中学毕业。1930年春,他被聘为县立第一小学教员。不久又转聘为县立民众教育馆讲演员。1931年"九一八"事变后,他积极组织进步青年进行抗日救国宣传活动。

1932年9月投笔从戎加入抗日救国军,在前方司令部任秘书。同年10月10日,在救国军攻打宁安城战斗中,担任战地鼓动工作。当突击队长牺牲以后,他主动担当起指挥官的职责指挥战斗,最后炸毁了敌人的仓库。陈翰章在这次战斗中得到了锻炼,救国军内的中共党组织批准他加入中国共产党。

1934年初,他奉党的指示赴天津、北京进行扩大"抗日民族统一战线"的政治活动。同年6月,被委任为抗日工农义务队政治指导员。

1935年2月10日,反日同盟军改建为东北抗日联合军第五军,陈翰章任五军二师政治部主任兼中共师党委书记。他带领部队在群众的支持下经常袭击敌人,在宁安二道河子、团山子、芦家屯、敦化东官地镇、额穆黑石镇、蛟河、南湖头小沙滩等大小几十次战斗中，共歼敌1 000余名，迫使日军放弃了在镜泊湖沿岸地区的建设计划。

1936年春，抗联二军成立后，陈翰章调离五军，改任抗联二军二师参谋长，并代理师长职务，受二、五军双重领导。他的队伍仍活动在牡丹江一带，继续给日军以沉重打击，先后开辟了以宁安南湖头为中心的穆棱、额穆、敦化、东宁、汪清等游击区。同年6月担任中共南满省委委员和中共道南特委委员。

1937年5月，由代理师长正式任命二军五师师长。

1938年5月，他带队一枪未放进入了敌人斗沟子据点。全部俘虏了警护队和自卫团，消灭了汉奸吕庭，为民除了大害。并召开群众大会，宣传抗日斗争形势，拂晓前撤退时，群众都自动地帮着背送缴获的战利品。

1939年7月，陈翰章升任抗联第一路军第三方面军指挥。1940年冬，陈翰章率队从额穆突围，来到了宁安东京城附近。12月8日晚，他们袭击了住在黄家屯的敌人筑路队工棚和高岗子农园，割断警备电话，解除了5名伪警察的武装，缴获5支步枪、500发子弹，然后从柞木台子出发奔北湖头，攻打在那里采伐木头的"高岗号作业所"。

敌人不断受到陈翰章部队的沉重打击，镜泊湖水力发电站被迫停工达三年之久，修建"镜泊学园"军事大兵营的计划也被迫放弃。

12月6日夜，他带领十几名战士，从"学园"出发去往密营。7日晚，经过几十里的路程，到了小湾沟老密营外边的地窝棚休整一夜，准备明天再奔密营。12月8日上午，大家吃完饭准备出发，敌人就从东、北、西三面包围上来。战士们连续打退敌人四五次冲锋，同志们不断地倒下去，包围圈越来越小，陈翰章的右手和胸部都负了重伤，扑倒在雪地上，他又在血泊中慢慢地坐了起来，靠着一棵大松树，用无力的左手抽出腰里的手枪，准备继续战斗。这时敌人扑上来，夺下他的枪。一个日本军官拔出短刀，凶狠地向陈翰章眼睛刺去，陈翰章一扭头，脸上被划了一道口子。这个残暴的日军用刀子在陈翰章的脸上乱刺乱划，他的两眼也被敌人剜了出去，惨遭杀害。时年27岁。

陈翰章牺牲后，敌人割下他的头颅，送到伪首都新京（今长春市）受赏。

1948年10月长春解放后，党派人找到他的遗首，恭迎入东北烈士纪念馆。

1955年，黑龙江省哈尔滨市各界人民举行公祭陈翰章烈士大会，把他的遗首安葬在哈尔滨烈士陵园里，以志永久纪念。

2013年4月，陈翰章一百周年诞辰，烈士头颅被迎回吉林省敦化故乡身首合葬。

2014年9月1日，陈翰章被列入民政部公布的第一批300名著名抗日英烈和英雄群体名录。

胡成梁（1906—1985年）

胡成梁，1906年生于宁安县胡家沟。中学时代在吉林省第四中学读书时，参加反对日本帝国主义的进步活动。1925年12月毕业后，考取日本留学生，专攻农业。

1928年4月，因参加中共领导的留日学生会，被日本政府逮捕，后释放。

1929年2月，加入共产党。6月，参加"社会科学读书会"组织。

1930年9月，胡成梁和留日中国学生举行示威游行，反对日本军国主义势力侵入我国东北，又遭逮捕。经留日学生总会救援，假释回国。在吉林省立第四中学任教并和党取得联系。10

月，经北满特委批准，成立中共宁安特支，胡成梁为特支成员之一。

1931年"九一八"事变后，胡成梁在党的领导下发起爱国青年抗日救亡运动。

1932年8月，中共满洲省委派周保中到宁安领导抗日工作，在胡成梁家中召开宁安党的组织会议。7月，胡成梁在东京城（渤海镇）成立了抗日救国会，开展活动。

1934年以后，因形势紧张，胡成梁受党的指示，回老家胡家沟进行抗日活动。在他家隐避伤员，掩护党的地下工作者。他的全家都参加抗日活动，他的弟弟胡成功（共青团员）就是被日本抓去，严刑拷打而死。

1939年，因组织遭到破坏，他因病不能和同志一起去苏联学习，奉命停止工作，以务农为掩护，等待时机再活动。从此与组织失去联系。

1945年解放后，周保中派人到宁安与胡成梁取得联系，恢复其党籍。9月13日，宁安县成立民主大同盟，胡成梁任委员长。

1946年3月，调牡丹江。4月12日，牡丹江成立绥宁省政府，胡成梁任教育厅厅长。后任长春市水利勘测设计院副院长。

1985年，因病逝世。

侯国忠（1903—1939年）

侯国忠，别名侯庆山，1903年生于吉林省珲春县大荒沟屯。1931年"九一八"事变前，在旧吉林军王玉振营当兵。"九一八"事变后，日本侵略军东进，旧吉林军驻珲春王玉振营举起抗日救国旗帜，侯国忠参加了救国军"姚团"，在三连任班长。后来救国军溃散，"姚团"也投降了日本。1933年3月侯国忠发动和组织了24名士兵哗变，打起抗日

山林队的旗号，报号"四季好"，活动在珲春县境内，之后率队参加珲春游击队。在党的直接领导和教育下，在对敌斗争中勇敢顽强、不怕牺牲，同年11月加入了中国共产党。

1934年春，他所在部队被编为共产党领导的东北人民革命军第二军独立师，侯国忠任三团一连连长。

1935年3月，任东北人民革命军第二军独立师第四团参谋长，5月任四团团长，他逐步成为一名优秀的指挥员。1935年12月，担任东线副指挥。1937年5月，任东北抗日联军第一路军第二军第五师副师长兼四团团长，活动在宁安山区。

1938年夏，抗日联军以第四军、第五军的一部分及第二军五师为骨干联合其他抗日部队进行西征。7月初，二军五师在师长陈翰章、副师长侯国忠率领下西征。在宁安县袭击了守卫在镜泊湖水电站的日军守备队，全歼敌人，焚毁了日军的工程事务所，解放了被抓来的劳工，使日本侵略者的镜泊湖瀑布水电站建设计划受到重大破坏。西征途中，还破坏了图佳铁路和宁安至敦化间的公路，切断了敌人的交通运输。当五师进入敦化、额穆时，由于敌人在京图铁路干线设重兵严守，五师西征计划未能实现。8月末，陈翰章和侯国忠率领部队在东京城粉碎了600名日伪军的"围剿"。消灭敌人200多名。

1939年7月，第二军第四、五两师合编为抗日联军第一路军第三方面军，陈翰章任第三方面军指挥，侯任副指挥。同年8月23日，第三方面军在第一路军副总司令魏拯民和陈翰章的率领下，展开攻打安图县大沙河镇的连环战，侯国忠率200多人到大沙河南杨木林子埋伏，阻击从安图县开来的日军援兵。攻克大沙河镇后，安图县城的日伪军得到了紧急报告，便分乘9辆汽车开向大沙河镇，日伪军进入伏击地点后，侯国忠沉着指挥部队向日伪军开火，阻击日伪军的增援，保证了大沙河战斗的胜利。

在这次战斗中侯国忠不幸牺牲,时年35岁。

宫焕卿(1905—1944年)

宫焕卿,宁安县南湖头(宁安市镜泊镇湖南村)人。1932年5月,变卖家产,购置武器,在镜泊湖南湖头组建了"抗日保卫队",先后担任营长、团长。同年11月,周保中将南湖头"抗日保卫队"整编成"抗日救国军"独立旅,宫焕卿任副旅长、副司令兼团长。1932年至1933年间,独立旅先后组织了莺歌岭夹击战、关木咀子堵击战、学园村东山腰岭子截击战。1933年7月,经周保中介绍,加入中国共产党。1934年独立旅划归"绥宁反日同盟军"。1934年末,周保中秘密派遣宫焕卿回南湖头,担任镜泊湖地区党的地下交通处负责人。1937年因协助炸毁镜泊湖吊水楼水力发电站被捕,后被营救出狱。不久,他第二次组建抗日武装——镜泊湖"青年抗日救国会",继续坚持斗争。1944年2月,由于叛徒出卖,再次被捕入狱,同年8月5日,在牡丹江铁岭河日寇监狱英勇牺牲,年仅39岁。

1986年11月11日,宫焕卿被吉林省人民政府追认为革命烈士。

姜墨林(1921—1940年)

姜墨林,1921年生于宁安县三陵乡红土村(原属兴华乡)。1932年参加了中国共产主义儿童团。经常到日军占领区的东京城、马莲河、宁安镇等地侦察工作,出色地完成了党组织交给的各项任务。1934年(当时姜墨林仅有13岁,被称为小英雄)加入绥宁反日同盟军,首次参加战斗,立功受奖。1935年2月加入中国共产主义青年团。同年冬,被调到二军四师四团的青年义勇军担任小队长。他身先士卒,不但能带兵打仗,而且关心战士们的吃穿住行,深受战士拥护和领导信任。1936年2月在东北抗联二路军总指挥部教导团跑交通。1937年4月加入中国共产党。1938年8月,党组织派姜墨林去苏联学习。回国后,组织安排他单独率领小部队活动在牡丹江中东铁路沿线和宁安、敦化、舒兰等地。

1940年深秋,姜墨林率领小部队摧毁了乜河镇敌人的一个据点,打死日军20多名。后被骑兵、步兵共有几百名的敌军包围在二十八道河子的河谷里,为了掩护战友突围,他不顾伤痛,奋勇打击敌人。当最后两名战友突围出去后,几十个敌人逼近了他,他毫无惧色,宁死不当俘虏,把剩下的最后一颗子弹射进了自己的胸膛,牺牲时年仅19岁。

柴世荣(1894—1943年)

柴世荣,原名柴兆升,1894年生于山东省胶县。5岁时随父举家迁到吉林省和龙县谋生。1931年"九一八"事变后,投身抗日武装斗争,参加王德林的救国军任旅长,活动在汪清、和龙、珲春、敦化、延吉、宁安、东宁等地。1934年2月参加绥宁反日同盟军,同年冬,加入中国共产党。1935年2月,任东北反日联合军第五军副军长。1936年2月,任东北抗日联军第五军副军长。率队在宁安战斗数次,屡获胜利。1937年9月,任东北抗日联军第五军军长。1940年任中共道南特委委员、道南特委三人团之一。1941年太平洋战争爆发后,奉命调入苏联境内。1942年归国后,与周保中共同领导抗联第五军,在吉东地区建立了临时游击根据地,组织成立以农民群众为主体的反日会,并建立了筹办部队给养的机构。在日军残酷"扫荡"和严密封锁的艰苦岁月里,坚持游击战争,率部转战于黑龙江、吉林两省东部地区,同年末,又撤退到苏联境内。他智勇兼备,富有游击战争经验,善于做群众工作,是东北抗联著名指挥员。1943秋年在苏联执行任务时牺牲，时年49岁。

2015年8月24日，柴世荣被列入民政部公布的第二批600名著名抗日英烈和英雄群体名录。

高俊凤（1898—1940年）

高俊凤，黑龙江宁安人，国民救国军副总司令孔宪荣的夫人，报号"金蝴蝶"。

高俊凤出生在一个富裕家庭，家中开面粉厂。1921年她与孔宪荣结婚，随军驻延吉明月沟。"九一八"事变后，王德林率部起义，成立"中国国民救国军"，王德林任总司令，孔宪荣任副总司令，高俊凤任总部秘书。

高俊凤骑射娴熟，有勇有谋，堪为女中豪杰。她随救国军参加了攻占宁安、东宁、穆棱等县的战斗。1933年1月，义勇军运动进入低潮，为保存这支队伍，王德林和孔宪荣率伤病员和家眷撤入苏联境内，高俊凤与前线总指挥吴义成带领残余部队3 000余人，吴义成任代总司令，高俊凤任代副总司令，继续转战在汪清、安图、蛟河、穆棱一带，坚持抗日。

1937年9月，高俊凤率部参加了抗联第二路军。

1939年5月，高俊凤和姚振山率部在穆棱县九站南沟与数倍日伪军发生激战，姚振山和闵宪红等600余名将士全部战死，高俊凤负伤被俘，1940年初，被害于宁安监狱。

曹孟朴（1907—1991年）

曹孟朴，原名曹德林。1907年10月12日出生于宁古塔（今宁安市）乜河南岭屯（今牡丹江市兴隆镇胜利村）。

1926—1930年，在天津北洋大学学习，本科肄业。1930年，从乜河搬到宁安镇，在宁安县吉林省立第四中学担任教员，与县立中学教

员胡成梁等人组织成立"读书会""社会科学研究会"等进步团体。1931年1月，因参加四中进步学生运动被撤职，同月，经邱文华、庞景仁介绍加入中国共产党。不久，中共北满特委派来两名同志，经曹孟朴与赵文奎联系，分别进入宁安驻军二十一旅的一个连队中开展兵运工作。曹孟朴每周从宁安东火磨坐船过江，在江南树林里与他们接头，及时了解兵运工作进展情况。3月，庞景仁回北平，曹孟朴接任中共宁安四支特支组织委员，4月调到中共北满特委机关做青年工作。1932年7月，在吉林市工科中学任教，因宣传革命思想，于1933年1月被逐出学校，后回宁安县隐居。5月，因特务告密，遭日本宪兵追捕、抄家，靠群众掩护，化装脱险前往齐齐哈尔。

1936年在工业学校任教。9月，摆脱特务盯梢去北平。1937年4月在陕西绥德师范任教。1938年7月，进入延安马列学院学习。1939年1月，调任该院马列主义研究室研究员，同年7月参加八路军，任一一五师三四四旅干部队政治指导员。1940年1月，调任一二九师轮训大队主任教员，7月，任该师政治部宣传部教育科长。1942年7月，调任该师政治部巡视团主任。1946年6月，任东北合江军区宣传部副部长。1948年3月任东北野战军十二纵队政治部宣传部部长。1949年1月，任东北军政大学第五团政委。10月，担任中南军政大学湖南分校政治部主任。1950年，任解放军第二十二步兵学校政治部主任。1953年任高级工程兵学校副政委。1956年任该校政委。1961—1964年，历任解放军工程兵学院政治部主任、副院长、院长。1964年被授予少将军衔。1981年11月离职休养，寓居西安市城南张家村干休所。

1991年9月2日在北京逝世，享年84岁。

韩仁和（1913—1941年）

韩仁和，1913年生于吉林省永吉县乌拉街。1933年8月加入中国共产党。1926年，入伪军铁道警备队第五旅第十四团迫击炮连当炮兵。1933年5月，随所在部队起义，任中国工农红军第三十二军南满游击队迫击炮大队班长。9月，任东北人民革命军第一军独立师师部秘书。1934年11月，任东北人民革命军第一军军部秘书长。1936年7月，任东北抗日联军第一军军部秘书长、军党委委员，成为杨靖宇的得力助手。1938年5月，任东北抗日联军第一路军总司令部参谋兼警卫旅政委，指挥消灭了自称"打败天下无敌手"、有"皇军剿匪之花"之称的靖安军索玉山旅的三十二团和四十二团。1939年，率领警卫旅缴获轻重机枪30余挺、步枪3 000余支、手枪数百支、子弹20余万发。1940年3月，率警卫旅向桦甸、辉南、敦化等地挺进，转战于五常、穆陵、宁安、汪清、东宁、安图、和龙一带。1940年冬，韩仁和率赵政委、何团长及以下30多人，转移到宁安县南部山区的尖山子北沟建立了密营。在建立密营后袭击了镜泊学园（今镜泊乡）警察署，打死日伪军多人。

1941年3月，率9名战士在镜泊湖上游的湾沟与日军发生激战，虽顽强地与敌人搏斗，终因寡不敌众，全部壮烈牺牲。时年28岁。

2015年8月24日，韩仁和被列入民政部公布的第二批600名著名抗日英烈和英雄群体名录。

褚志远（1915—1984年）

褚志远，宁安县人。1915年生于东京城小三家子屯，在宁安的吉林省立第四中学毕业，后又在吉林省长春第一高级中学读书。

1931年"九一八"事变后，褚志远怀着爱国热情返回家乡东京城参加抗日斗争。

1932年，经中共绥宁县委书记李光林介绍，参加共青团，任东京城团支部书记、团委书记，以摆"褚家床子"做生意为掩护，从事宣传抗日、发展抗日会员、传递情报、为抗日部队送医药、筹集粮食和物资等工作，是中共宁安县委地下党在东京城的交通站。

1935年，转为中共党员，被吉东特委派到密山县任团县委书记，后任密山县委书记，化名赵贵元，领导密山县的抗日工作。

1936年，受党组织派遣到苏联莫斯科东方大学学习。1940年回到延安，任延安青年救国联合会宣传部长兼青年俱乐部主任、延安杂技团团长，后被调中央党校学习，参加整风运动。

1945年9月，随东北干部返回东北，11月到达牡丹江市，曾任牡丹江市政府副秘书长、副市长、市长，从事土地改革和政权建设工作。

1952年8月任东北石油管理局副局长、辽宁省石油化工厅副厅长、石油化工设计院顾问、石化局副局长。"文化大革命"期间受到迫害。

1984年5月19日病逝于沈阳。终年69岁。

傅显明（1900—1936年）

傅显明，满族，黑龙江省双城县人，1916年迁到宁安。16岁到宁安街里，先后在鞋铺和商店里当勤杂工。由于不堪忍受店主盘剥，于1927年从戎入伍，在十八旅当兵，后又到宁安二区，在芦家屯、卧龙屯警察署当巡警。

1931年"九一八"事变后，中共中央和中共满洲省委发表宣言，号召工农劳苦大众武装起来，开展游击战争，把日本侵略者赶出中国。

1932年初，他与好友杨永山一起，组织宁安二区芦家屯、卧龙屯等地的爱国民众，组建抗日武装队伍奋起抗日，之后他率领抗日队伍参加了救国军。

1933年初，日军向吉东地区进兵，救国军溃散。傅显明又率部队到安图找到了共产党人周保中，于同年6月16日参加了攻打安图县城的战斗。从安图县城撤出后转战于宁安至东宁一带，是年夏天，参加了攻打东宁县城的战斗，以"傅团"著称于宁安、东宁、东满等地。

1933年秋，为了适应当时的环境，取得群众信任和支持，自报山头名叫"占中华"。他率150余人活动在宁安东南山一带。

1934年，绥宁反日同盟军创建后，傅显明率队参加了同盟军。

1935年2月10日，绥宁反日同盟军改建为东北抗日联合军第五军，傅显明被编为五军二师任二师师长兼第四团团长。后来经过三年多战争生活的锻炼和考验，1935年2月加入中国共产党。此后，他率抗日部队主要活动在宁安县境内，先后袭击了马场的日本国道局和石头河子的日本守备队。不久，他又率队伍在宁安团山子与超过两倍于他的日军作战，打死日军十余人，缴获一批枪支物资。

1936年1月20日，五军党委特别会议决定：五军主力部队向中东铁路道北转移，傅显明率领五军二师担任先遣任务。部队到达穆棱县以后，将队伍分成几个部分分头前进。傅显明率60余人向密山方向进发。2月17日队伍行进到密山县黄泥河子攻打煤矿时，因对当地地理环境和群众不熟，反被日伪军包围。在激烈的战斗中，傅显明及19名战士壮烈牺牲。傅显明在身受重伤临危之际，还高呼"中国共产党万岁！""抗日联军万岁！""打倒日本帝国主义！"时年36岁。

2015年8月24日，傅显明被列入民政部公布的第二批600名著名抗日英烈和英雄群体名录。

韩幽桐(1908—1985年)

韩幽桐,女,回族,原名韩桂琴,1908年生于宁安县宁安镇。她是著名的学生运动领袖,中国当代著名的法学家。

1925年考入吉林省立师范学校。1926年加入中国共产主义青年团,同年加入中国共产党,并担任进步组织"妇女之友社"的副主任。1927年入北平大学法商学院学习,同年韩幽桐在北京马骏的寓所中和马骏同时被奉系军阀逮捕,在法庭上结识了张友渔,不久被吉林同乡会保释,出狱后在北平继续进行革命活动。"九一八"事变后,她积极领导学生进行抗日救亡运动,率学生南下示威,并以卧轨行动与反动当局进行斗争。到南京后,组织学生捣毁了国民党中央党部和中央日报社。韩幽桐成为北平学生运动领袖人物之一。回北平后,再次遭到反动当局逮捕,经过斗争,再次被保释。

1932年,大学毕业后到日本留学,研究国际法和外交史。

1933年,在日本东京帝国大学法学院读研究生。1937年回国,参加华北救国会领导的抗日救亡运动和左翼文化运动。1938年后任西北联大教授、救国会常务委员,做党的地下工作。1941年,与张友渔到香港。1944年到重庆从事宪政运动、抗日救亡运动、妇女解放运动。1945年日本投降,党派韩幽桐回东北工作,任中国妇女联谊会理事。1946年以后,历任东北行政委员会委员、教育委员会委员、民族委员会委员、松江省教育厅厅长。中华人民共和国成立后,任天津市教育局局长,1950年调任北京教育部中等教育司任副司长,1952年任最高人民法院华北分院副院长,1954年任最高人民法院民事厅副厅长。不久后,调任宁夏回族自治区高级人民法院院长。1963年调回北京任中华全国妇女联合会常务委员,政协全国委员会法制组组长,中国社会科学院法学研究所副所长、顾问,中国政法学会书记,中国法学会理事。她是第一、二、三届全国人民代表大会代表,中国人民政治协商会议第五、六届全国委员会常务委员,中国社会科学院学位委员会委员。

生前她撰写出版过许多法学著作,为制定我国社会主义法律作出了贡献。

1985年3月13日在北京病逝,终年77岁。

傅玺忱(生卒年不详)

傅玺忱,别名傅友山,中共党员。1937年7月2日,在宁安县三道河子森林警察大队哗变参加抗联五军,被编入由李文彬、张镇华组建的东北抗联第五军警卫旅。1937年11月,警卫旅改编为东北抗联第五军三师,傅玺忱任东北抗联第五军九团二连指导员。1940年1月去苏联双城子。

1941年9月柴世荣派他搞小部队活动,同年底返回苏联在南野营学习,后改学无线电一年多。1943年4、5月回国到林口县牛山羊屯搞小部队活动,同年底返回苏联。1944年冬孙长祥、吴竹顺、傅玺忱3人再次到林口县搞小部队活动。1945年7月返回苏联双城子,同年8月空投到林口县马档子沟,"八一五"抗战胜利后为中尉军衔、苏军驻苇河司令部副司令员。

韩福英(1918—2019年)

韩福英(女),乳名小凤,曾用名晓云、肖云。1918年出生于宁安市东京城(今渤海镇)的一个贫苦家庭。韩福英少年时期投身革命,担任党的地下交通员。1934年1月正式参加革命工作,同年加入中国共产主义青年团,1936年加入中国共产党。

1935年8月调往密山县，作为中共密山县地下团委书记、县委书记褚志远的助手，继续从事抗日工作，她主要担任情报联络工作。后奉命赴苏联东方大学学习。之后，回国在新疆八路军办事处学习、生活、工作，同在新疆的共产党人一起，被新疆军阀盛世才软禁入狱，坐牢近四年。抗战胜利后，经国共两党谈判和多方营救，同狱中的革命者一起被释放后胜利回到延安。在延安经过短期的休整，重新被编入革命队伍开展工作。

解放战争时期，曾担任过山东渤海军区一分区卫生部三室副指导员、渤海纵队新十一军卫生处所属的医疗队指导员、三野九十九师政治部组织部协理员等职务。参加过济南战役、淮海战役、渡江战役和淞沪战役。新中国成立后，先后在淞沪警备政治部、华东公安军政治部、上海警备区政治部担任过协理员、助理员、干事等职务，1955年退伍。先后在南京军区公安、炮兵机关，担任过军人家属委员会主任，上海沧州饭店、延安饭店（南京军区招待师级以上干部的招待所）担任协理员。1964年调入国务院农林办工作，担任幼儿园主任兼机关青少年之家主任。1981年，经组织批准在国家农业部离职休养。曾荣登"巾帼英雄"榜。2009年，经中组部批准享受副部长级医疗待遇。

2019年4月30日逝世于北京。享年101岁。

潘庆由（1891—1933年）

潘庆由，原名李起东，化名潘向允、老潘、老金，朝鲜族，中共党员，黄埔军校毕业，参加过武昌起义和北伐战争，后到苏联学习。1931年"九一八"事变前是中共满洲省委巡视员。1931年，受中共满洲省委委派到宁安工作，任宁安县委书记。年末，在江南于家屯召开中共宁安县委工作会议，传达中共中央关于开展抗日救国指示。

1932年1月，成立中共宁安县中心委员会，潘庆由任中心县委书记，领导宁安、穆棱、东宁、密山各县的抗日工作。

1932年6月，中共宁安中心县委迁至穆棱县下城子，改称绥宁中心县委委员会，潘庆由仍任书记。动员青壮年参军和从救国军中选拔一批士兵，重新恢复组建了第二补充团。

11月，潘庆由在兴隆镇召开部队党员干部会议，决定李延禄所部第一补充团脱离救国军，以第一、二补充团为基础，改编为党直接掌握的工农抗日游击大队。

1933年5月，中共满洲省委正式批准成立吉东局，潘庆由任组织部长。

6月，吉东局为了加强东满地区的工作，潘庆由到珲春县大荒沟召开东满工作会议，传达满洲省委扩大会议精神。

7月，他和东满特委领导同志一起，深入各地扩建党的组织和抗日游击队。在珲春县委扩大会议上，他严厉批评了军事委员、游击队长朴斗南的"左倾"盲动主义（潘已发现朴斗南参加了日伪民生团），并宣布开除其党籍，撤销其职务。朴斗南恼羞成怒，伸手夺下身边哨兵的枪，开枪杀害了潘庆由。时年42岁。

黎侠（1919—2002年）

黎侠，女，原名黄晓英，别名刘桂兰，1919年3月3日生于宁安县东京城马莲河屯。幼年没有读过书，1933年4月参加革命活动，为共产主义儿童团团员。1934年春参加共产主义青年团。1936年转为中共党员，先后任儿童团政治指导员、青年妇女主任。在东北抗联第五军工作半年。同年夏去苏联在莫斯科东方大学第八分校学习三年多，1939年初到新疆新兵营，同年6月，回到延安任中国女子学校保卫科科长。1941年下半年到延安大学。1942年到东北工作委员会任机关政治指导员，与李范五结为夫妻。1944年到中央党校六部学习。1945年12月任合江省委机要秘书、省企业公司经计委办公室主任、人事科长。1949年11月调北京与李范五筹建林业部，任干部处处长。1958年2月调任黑龙江省哈尔滨市南岗区委副书记、绥化地区人事监察局局长。1966年"文化大革命"遭受迫害关押五年半，1972年出狱后未分配工作，1980年至1984年在河北省人事监察厅任顾问，1984年离休，1985年回到北京林业部。

2002年6月13日逝世于北京，享年83岁。

魏拯民（1909—1941年）

魏拯民，原名关有维，别名魏民生、魏锄耕、李新良、张达、冯昆、冯康等，山西省屯留县人。是东北抗日联军杰出领导人之一。1926年加入中国共产党。"九一八"事变后，被派到东北工作，任中共哈尔滨市道外区委书记、市委书记。1934年任中共东满特委书记和东北人民革命军第二军政委。1935年赴苏联参加共产国际第七次代表大会。1936年2月，在宁安南湖头组织召开二、五军党委联席会议，传达共产国际七大会议精神。6月，任东北抗联第一路军政委和南满省委书记。1938年，任东北抗联第一路军副总司令和政治部主任。1940年3月杨靖宇牺牲后，接替全面统帅第一路军。1941年3月由于叛徒告密，不幸牺牲。

2014年9月1日，被列入民政部公布的第一批300名著名抗日英烈和英雄群体名录。

宁安市革命遗址、遗迹地目录

序号	遗址名称	地址
1	马骏纪念馆	宁安市马骏街
2	中共宁安临时县委、县委、中心县委机关、苏维埃临时政府、工农红军武装一〇七师旧址	宁安市江南乡解放村
3	宁安县苏维埃临时政府遗址	宁安市江南乡解放村南山坡上
4	墙缝战斗遗址	宁安市镜泊镇湖西村南
5	关家小铺战斗遗址	宁安市宁安镇联合村
6	周保中两打宁安城指挥部旧址	宁安市江南乡双兴村
7	团山子战斗遗址	宁安市石岩镇团山子村西北
8	白殿贞烈士牺牲地	宁安市江南乡小唐村
9	平日坡密营遗址	宁安市卧龙乡江山村北山
10	于洪仁烈士墓	宁安市江南乡宝山村西
11	庙岭战斗遗址	宁安市镜泊镇庙岭
12	东北反日联合军（抗联）第五军成立地及军部	东京城林业局红旗林场
13	石门子战斗遗址	东林业局桦树经营所东南
14	板石场（南湖头）会议遗址	宁安市镜泊镇板石场
15	莲花抗日42烈士纪念碑	宁安市渤海镇莲花三村
16	泉眼头会议（道南特委成立地）遗址	宁安市江南乡泉眼村东公里处
17	陈翰章烈士牺牲地	宁安市镜泊镇湾沟村西
18	翰章园	镜泊镇镜泊湖大坝东侧
19	镜泊抗联园	镜泊湖景区北门内
20	宁安烈士陵园	宁安镇红城村西一公里处
21	渤海革命烈士纪念碑	宁安市渤海镇东南
22	东京城地区剿匪司令部旧址	宁安市渤海镇内
23	杨思严烈士纪念园	宁安市石岩镇石岩村
24	马莲河战斗遗址	宁安市马河乡马莲河村
25	鹿道剿匪战斗遗址	宁安市马河乡鹿道村
26	沙兰烈士纪念碑	宁安市沙兰镇木其村
27	三陵屯战斗遗址	宁安市三陵乡三陵村
28	杏山烈士陵园	渤海镇东南2公里处
29	张闻天工作室	市闻天街（宁安四中院内）

马骏纪念馆

　　马骏纪念馆为三层仿古建筑，造型古朴典雅，雄伟壮观，坐落在宁安市城南江滨公园内，建筑面积1 283平方米，占地5 000平方米。1995年8月落成开馆，邓颖超为纪念馆题写了馆名。

　　纪念馆开馆二十年来，年接待游客5万人次，社会效益斐然。成为黑龙江省爱国主义教育基地、国防教育基地和民族团结教育基地。

　　1999年，马骏烈士生平事迹陈列被评为"黑龙江省十大优秀陈列"之一。2001年，马骏纪念馆被中宣部命名为全国爱国主义教育示范基地。2004年,又被国家列入全国100个"红色旅游经典景区"。

中共宁安中心县委旧址

中共宁安中心县委旧址位于宁安市江南朝鲜族满族乡解放村（原名花脸沟）。

1929年夏,中共哈尔滨市委派李克华到宁安开展建党工作。在花脸沟建立了中共宁安县特别支部委员会（简称宁安特支）,下设3个支部。特支书记韩根,党员有37名。

1930年6月,解散了中共宁安特支,成立了中共宁安县临时委员会。9月,将中共宁安临时县委改建为中共宁安县委员会。

1931年12月,将中共宁安县委扩建为中共宁安中心县委（兼宁安县委）,由中共满洲省委直接领导,县委机关设在花脸沟。中心县委下辖宁安县委、穆棱县委、密山区委、东宁特别支部等。（1930年中共宁安临时县委和县委成立后,县委还在花脸沟建立了中国工农红军武装一〇七师和宁安县苏维埃临时政府）

1932年6月,中共宁安中心县委根据形势发展需要迁移至穆棱县下城子,改称绥宁中心县委。

2015年,该遗址被中共牡丹江市委、市政府命名为牡丹江市级革命遗址。

宁安县苏维埃临时政府遗址

该遗址位于江南乡花脸沟山上，现已完全损毁。

1930年7月，中共宁安临时县委召开会议，研究部署下步行动计划，提出了今后开展革命斗争的纲领：反抗地主高利贷，进行土地革命，建立党的领导工农武装。

1930年10月中旬，中共宁安县委在花脸沟成立了宁安县苏维埃临时政府，临时政府主席金策，组织部长权律，宣传部长全凤来。

墙缝战斗遗址

墙缝位于宁安市镜泊镇湖西村西南四里处的小龙湾（俗称墙

缝）。

　　1932年3月18日，由李延禄指挥的抗日救国军补充团主力部队在此设伏阻击来自敦化方向进犯宁安的日军上田支队主力和部分伪军，打响了由党领导的东北抗战第一枪。战斗持续数小时，歼灭日军小川松本大尉以下日寇120余人，缴获给养车17辆、辎重车3辆，激战中救国军佐征连长等6名战士牺牲，爱国猎户陈文起被日军杀害。该战成为"镜泊湖连环战"的第一战。

　　解放后，为纪念和缅怀烈士，1962年3月，在墙缝山下建立了"革命烈士纪念碑"，2015年重新修建。

关家小铺战斗遗址

　　1932年3月下旬，侵占宁安的日军在救国军的打击下，不敢

在宁安久留,企图奔海林乘火车逃回哈尔滨。获此消息后,经李延禄协调,原东北军二十一旅六六〇团团长张治邦派所部三营的第八、九连和补充连及"西北山八大队"在宁安至海林的必经之路——关家小铺(今宁安镇联合村)北设伏阻击敌人。因汉奸告密,我军反被三面包围,战斗打得十分激烈焦灼。八连在张永铭连长指挥下,连续打退日军三次冲锋,刘排长、李司务长等牺牲。下午2时,我军失掉西山阵地。张永铭连长虽身负重伤,仍组织全连仅剩下的28人与敌展开肉搏战,由于敌众我寡,八连指战员均壮烈牺牲。我军增援部队赶到,日军遗弃了百余具尸体后,仓皇向海林逃窜。

这次战斗,我军牺牲了张永铭连长及官兵107名。战后,宁安抗日军民数千人在宁安城召开隆重追悼大会,会上公审并处决了为日寇通风报信的汉奸魏学海。会后,将牺牲烈士的遗体全部埋葬在宁安江东的东山上。

周保中两打宁安城指挥部旧址

该遗址位于江南乡花脸沟东山,现已完全损毁。

1932年10月,周保中领导的救国军总部决定攻打宁安县城,由副指挥孔宪荣全权指挥这次战斗,临时指挥部设在花脸沟东山。10月9日,救国军各部兵分5路向宁安挺进,并联合"西北山八大队"约2 000余人攻打宁安城。10月10日深夜11点,总攻开始。与日军饭冢守备队激战至第二天午后,消灭部分日军,后因救国军各部联络中断,且战且退,退出宁安城。10月22日,救国军再次进攻宁安城。救国军攻入城内与日军展开巷战,但最终未能攻克该城。23日晚,救国军各部撤出宁安城。

两次战斗,击毙日军小岛少佐及以下5名军官,毙敌300余名,炸毁了敌人的军火库和日本领事署,缴获子弹万余发。我军亦有一些伤亡,周保中在战斗中负伤。

团山子战斗遗址

团山子位于宁安市石岩镇南部约15公里,地处半山区,分南北两个屯。屯东是连绵的山头,距北屯5公里山腰间有一小屯,屯名八棵树。

1933年2月,按照中共宁安县委的指示,抗日救国游击军转移到宁安东南的团山子屯(现属石岩镇),准备进行整训。9日,部队得知敌人正集合大批兵力,准备向团山子一带进犯。李延禄分析敌情,制定作战方案,设下埋伏。

10日清晨,凤岛大佐率日伪军300多人分3路进攻团山子。当日军拐过一段山路进入一片开阔地带时,游击军集中火力猛烈射击,二团团长王毓峰组织一批射手,专门瞄准军官射击,日军3

名军官和伪警备旅王副团长接连被击毙。双方激战两个小时后，日伪军见伤亡较大，仓皇逃窜到八棵树。游击军乘胜追击至八棵树，对准备吃午饭的日伪军，出其不意发起攻击，凤岛大佐被当场击毙，残敌连夜逃回宁安县城。

这次战斗，日伪军官兵死伤10余人。

白殿贞烈士牺牲地

该遗址位于江南乡小唐村东山沟（小唐头沟）。

1934年4月3日，中共宁安县委决定，正式建立党直接领导下的抗日游击队。4月4日晚，中共宁安县委书记李范五在卧龙河屯与白殿贞谈话，任命他为宁安游击队队长。

4月6日，宁安抗日游击队员26人，在队长白殿贞、政治指导员李元蓉率领下，开进天桥岭密营进行军事训练。训练结束后，在白殿贞带领下游击队员，活动在宁安东南山一带，曾配合绥宁反日同盟军攻打过宁安县城。

1934年5月27日，宁安游击队在宁安县江南小唐头沟行军途中，与日伪军"讨伐"队遭遇，队伍被包围在山上。白殿贞率队奋力突围，与敌人激战了一个多小时，击毙日伪军20多人，终因寡不敌众，队长白殿贞等4人壮烈牺牲。

平日坡密营遗址

平日坡密营遗址位于今卧龙乡江山村北。

1933年9月，李荆璞带领一支小部队从江南的东南山出发，来到老爷岭支脉天桥岭的一个大漫岗上，在一个向阳的山坡建起秘密营地。他们就地取材，盖起了几十个大棚，能容纳1 000多人，每个大长筒子营房两头开门，两边是炕，中间是条通道。两端各安个炉子，每座营房都有伙房，伙房边有储存粮食物品的仓库，此外还建立了修械所、被服裁缝所等，取名"平日坡密营"。密营建起来以后，中共宁安县委派来几位女同志成立了裁缝所，她们利用部队攻打城镇缴获的缝纫机及布匹，为战士们缝制军衣。

1933年深秋，共青团东京城支部书记褚志远根据上级指示物色了两个具有爱国思想的裁缝，并将10几台缝纫机及一批棉花布匹通过地下交通站转送到平日坡密营。密营里的修械所开始是把村里的铁匠炉搬上山，修理些枪支，打造些简单的零件，后来发展到能够制造火药、手榴弹等。平日坡密营建立后，工农义务队曾在此整军并为抗日提供了有力的后方支援。

2015年该遗址被中共牡丹江市委、市政府命名为牡丹江市级革命遗址。

于洪仁烈士墓（牺牲地）

位于今江南朝鲜族满族乡宝山村西约1公里处，宝山原属于大唐村的附属屯。

1934年8月，李荆璞、于洪仁带领部队在大唐头沟活动。21日两人正在炕上吃午饭，几个叛徒闯进来。由于李荆璞坐在炕边，叛徒先缴了李荆璞的枪。于洪仁坐在炕里窗台上，在他刚要伸手摸枪时，叛徒抢先向他开了枪。于洪仁当场牺牲，时年26岁。

于洪仁被害，当地群众将其葬于此地，并立碑纪念。多年后李荆璞曾重返墓地进行悼念。20世纪60年代初，李荆璞回宁安时又在烈士墓地栽植了青松以示纪念。

庙岭伏击战遗址

庙岭是位于距镜泊镇北15公里的一处高山（现称红岭），庙岭战斗就发生的这里。

1933年，日本侵略者开始大批向东北派遣武装开拓团，强占东北百姓土地，第一个到宁安的开拓团头目是日本东京国土馆的山田悌一。同年9月，在镜泊湖南湖头建立了"宁安县镜泊湖畔松乙沟实习农园"（简称镜泊学园），强行霸占土地，引起当地人民的极大不满。

1934年5月，活跃在南湖头一带的绥宁反日同盟军张祥游击队得到可靠情报：宁安日本守备队近几天准备送山田悌一到镜泊学园，并带有大量伪币（给开拓团发饷）。张祥遂带30多名炮手来到宁安至"镜泊学园"的必经之路——庙岭设伏。5月17日中午，日军汽车到达庙岭。当敌人的汽车开进埋伏的第三道卡子时，张祥开枪打死了司机。日军立刻慌作一团，进行还击，车上一挺机枪刚打响，射手就被我军击毙。随后，张祥击毙了正在指挥的山田悌一。经过一个多小时的战斗，所有敌人全部被消灭。

此次战斗，共缴获机枪2挺，匣枪、步枪9支，收缴迫击炮1门和大量伪币。此次战斗的胜利还迫使开拓团训练所一度停办。当时，敌伪报纸沮丧地报道说："学园中心人物精神动摇，学园解散。"

东北抗日联军第五军诞生地

东北抗日联军第五军诞生地，位于东京城林业局红旗林场（原名八道河子）。

1933年冬，担任救国军总参谋长的周保中带领两个连到宁安县与李荆璞领导的宁安工农反日义勇总队会合，于1934年2月编成绥宁反日同盟军。12月，吴平传达的中共驻共产国际代表团关于东北反日部队统一编制的指示，1935年初，宁安县委和绥宁反日同盟军党委在宁安八道河子抗日游击根据地发表了《绥宁反日同盟军改组为反日联合军第五军成立宣言》，决定将绥宁反日同盟军改编为东北反日联合军第五军。1936年2月，东北反日联合军第五军响应中共中央《八一宣言》的号召并根据《东北抗日联军统一军队建制的宣言》部署，东北反日联合军第五军改编为东北抗日联军第五军，周保中任军长兼党委书记。

石门子战斗遗址

石门子战斗遗址位于东京城林业局桦树经营所至奋斗林场之间一处山坡上，山势险要，山上矗立两块巨石恰似一座巨大的石门，是上山的必经之路，因此称作石门子。五军密营就在石门子山里，属于通往东北抗联五军密营的要塞。1935年1月，日伪军率200余兵力"围剿"五军密营，得此情报后，东北反日联合军第五军第一师师长李荆璞率部将计就计，在石门子御敌作战。

此战，我军以不到百人的兵力，毙伤敌人50余人，击毙石井太郎少佐、宫藤中尉及以下20多名日军，打伤日军曹长田中，生俘靖安军60余人。缴获轻机枪2挺、步枪七八十支。成为五军战史上以少胜多的典型战例。战斗结束后，时任中共宁安县委书记李范五曾题诗一首："天险石门鬼见愁，诱敌入瓮太公谋。杀声起伏倭头滚，一网打尽红袖头。"

板石场（南湖头）会议遗址

板石场会议遗址位于镜泊镇湖南村西南山顶。

1936年2月9日，中共东满特委书记、东北人民革命军第二军政委魏拯民参加北湖头会议后，前往南湖头板石场出席第二、五军党委召开的联席会议。参加会议的有周保中、陈翰章等同志，会上传达了共产国际"七大"会议通过的关于建立反法西斯人民阵线的决议精神和中共代表团关于撤销满洲省委与组成东满、吉东等4个省委的指示，着重研究了今后进一步贯彻党的反日民族统一战线策略方针和筹建东北抗日联军的问题，讨论了加强第二、五军合作，扩大吉东与东满抗日游击战争和建立根据地的任务等重要问题。统一了思想，确定了接受上级关于改编抗日武装队伍、实施统一建制的意见。

莲花泡抗日烈士纪念碑

莲花泡抗日烈士纪念碑位于渤海镇莲花三村南。

1936年2月下旬，东北抗联五军一师在镜泊湖东北方的莲花泡百姓家里进行休整，欢庆西征额穆的胜利。因派人到东京城买水袜子（胶鞋）被人告密而暴露了目标。27日夜驻东京城的日军700多人和伪军第二十七团第三营为主攻部队向莲花泡秘密前进，另有一路伪军骑兵第三十三团800多人从上马莲河出发，向吊水楼以北迂回，妄图截断我军退路。

2月28日拂晓，敌人成月牙形向莲花泡包抄过来。李荆璞师长立即进行了战斗部署。敌先头部队刚刚到东石岗子上就遭到五军三团的阻击。敌人攻势很猛，先用迫击炮和掷弹筒轰击我军阵地，后又发起强攻。我军在王汝起团长的指挥下，连续打退敌人多次进攻。驻在莲花泡北面的师部及一、二团亦被敌围攻。午后，敌人开始使用毒气弹。部队决定由二团二连、四连担任掩护，大部队全部撤出战斗，向西石岗子转移。此次战斗，共击毙日军林田中佐以下70多人，伤20多人。我军牺牲78人。由于敌人肆意毁坏抗联战士的遗体，后期仅埋葬了较为完整的42位烈士，故后人称之为"42烈士纪念碑"。

泉眼头会议遗址（中共道南特委成立地）

泉眼头会议遗址（中共道南特委成立地）位于宁安市江南朝鲜族满族乡永泉村东1公里处。

1936年7月，中共驻共产国际代表团决定，将中共吉东特委所辖地区以中东路东段为界分别建立道北、道南两个特委。9月24日，周保中在宁安泉眼头主持召开了吉东党委、东满党委及抗联第二、五军干部会议。参加会议的有五军政治部主任张中华（兼宁安县委书记），二军二师政委王润成、参谋长陈翰章、二军一师副师长兼四团团长侯国忠等。根据中共代表团的指示，会议选举产生了中共道南特委，统一领导绥宁地区及原东南满特委所属额穆、敦化、汪清、珲春、延吉各地党组织和抗联部队以及南湖头的交通机关等。特委书记为张中华，委员有王润成、陈翰章、田仲樵、金石峰等；候补委员有侯国忠、方振声、松柏。

中共道南特委成立至1939年，下辖中共宁安县委、汪清县委、珲春县委、延吉县委、额穆区委、东宁区委和抗联第二军五师党委以及第五军留守部队党委。

2015年该地被中共牡丹江市委、市政府命名为牡丹江市级革命遗址。

陈翰章牺牲地

陈翰章牺牲地位于镜泊镇湾沟村西。

1940年12月6日夜，陈翰章率领部队从镜泊学园出发，过尖山子到湾沟村附近，向小湾沟密营前进。12月8日上午，寒风凛冽，乌云满天。敌人得到陈翰章部的行动消息，迅速调集1 000多日伪军，从东、北、西三面包围了小湾沟。陈翰章临危不惧，沉着指挥大家做好进行决死战斗的准备，连续打退敌人四五次冲锋。最后子弹打光，陈翰章胸部和右手负了重伤。敌人用刀在他的脸上乱划乱刺，还把他双眼剜出。陈翰章为了人民的解放事业，流尽了最后一滴血。

烈士牺牲后，当地群众为纪念他，在烈士牺牲地建立纪念碑，并修建了一座衣冠冢。

翰章园

镜泊翰章园位于宁安市镜泊镇后渔村西北、镜泊湖大坝东侧。

翰章园是为纪念著名抗日将领陈翰章所建。陈翰章曾任东北反日联合军第五军二师参谋长、东北抗日联军第二军二师（后改为五师）参谋长、师长、东北抗联第一路军三方面军指挥，率部在宁安、额穆、敦化、镜泊湖、蛟河等地打击日军。

在东北抗日战争中立下赫赫战功,被人们誉为"镜泊英雄"。1940年12月8日,所部在宁安县镜泊镇湾沟村遭日军千余人围攻,壮烈牺牲。

镜泊翰章园于1993年5月由镜泊乡党委、政府筹资修建,9月3日竣工。陵园坐北向南面对大顶子山,宽86米,长100米,园门为火炬造型。园内设卧碑一座,碑阳面是原东北抗日联军第四军军长、黑龙江省省长李延禄亲笔题写:英雄血染湖山壮,名垂青史万古传。碑阴面为英雄的生平简介,卧碑距英雄塑像设台阶27阶,象征英雄在世27个春秋。1996年,中共宁安市委号召全市共产党员以交纳一次特殊党费的形式,对烈士陵园重新修葺,同时重塑烈士雕像。塑像全高4.128米,纪念将军1940年12月8日牺牲。2008年黑龙江省烈士纪念事业基金会、宁安市政府在雕像后修建烈士纪念碑一座。园内建有一座"翰章亭",亭内壁画为陈翰章在镜泊湖地区指挥作战的经典画面。纪念碑右侧陈列有1950年中国人民志愿军赴朝鲜作战时,宁安人民出资捐赠的一架飞机模型,命名为"翰章号"。

翰章园现为牡丹江市党史教育基地、牡丹江市爱国主义教育基地、黑龙江省红色旅游景点。

镜泊抗联园

抗联园位于镜泊湖旅游区内，距镜泊湖景区北门100米。

1931年"九一八"事变后，镜泊湖地区成为日军向北进犯的重要通道，也成为抗联的主要活动地。从1932年起，救国军先后在墙缝、南湖头、莺歌岭等地阻击日军。东北抗日联军二军、四军、五军、东北抗联一路军也先后在此浴血奋战。周保中、李延禄、魏拯民、李荆璞、陈翰章、韩仁和等著名抗日将领都在镜泊湖地区战斗过。陈翰章、韩仁和就牺牲在镜泊湖地区。著名的镜泊湖连环战在这里拉开序幕，火烧松乙沟、庙岭伏击战、袭击镜泊湖水电站、尖山子战斗、莲花泡战斗等都发生在镜泊湖畔。

为缅怀抗联的英雄事迹，教育后人，2005年，由抗联老战士、原黑龙江省政协副主席李敏提议，在镜泊湖畔立碑，以示纪念。碑文均由李敏同志手书。内容为原中共中央政治局委员、国务院副总理、中宣部部长陆定一为东北抗日联军歌曲选所作的序言和镜泊湖战役（莲花泡战役）歌曲。同时将抗联园通往镜泊湖山庄的道路命名为"抗联路"。

宁安烈士陵园

宁安烈士陵园建于1945年，主要是为纪念在抗日战争和解放战争中牺牲的革命将士。陵园现有主纪念碑一座，烈士个人纪念碑13座，碑林40座。另有烈士墓82座，安葬的大部分是解放战争时期、剿匪时期、抗美援朝时期英勇牺牲的烈士，有数据记载的是抗美援朝牺牲的100多烈士也葬于此园。20世纪50年代后一些因公牺牲的人也葬于陵园。

渤海革命烈士纪念碑

该纪念碑位于渤海镇东南的一座山坡上。

1946年1月22日，四团与马喜山匪部在马莲河展开激战。战斗开始后，马喜山匪部一、二团从东南方向强攻，三团打西南，特种连及机车队从正面反扑。担任主攻任务之一的四团三营的3个连和团部直属的机炮排，在团政委邹世环和二营副营长闫有祯指挥下，与数倍于我之敌展开激战，多次打退马匪进攻。

由于部队于21日夜间出发，22日拂晓前包围了敌人。部队发起攻击后，刘贤权司令员、陈恩曾团长、邹世环政委亲临前线指挥，营连干部冲锋在前，部队士气大振。经过一天的激战，消灭敌人300余人，俘敌百余名。逃跑之敌又遭四团三营指战员的伏击，死伤百余人，狼狈逃回鹿道老巢，这一仗，狠狠地打击了土匪的嚣张气焰，肃清了东京城附近的土匪武装，稳定了东京城的局势。

此次战斗后，当地村民将战斗中牺牲的50余名战士运到原渤海教会，后葬于渤海镇。之后，部分烈士后人将烈士遗骨迁走，现存24座烈士坟墓。2000年，在渤海镇老年协会会长崔景活带动下，各方筹措资金，将原烈士陵园迁至此地，并作了重新修建，立碑纪念。

东京城地区剿匪司令部旧址

该遗址位于渤海镇内。

1946年1月4日，遵照张闻天的指示，刘贤权以剿匪司令的身份率领从延安来的时任四团政委邹世环、团政治处主任闫玉森，还有王营长、警卫排长赵轩和、马夫大老陈等6个人，来到东京城（今渤海镇）。司令部设在一所中学内，房子为两层楼。刘贤权亲临第一线指挥作战，指挥部队多次击退了土匪的进攻。

马莲河之战的胜利，使民团在人民群众中的威信日益提高，当地青年纷纷报名参军，民团由原来的1 800多人，扩展到3 000多人，警卫人员由原来的几个人，扩充到50人。后来，民团中有300多人参加了正规部队，奔赴新的战场。

杨思严烈士纪念园

杨思严，又名杨以廉，1945年随张闻天到宁安开展工作。

1945年底，宁安县内的反动势力活动还很猖獗，为了清剿匪患，12月25日张闻天组建"反奸清算工作团"，杨思严任第二分团副团长兼任石头站（今石岩镇）地方武装十七团三营联络员。

1946年1月30日晚，杨思严正在喇叭屯第二分团驻地（现宁安市兰岗镇文化村）同分团团长孙万贵研究清算和组建农会工作，突然接到卧龙屯联络员送来的紧急报告："三营有叛变迹象，工作团的两名同志被卧龙屯驻军三营二连扣押，送往石头站三营营部。"杨思严和孙万贵闻讯后立即赶往石头站，准备救回被扣押的两名同志。结果被三营头目、绰号穿山甲的冯振铎杀害在石头车站南侧，时年25岁。

为纪念杨思严烈士，将石头站改名为石岩（为思严的谐音）村。1965年在石岩东岭为其竖立一座纪念碑。2008年黑龙江省烈士基金会和宁安市人民政府在红城烈士陵园为其建纪念碑一座。2014年石岩镇人民政府在东岭上重建烈士园，并新塑雕像一座。2015年此陵园被中共牡丹江市委、市政府命名为牡丹江市级革命遗址。

马莲河战斗遗址

该遗址位于马河乡马河村西山一带，现为山林。

1946年1月22日，牡丹江军区四团与马喜山匪部在马莲河展开激战。经过一天的战斗，消灭敌人300余人，俘敌百余名。这一仗，狠狠地打击了土匪嚣张气焰，肃清了东京城附近的土匪武装，稳定了东京城的局势。

战斗中，邹世环政委左肺不幸被敌弹击中，在送至东京城抢救时，因流血过多，于1946年1月23日壮烈牺牲，时年31岁。为纪念这位南征北战的红军战士和为解放宁安英勇献身的烈士，1946年8月22日，经中共绥宁省委批准，将宁安县东京城镇改称为"世环镇"。

鹿道剿匪战斗遗址（革命烈士纪念碑）

抗战刚刚胜利，宁安一带匪患猖獗，盘踞在宁安南部的郑云峰、马喜山匪部危害最大。为消灭其匪帮，1946年2月，牡丹江军区司令部调动我二支队、宁安警卫团、东京城一团二营和牡丹江军区一团部分地方武装力量，联合向郑云峰、马喜山匪巢鹿道发动进攻。

2月15日晚，我军主力部队经过10个小时寒夜行军抵达鹿道，将马喜山的"挺进军"司令部八大处的官兵和郑云峰的警卫团300多人及匪军三团团部包围。凌晨2点，战斗打响。经过近半天的战斗，攻占了敌司令部，活捉了匪首郑云峰。匪首马喜山在春阳镇得知鹿道被占、郑云峰被捉后，派其匪部增援，均被我军击溃。

之后，我军相继攻占老庙、春阳、天桥岭、五凤楼、南湖头等地，连续作战20多天，毙伤俘敌3 000余人，解放23个村屯5万群众。打通了牡图铁路交通线，基本解除了牡丹江地区以南的匪患。

为纪念在鹿道战斗中牺牲的烈士，新中国成立后，在鹿道西侧修建了烈士纪念碑。2005年，对纪念碑进行了重新修建，并作为当地爱国主义教育基地进行了保护。

沙兰革命烈士墓

沙兰革命烈士墓位于沙兰镇木其村，距沙兰镇约1.5公里。

1946年，为打击土匪，巩固新生政权，保卫土改胜利果实，支援解放战争，八路军二营六连驻防在沙兰。5月16日，沙兰保安队排长石明山叛变后告密，匪首马喜山带200多名土匪袭击沙兰站和我六连连部。匪徒进村后大肆烧杀抢夺。二营六连进行还击，英勇作战。为掩护群众突围，他们与多于自己数倍的土匪拼杀。子弹打完了用手榴弹，手榴弹用完了用刺刀，刺刀拼弯了用枪托，打退了马匪一次又一次的进攻。终因敌众我寡，我八路军战士都负伤众多。李成泽等8名战士壮烈牺牲。长篇小说《林海雪原》第一章"血债"写的就是马匪袭击杉岚站的经过。

烈士牺牲后，当地群众将烈士埋葬在现墓地处。1978年4月，沙兰公社革命委员会在此建纪念碑。宁安市民政局已将此地列为烈士陵园。

三陵屯战斗遗址

三陵屯位于渤海镇西北的牡丹江北岸（现三陵乡政府所在地）。

1946年9月6日，田松支队一团三营和团直属重机枪连在团长王云舞的指挥下，从东京城（今渤海）出发，向距沙兰15公里的万丈沟开进，配合二团伏击由海林流窜而来的马喜山匪部。部队行至三陵屯对岸，在渡口遭土匪袭击。上午10时，当八连到达山上的开阔地时，山上埋伏的敌人突然发起猛烈攻击。经过半个多小时的激战，八连三、二排大部分指战员英勇牺牲，一排在刘汉杰连长指挥下夺下屯边的几所院落，站稳了脚跟。

与此同时，已进三陵屯和正在渡江的团指挥所和重机枪连也遭到敌人伏击。经过几个小时的巷战和争夺战，转入反攻，将敌人赶出了三陵屯。敌人逃至十道梁子后又遭我二团伏击。

此次战斗，毙伤马匪50余人，我军伤亡也很大，八连118人，返回驻地时，只剩下40多人。

战后被绥宁省军区授予"钢八连"光荣称号。

杏山烈士陵园

杏山烈士陵园位于渤海镇杏山村东南2公里处，201国道东侧的一座山坡上，地势开阔。陵园内建有主碑一座，高17米，烈士墓82座，安葬有在抗日战争和解放战争中牺牲的革命烈士。该陵园原位于渤海镇白庙子村东路旁，属原渤海国上京龙泉府遗址范围。2004年因渤海国遗址开发，中共宁安市委、市政府决定，将烈士墓迁至此处，并建立陵园，以示纪念。

张闻天工作室

该工作室位于宁安城区内风景秀丽的江滨公园，是张闻天在宁安工作期间的住所和办公场所。房屋是一座晚清时期的四合院，保存完好。

1945年12月9日，张闻天化名张平之以牡丹江地区中共中央东北局代表的身份来到宁安。1946年4月30日，张闻天离开宁安去佳木斯。

在短短的四五个月的时间里，他以宁安为点，开展工作，摸索经验,使宁安的根据地建设工作取得了很大成就。为了发动群众,反奸清算,分配土地,建立区、乡政权,1945年12月25日张闻天组织成立了工作团亲任总团长,工作队员总计有200多人。此间,在他的主持下,总结了工作团下乡的经验,提出了分配土地的基本政策,1946年1月亲自起草《敌伪土地没收分配条例》在宁安县临时参议会上得到了通过。

1946年1月29日,工作团第二次下乡。有了周密的部署和《条例》可依,且剿匪取得重大胜利,鼓舞了工作队和广大群众的干劲,很快打开了工作局面。1946年3月4日,在他提议下,创办了宁安学院,共有学生500多人。张闻天和县党政领导常到学院作报告,进行政治思想教育,师生们思想觉悟得到提高,这为日后的干部队伍建设打下坚实基础。

2005年,市委、市政府决定将张闻天工作室辟建成专题陈列张闻天革命事迹的教育基地。

后　记

　　本书属于老区县（市）发展史书。我们从正确反映近代以来宁安市老区发展变化的脉络出发，力求连续地、系统地、真实地、科学地记录和描述宁安老区发展史实全貌。自2017年下半年开始筹划组建《宁安市革命老区发展史》编纂组织机构，进行分工负责，根据编纂任务的要求制定了具体工作方案，进行资料搜集，整理准备，组织编纂。

　　宁安市老区发展史编纂大体经过了三个阶段：

　　第一阶段，史料征集。我们根据针对编纂任务的需求向市委所属的有关机构和政府所辖的各职能部门下达了对宁安发展史资料征集的具体任务，要求上述单位和部门按照要求上报所征集的本单位、本部门所属的发展史资料。该项工作于2018年上半年完成，此间，共有市委、市政府的30余家单位和部门及12个乡镇为编纂该书提供了有关情况和资料，搜集到了50余份百余万字的文字资料进行过目筛选，从中提炼出部分可以入书的资料，准备汇编。

　　第二阶段，组织编纂。编纂自2018年下半年开始至年底完成了初稿。本书是以《中国共产党宁安历史》、《东北抗日联军名录》第二部、《宁安县志》（1989年版）和第三部、《宁安县志》（1986—2005）为主线，以《宁安年鉴》《执政之路》等书

| 后 记 |

及各单位与部门所报资料作为辅佐资料集合编纂成稿。

第三阶段，审核修改。自2019年初至2019年4月中旬，先后与市委宣传部、市文广新局、市教育局、市档案局、市文联、市宁古塔历史文化研究会、中共宁安市委党史办等单位和人员联系帮助审改此稿。大致经历了三次大的修改后定稿成书。

由于此书属于老区县（市）发展史，在时间上历史跨度大，经历了多个历史变革时期，在内容上涉及面广，县（市）所属各单位和部门的业务都在其撰写范畴之内。因此，可选内容种类繁多，参编资料广泛，工作量浩繁，在编纂过程中得益于来自党委、政府及社会各界方方面面的支持，才得以使该书能够如期完成，公之于世。市委书记徐利刃同志在听取了老促会老领导汇报的关于宁安老区发展史一书编纂工作意见后，给予了大力支持，并亲自签批了意见；市长李东军表示从政府角度为史书编纂提供全力的保障；市委常委、组织部长张超同志亲自主持召开史书编纂工作会议，详细安排部署了编纂任务；市财政局按照编纂组上报的编写出书的整体预算，经审核后及时拨付了相应的资金。在此编纂组诚表谢意。

鉴于该书涉及历史久远，加之我们受编纂水平所限，书中难免有些误谬和遗漏，敬请读者谅解和指正。

编者

参考书目

［1］宁安县志［M］.哈尔滨：黑龙江人民出版社，1989.

［2］宁安县志［M］.2015.

［3］宁安党史研究室编.中国共产党宁安历史.第一卷［M］.

［4］中共宁安市委党史研究室，宁安市档案馆编.执政之路［M］.

［5］宁安年鉴编纂委员会编.宁安年鉴［M］.

［6］王宗有，关治平主编.革命老区宁安［M］.哈尔滨：黑龙江朝鲜民族出版社，2005.

［7］张明一，张万林，关治平编.不屈的宁古塔［M］.哈尔滨：黑龙江朝鲜民族出版社，2008.

［8］关治平，王庆国主编.英雄血染湖山壮［M］.哈尔滨：黑龙江朝鲜民族出版社，2008.

［9］马彦文编.东北抗日联军名录［M］.哈尔滨：中共黑龙江省委党史研究室，2005.